DIETER THOMÄ

Eltern

Kleine Philosophie einer riskanten Lebensform

VERLAG C.H.BECK MÜNCHEN

Die Deutsche Bibliothek – CIP-Einheitsaufnahme

Thomä, Dieter:
Eltern : kleine Philosophie einer riskanten Lebensform / Dieter Thomä. – München : Beck, 1992

ISBN 3-406-36724-0

ISBN 3 406 36724 0

Satz und Druck: Appl, Wemding
Gedruckt auf alterungsbeständigem (säurefreiem) Papier
Printed in Germany

Komm, leg die Welt aus mit dir
Paul Celan

Daniela Hartmann
gewidmet

Inhalt

Vorwort

Philosophie beginnt, so liest man bei Platon und Aristoteles,[1] mit dem Staunen. Damit soll sie aber, geht man nach den Philosophen, nicht aufhören. Durch klärendes Denken soll man dem Staunen, «der Unwissenheit entkommen».

Eltern werden da schlecht mithalten können. Sie kommen nämlich, bei dem, was sie mit ihren Kindern erleben, aus dem Staunen oft gar nicht mehr heraus.

So wie Dinge, die man sich unmittelbar vor Augen hält, unkenntlich werden, so weiß man oft auch im täglichen Leben mit Kindern kaum, wie einem geschieht. Kinder zu bekommen, Kinder zu haben ist etwas Alltägliches und etwas Besonderes. Es gilt nicht als schönste Nebensache der Welt, eher als ein noch immer merkwürdig selbstverständlicher Bestandteil des Lebens. Dabei sind Kinder heutzutage nicht mehr bloß Mitläufer im Leben der Erwachsenen. Menschen, die Eltern werden, machen keineswegs beiläufige Erfahrungen, geraten in Umstände, die erstmal ganz ungewohnt sind, und finden kaum Zeit und Abstand, um sich über die neuen Seiten ihres Lebens klar zu werden. Wenn Augustinus sich darüber beklagte, daß ihm der Begriff der «Zeit» vertraut und fremd zugleich vorkomme, so gerät man auch angesichts der Elternschaft in diesen Zwiespalt (Bekenntnisse XI 14, 17):

> «Wenn niemand mich danach fragt, weiß ich's, will ich's aber einem Fragenden erklären, weiß ich's nicht.»

Ich will in diesem Buch kein Plädoyer für oder gegen Elternschaft liefern, keinen Vater-Stolz kultivieren, keinen Kinder-Frust loswerden. Es geht um eine *Beschreibung der Lage*, darum, was Menschen genau widerfährt, wenn sie Eltern werden und als Eltern leben. Im Glücksfall ist dieses Buch also eine Verständnishilfe für gewordene Eltern, auch eine Entscheidungshilfe für Menschen, die – vielleicht! – erst noch Eltern werden wollen.

Es mag ungewöhnlich sein, eine solche Beschreibung «philosophisch» zu nennen. Immerhin aber kann man sich auf Arthur Schopenhauer berufen und sagen: Wenn «weder an der Realität, noch an der Wichtigkeit» dieser Angelegenheit zu zweifeln ist, so sollte man, «statt sich zu wundern, daß auch ein Philosoph dieses beständige Thema (...) ein Mal zu dem seinigen macht, sich darüber wundern, daß eine Sache, welche im Menschenleben durchweg eine so bedeutende Rolle spielt, von den Philosophen bisher so gut wie gar nicht in Betrachtung genommen ist und als ein unbearbeiteter Stoff vorliegt».[2] Das hört sich ganz danach an, als würde sich ein Philosoph aufdrängen bei einem Thema, das sonst schon weidlich behandelt ist. Nicht umsonst aber spricht Schopenhauer von der «Wichtigkeit», der «besonderen Rolle» dieser Sache. Elternschaft läßt sich nicht ratgebergerecht zerlegen in Gesundheitspflege, Pädagogik, Kinderpsychologie und Familiensoziologie. Philosophie wird dann zuständig, wenn Menschen im Innersten getroffen, wenn sie in ihrer ganzen Art zu leben berührt sind. Und dies ist, so scheint mir, hier der Fall.

Ob man ein Kind bekommen will, ist heutzutage – das war freilich nicht immer schon so – eine zentrale *Frage* geworden, über die man entscheiden kann; die Antwort ist für das eigene Leben folgenschwer. Wenn die Frage, *«warum Menschen Eltern werden»* (Kapitel 1), heute offener ist denn je, gerät Elternschaft in eine neue, irritierende Konkurrenz zu anderen «Projekten» des Lebens. Man muß sich ganz ernsthaft fragen, wie man die beschränkte Zeit, die zu leben vergönnt ist, zu verbringen gedenkt, und was Elternschaft hierbei für eine Bedeutung haben kann. Wenn Kriterien für jene Entscheidung gesucht sind, wenn «nicht klar, sondern der Untersuchung bedürftig (ist), wie man seine eigenen Lebensverhältnisse formen soll» (Aristoteles, NE 1142a 10f.; vgl. Platon, Gorgias 500b), so ist dies gerade eine Herausforderung für die Philosophie.

Auseinandersetzen muß man sich dann auch mit einer Vorgabe, die die Philosophie bis in die jüngste Vergangenheit hinein gerne gemacht hat: daß es nämlich nicht gerade eine Bewährungsprobe höchsten Menschseins darstelle, ein Kind großzuziehen, daß es bessere, interessantere, kreativere, wertvollere Tätigkeiten gebe, denen man sich widmen könne. So stellt sich, etwas böse gewandt, die Frage, *«ob Eltern Menschen sind»* (Kapitel 2) – eine Frage, die ich in Auseinandersetzung mit Aristoteles, Hegel, Nietzsche und Heidegger erörtern werde.

Man kennt die Klagen der Eltern selbst, wie eingespannt sie seien, welch tätige Teilhabe am Leben ihrer Kinder von ihnen gefordert sei; gleichwohl tut man sich schwer damit, ein klares Berufsbild für Eltern zu entwerfen. Unter den Augen des Betrachters zerfällt ihr Alltag in ein Sammelsurium kleiner Handreichungen und großer Herausforderungen, den Umgang mit Zahnschmerzen und Liebeskummer, das Leben mit einem quengeligen und mit einem todkranken Kind. Wem gleichwohl daran gelegen ist, sein Leben nicht zu ver‹tun›, es erfüllt zuzubringen, der stößt auf die Frage, *«wie Eltern tätig sind»* (Kapitel 3).

Um die Tätigkeiten, die man ausübt, gutheißen, genießen zu können, wird man Wert darauf legen, sie selbstbestimmt auszuüben, sich nicht mit ständigen Vorgaben und Einreden abfinden zu müssen. Ob Elternschaft als eine vielversprechende Möglichkeit, sein Leben zuzubringen, gelten darf, hängt also nicht zuletzt davon ab, wie die Antwort auf die Frage, *«ob Eltern frei sind»*, ausfällt (Kapitel 4). Kann man sich, so ist zu fragen, mit Kindern ‹ausleben› – oder kommt man da immer zu kurz? Ist Elternschaft eine lästige Pflicht oder eine kostbare Gelegenheit?

Wenn die Frage nach der Freiheit zu mancher Ernüchterung in Sachen Elternschaft zu führen scheint, so versuchen Eltern doch, sich und anderen unerschütterbar weiszumachen, ihnen sei durch das Leben mit ihren Kindern ein besonderes Glück vergönnt. Wenn dem so wäre, könnte dies natürlich ein Grund sein, sich für Kinder zu entscheiden. Dazu wüßte man freilich gerne – und dies ist dann Thema des letzten und fünften Kapitels –, *«was das Glück der Eltern ist»*.

Es geht in diesem Buch fast nie um das Thema, worüber Eltern sonst am ausgiebigsten beratschlagen: nämlich um das Kind. Statt der Perspektive auf das Kind gebe ich eine Ansicht der Eltern – freilich, das sei vorweg gesagt, mit begrenztem Anspruch. Präsentiert wird nur *eine* Philosophie der Eltern, im Blick ist eine Elternschaft, wie sie hier und heute – in Deutschland und in anderen hochindustrialisierten Ländern – *zu leben ist,* nicht aber schlechthin *gelebt wird.* Der Macht von Traditionen fühlt sich jene Art zu leben nicht ergeben.

Ich beschäftige mich damit, was mit Menschen geschieht, die sich entschieden haben, ihre Elternschaft auch auszuleben. Es geht hier also nicht um biologische oder juristische Probleme, wie auch nicht um die Frage der Abtreibung, vielmehr um das, was man vielleicht «praktizierte Elternschaft»[3] nennen sollte. Unter diesem Stichwort sind Frauen wie Männer gleichermaßen angesprochen – auch wenn letztere sich als Väter noch ziemlich zurückhalten. Wenn ich fast durchweg von Eltern spreche, so will ich damit überhaupt nicht die nach wie vor herrschenden Rollen-Unterschiede vertuschen, sondern nur deutlich machen, daß das Leben mit Kindern prinzipiell Frauen und Männern offensteht. (Männer, die sich – aus Vorsatz, aufgrund beruflicher Zwänge oder warum auch immer – weitgehend auf eine formale Vater-Rolle beschränken, werden hier also erfahren, was ihnen entgeht oder erspart bleibt, wenn sie ihre Vaterschaft nicht praktizieren.)

Ich kann nicht ausschließen, daß man beim Lesen merkt, ob es sich beim Schreiber um einen frustrierten oder um einen fanatischen Vater handelt. Freilich wissen Väter manchmal selber nicht, ob sie das eine oder das andere sind. Selbst ein so begeiste(r)ter Vater wie Peter Handke[4] empfindet seine Lage zuweilen «als brutales und sinnloses Verhängnis». Daß meine persönlichen Erfahrungen beim Schreiben nicht wegzudenken waren, gebe ich gerne zu; falls denn Eigenbrödlerisches im Text zu finden sein sollte, so hätte sich dies *vielleicht* vermeiden lassen, wenn ich mir für das Sammeln weiterer und anderer Erfahrungen noch mehr Zeit gelassen hätte. Aber nach Robert Musil[5] kann es auch falsch sein, allzu lange zu zögern:

> «Unsere Gedanken können ebensowenig dauernd stehen bleiben wie Soldaten im Sommer auf einer Parade; wenn sie zu lange warten müssen, fallen sie einfach ohnmächtig um.»

I.
Warum Menschen Eltern werden

Daß Menschen oft auch Eltern sind, weiß jedes Kind. Zu fragen ist, warum Menschen sich entschließen, Eltern zu werden.

Ob es sinnvoll sei, Kinder zu haben – darüber kann man durchaus geteilter Meinung sein; Streit gab es jedenfalls hierzu schon in der Antike. Dort finden sich auch, in einer vielleicht verdächtig einfachen Aufteilung, drei Positionen, nach denen Wohl und Wehe der Eltern zu erfassen sein soll.

Entweder heißt es, Kinder zu haben sei prinzipiell etwas Schönes; davon sprechen z.B. die großen Frauenfiguren des Euripides, Medea (v. 1036 f.) und Andromache (v. 418 ff.):

> «Wo ihr [Kinder] nicht seid,
> Ist das Leben nur bitter und schmerzliche Last.»
> «In seinen Kindern lebt der Mensch.
> Wers nie erfuhr und leugnet, der entbehrt
> Zwar manches Leid, doch auch des vollen Glücks.»

Aber schon im Chor der Medea, der miterleben muß, wie diese trotz aller Liebe ihre Kinder tötet, kommt die Gegenthese – daß es nämlich prinzipiell dem Leben zuträglich sei, keine Kinder zu haben (v. 1090 ff.):

> «Die niemals Geburt oder Zeugung erfuhren,
> Sie stehen voran auf den Stufen des Glücks.
> Der Kinderlose (. . .) ist tausend Qualen entrückt.»

Zum Mitglied jenes Chors hätte auch der Philosoph Demokrit getaugt, einer der militantesten Gegner der Elternschaft in der Antike (fr. 275/276):

> «Kinder aufziehen ist eine unsichere Sache; geht es gut, dann hat man davon ein Leben voll Kampf und Sorge gehabt; geht es schlecht, ist der Kummer bitterer als jeder andere.» – «Mir scheint es nicht gut, Kinder zu bekommen.»

Wem diese Gegenüberstellung – Kinder zu haben sei prinzipiell schlecht *oder* gut – zu schematisch ist, der kann sich einer dritten Position zuwenden und mit Aristoteles (NE 1099b 4ff.) sagen:

> «Mit dem Glück des Mannes ist es schlecht bestellt, der (...) ganz allein im Leben steht und kinderlos ist. Noch weniger wird man von Glück sprechen, wenn jemand ganz schlechte Kinder (...) besitzt.»

Aber auch diese letzte These ist offensichtlich nicht allzu hilfreich. Ob ein Kind sich «gut» oder «schlecht» entwickelt, das hängt nicht zuletzt gerade von den Eltern ab. Insofern können sie sich auch nicht vorsorglich irgendeine Auskunft darüber einholen, wie es denn um die Wohlgeratenheit ihres Sprößlings und entsprechend dann auch um ihr eigenes Wohlergehen bestellt sein wird. Statt auf die Güte der Kinder spekulieren zu können, bleibt die bange Frage, wie man miteinander im Leben zurechtkommt, wie es sich als Vater oder Mutter mit dem Kinde leben läßt. Für diese Frage gibt es vorweg keine endgültige Antwort – und selbst wenn es dann soweit ist, wenn Menschen Eltern geworden sind, können die Licht- und Schattenseiten des neuen Lebens sich weiter Konkurrenz machen.

So bleibt letztlich von jenen drei Positionen nur übrig, daß sich die Frage, ob Kinder dem Leben zuträglich sind, so schlicht überhaupt nicht entscheiden läßt.

Festhalten kann man aber vielleicht noch einen Punkt, der allen Positionen merkwürdigerweise gemeinsam ist: Wenn es auch schon immer ‹normal› war, Kinder zu haben, so war doch aus der Sicht der Antike an der Elternschaft etwas Extremes, etwas Gefährliches. Egal ob nun für oder gegen Kinder votiert wurde, einig war man sich darin, daß Elternschaft das Leben eines Menschen erschüttern kann mit «Sorgen und Müh» (Euripides), mit «schweren Gefahren und Kummer» (Demokrit), mit großem «Leid» (Aristoteles). In der Lebensgeschichte eines Menschen gibt es offenbar nur wenige andere Unternehmungen, die in gleichem Maß für Erschütterungen sorgen können wie die Elternschaft. Ein Kind – gesund oder behindert, als Nervensäge oder Wonneproppen –, das birgt auch heute noch in unserer sicherheitsbewußten Gesellschaft eines der wenigen großen Risiken, denen sich die Menschen massenhaft auszusetzen bereit sind. Mit der Geburt ihres Kindes nehmen sie eine mögliche Umwälzung ihres Lebens hin (auch wenn es nicht mehr so schlimm ist wie in früheren Zeiten, als für jede zehnte Frau die Geburt eines Kindes dem eigenen Todesurteil gleichkam).[1]

Wenn das elterliche Leben *extrem* negative Erfahrungen bergen kann, so liegt die Mutmaßung nahe, daß es umgekehrt *extrem* positive Erfahrungen sein müssen, die den Menschen in der Elternschaft vergönnt sind – *wenn* es denn überhaupt gute Gründe geben soll, sich für Kinder zu entscheiden. (Es könnte also sein, daß Eltern fast so etwas sind wie verkappte Extremisten, daß sie Erfahrungen ausgesetzt sind, in denen sie an ihre Grenzen kommen, in denen sie sich weit von den Alltäglichkeiten des Lebens entfernen, denen sie sich scheinbar – mit Windelnwaschen und Kinderschreien – ausliefern.)

Wenn ich über Vorzüge der Elternschaft mutmaße und nach den guten Gründen, sich für Kinder zu entscheiden, frage, so ist damit freilich schon ein Schritt getan, zu dem ich vielleicht gar nicht befugt bin: Darin steckt nämlich die Unterstellung, daß man über die Kinderfrage überhaupt *entscheiden* kann. Die Reflexionen, die es zum Für und Wider der Elternschaft schon in der Antike gab, täuschen ein wenig darüber hinweg, daß seinerzeit kaum jemand den Freiraum hatte, über diese Frage mit offenem Ausgang nachzusinnen. Für die Masse der Menschen war die Kinderfrage immer schon *vorentschieden;* man brauchte sich über sie nicht weiter den Kopf zu zerbrechen. Und wenn es denn mit den Kindern Zeiten des «Leids» zu ertragen gab, so mußte es nicht unbedingt die Hoffnung auf einen Glücks-Ausgleich als ‹guten Grund› fürs Kinderkriegen geben.

Daß man Kinder bekam, war mangels sicherer Verhütungsmethoden kaum vermeidlich, wenn man nur dem anderen Geschlechte zugeneigt war. Fortpflanzung war etwas ‹Natürliches›, und Kinder wurden gebraucht – zunächst als Hilfe im Alltag, dann als Sicherung der Altersversorgung. Nachkommenschaft ist – so hieß es bei den Griechen[2] – im «eigenen Interesse der Eltern», denn «die Dienste, die sie im vollen Besitz ihrer Kraft schwachen Wesen geleistet haben, erhalten sie in der Schwäche ihres hohen Alters von stark gewordenen Wesen zurück».

Wer früher – und d.h. hier beispielhaft in der griechischen Antike – ohne Not, sozusagen vorsätzlich, kinderlos blieb, der mußte der Gemeinschaft ein Dorn im Auge sein. Für die Lasten, die sie dadurch auf sich zukommen sah, war sie kaum gerüstet. So gab es also neben dem individuellen Angewiesensein auf die Nachkommen auch ein staatliches Interesse, diejenigen zum Kinderkriegen zu drängen, die sich in jene Notwendigkeit nicht fügen wollten.

Die staatlichen Druckmittel,[3] die z.B. Platon hierzu ersann, konnten freilich ziemlich indirekt bleiben. Wenn nämlich die Menschen nur in den Hafen der Ehe getrieben wurden, so konnte man – dank mangelnder Verhütung – darauf rechnen, daß der Kindersegen nicht ausblieb. Umgekehrt hieß das: Wer sich der Ehe verweigerte, verging sich am Überlebensprinzip der Gemeinschaft. Platons Vorschlag gegen solche Delinquenten lautete (Nom. 774 ab):

> «Wenn (...) jemand nicht gutwillig gehorcht, sondern sich im Staate wie einen Fremdling und Sonderling anstellt und bis zum fünfunddreißigsten Lebensjahre keine Ehe schließt, der soll alljährlich eine Geldstrafe bezahlen, und zwar einer aus der obersten Vermögensklasse hundert Drachmen, einer aus der zweiten Klasse siebzig, einer aus der dritten sechzig, einer aus der vierten endlich dreißig Drachmen. (...) Außerdem soll ihm von den Jüngeren auch durchaus keine Ehrenbezeigung erwiesen werden, und niemand von der jungen Klasse soll ihm in irgend einem Stücke freiwillig gehorchen.»

Mit den finanziellen Forderungen und der sozialen Ächtung gegen ehelose «Sonderlinge» – Platons Beschreibung wirkt hier übrigens wie eine vorweggenommene Beschreibung der Kyniker[4] – ist freilich das bevölkerungspolitische Repertoire der Antike noch nicht erschöpft. Nach Aristoteles hat der Gesetzgeber «Bestimmungen für die Gemeinschaft» der Eheleute festzulegen, z.B. daß sie vom Alter her zueinander passen, damit nicht «etwa der Mann noch imstande ist zu zeugen, die Frau aber nicht mehr zu gebären, oder sie noch imstande ist, aber der

Mann nicht mehr». «Angemessen» sei es deshalb, wenn sich «die Frauen so ungefähr mit achtzehn und die Männer mit etwa siebenunddreißig Jahren (...) verheiraten», die «Vereinigung» solle dann möglichst im «Winter» und bei «nördlichen Winden» vonstatten gehen (Pol. 1334 b 34 ff., 1335 a 28 ff.).

Um umgekehrt einen Kinderüberschuß zu vermeiden, hat der «Gesetzgeber» z. B. bei den Kretern dann auch «eine ganze Reihe von Maßnahmen ausgeklügelt», so «den Umgang von Mann zu Mann», bei dem man sich über Spätfolgen der Lust keine Sorgen zu machen braucht (Pol. 1272 a 24).

Entscheidend für die Sicherung des Überlebens ist nach Aristoteles die richtige Anzahl der Nachkommen: Sind es zu viele, lassen sie sich nicht mehr ernähren, sind es dagegen zu wenige, ist die Versorgung der Alten gefährdet. Aristoteles meint (Pol. 1265 b 7 ff.) – angeblich gegen Platon, der Sache nach aber durchaus in dessen Nachfolge (vgl. z. B. Nom. 740 e) –, es sei notwendig,

> «die Kindererzeugung (...) zu beschränken, so daß man nicht mehr als eine bestimmte Anzahl erzeugt. Und bei der Festsetzung dieser Zahl muß man die möglichen Eingriffe des Schicksals berücksichtigen, daß einige von den neugeborenen Kindern sterben, und die Tatsache, daß andere Ehen kinderlos bleiben. Wird aber die Kindererzeugung freigegeben, wie das in den meisten Staaten der Fall ist, so muß sich das für die Bürger als eine Ursache der Armut auswirken; die Armut aber erzeugt Aufruhr und Verbrechen.»

Wenn man nun die Antike hinter sich läßt und an die Schwelle der Epoche herantritt, zu der unsere Gegenwart gehört, so finden wir in den Programmschriften des aufstrebenden Bürgertums – zumindest den deutschen – noch erstaunlich ähnliche Aussagen. Wie Platon «für immer» von einer «Zahl von 5040 Haushaltungen» ausgeht (Nom. 740 e), so setzt auch Fichte auf eine «ziemlich gleichmäßige Fortdauer» der «Volksmenge» (GN § 46), für die der Staat planen soll. Dieses starre Gesellschaftsmodell hat sich aber in den weniger rückständigen Nachbarländern Deutschlands längst überlebt. Dort stellt man sich auf die gewaltige ökonomische Dynamik der Moderne ein; statt um einen kontrollierbaren *Bestand* der Bevölkerung geht es nun um einen kontrollierbaren *Wandel.*

So setzt Thomas R. Malthus[5] gegen die – vermeintliche – Gefahr, die rapide anwachsende Produktion könne am Ende für eine noch schneller wachsende Bevölkerung nicht ausreichen, auf eine puritanische Ehemoral, mit der man der Fleischeslust, dem «mächtigen Instinkt» widerstehen und damit die Zahl der Nachkommen ‹im Griff› haben soll.

Einen anderen – pragmatischen und ziemlich unchristlichen – Vorschlag macht Malthus' Zeitgenosse Condorcet.[6] Er vertraut darauf, daß die Menschen schon «wissen», wie sie sich – bei aller Lust und Liebe – vor «unnützen und unglücklichen Wesen», vor allzu viel Nachwuchs schützen können. Sein Plädoyer für Verhütung statt Entsagung handelt ihm prompt den Vorwurf von Malthus ein, er verfalle auf «unnatürliche Dinge», welche «Tugend und Sittenreinheit (. . .) zerstören».

Die neue Kontroverse um die Nachwuchs-Steuerung entsteht nicht zuletzt dadurch, daß die persönliche Lebensbewältigung nicht mehr so eng eingebunden ist in ökonomisch, moralisch und sozial fixierte Lebensentwürfe. Der «Erfolg» der bürgerlichen Gesellschaft beruht auf der Freisetzung des Einzelnen, dem, was heute gerne «Individualisierung» genannt wird (s. u. Kapitel 4, S. 135 ff.) Mit der bewußteren Gestaltung des eigenen, (scheinbar) ganz persönlichen Lebens bekommt die Frage eine neue Offenheit, wie(viele) Kinder in dieses Leben passen. Da es zugleich auch dem Kind zugestanden wird, zur Persönlichkeit heranzuwachsen, wird die Frage der Fortpflanzung auch *um der Kinder willen* neu diskutiert: daß man nämlich nur so viele Kinder haben solle, wie man angemessen versorgen und fördern könne – daß es, nach Condorcet (s. o.), das «Unglück» überzähliger, schlecht versorgter Kinder zu vermeiden gelte. Zugleich erweist sich Kinderreichtum auch für die eigene soziale Lage als nicht gerade förderlich. Statistisch überreich belegt ist vielmehr die Tatsache, daß Menschen mit steigendem Wohlstand weniger Kinder bekommen;[7] Malthus' Befürchtungen vor einer Bevölkerungsexplosion haben sich wenigstens in den Industrieländern selbst nicht bestätigt. In der Familienplanung setzte ein dramatischer Mentalitätswandel ein, welcher in den bürgerlichen Schichten begann und «innerhalb einer Generation» die gesamte Bevölkerung erfaßte.[8] Inzwischen halten sich die Kinderzahlen längst in einem Rahmen, der Interventionen des Staates weitgehend überflüssig macht.

Statt unverträglichen Bevölkerungswachstums erwartet man in Deutschland gar eher einen Bevölkerungsschwund. Wollte jemand dagegen politisch ankämpfen, so hätte er freilich angesichts der wachsenden «Individualisierung» mit Zwangsmitteln à la Platon kaum Erfolg. Friedrich Nietzsche, selbst kinderlos, konnte sich jedenfalls nicht durchsetzen mit der Forderung nach einer «Kriegsdienst-Mehrbelastung der Junggesellen» und «*Vortheile(n)* aller Art für Väter, welche reichlich Knaben in die Welt setzen» (KSA 13, 495). Anfang des 20. Jahrhunderts, als man schon einmal der «Gefahr des Aussterbens» der «Herrenvölker» meinte begegnen zu müssen, befürchtete man doch zugleich, daß alle «Predigt(en)» von oben «erfolglos bleiben» würden. Auch die nationalsozialistische «Mutterkreuz»-Propaganda konnte nichts mehr daran ändern, daß die Kinderfrage zur Sache der einzelnen Familien geworden war: Trotz des Aufrufs zu kollektiver Volksvermehrung brachte das «Dritte Reich» nicht den beschworenen Umschwung gegenüber der Weimarer Republik.[9]

Wenn es in der bevölkerungspolitischen Kontroverse, die Ende des 18. Jahrhunderts einsetzte, hauptsächlich darum ging, *wie viele* Kinder recht seien, darum also, eine Über- oder Unterzahl von Arbeitskräften resp. Erben zu vermeiden, so hat sich diese Frage inzwischen radikalisiert. Hinter der Überlegung, ob man *dieses* Kind *mehr* noch will oder nicht, versteckt sich bereits die Frage, ob man *überhaupt* ein Kind will – und diese Frage ist inzwischen aus ihrem Versteck hervorgetreten.

Während Fichte in der «Grundlage des Naturrechts» (GN § 1) noch von der reinen Naturwüchsigkeit der Fortpflanzung ausging:

> «Die Natur hat ihren Zweck der Fortpflanzung des Menschengeschlechts auf einen Naturtrieb in zwei besondern Geschlechtern gegründet, der nur um seiner selbst willen da zu sein, und auf nichts aus-

zugehen scheint, als auf seine eigene Befriedigung. (. . .) Indes die Menschen auf nichts ausgehen, als diesen Trieb zu befriedigen, wird durch die natürlichen Folgen dieser Befriedigung ohne weiteres Zutun der Menschen der Naturzweck erreicht.»

– fragte damals schon in einer kühnen Vorwegnahme Condorcet:[10]

«Ist dieses Naturgesetz dem Menschen auferlegt? Er allein unter allen Tieren wußte im Akt, der die Art fortsetzen muß, die Lust, die mit diesem Akt verbunden ist, von der Produktion zu trennen, die bei anderen Arten dessen unfreiwillige Ursache ist. Nicht allein geben ihm Motive eines entfernteren, dauerhafteren Interesse die Kraft, dieser Verlockung zu widerstehen, sondern er kann ihr auch nachgeben und ihre Folgen verhüten.»

Und während es für Arthur Schopenhauer[11] eine abschreckende Vorstellung war, Kinder willentlich in die Welt zu setzen:

«Man denke sich ein Mal, daß der Zeugungsakt weder ein Bedürfniß, noch von Wollust begleitet, sondern eine Sache der reinen, vernünftigen Ueberlegung wäre: könnte wohl dann das Menschengeschlecht noch bestehn? würde nicht vielmehr Jeder so viel Mitleid mit der kommenden Generation gehabt haben, daß er ihr die Last des Daseyns lieber erspart, oder wenigstens es nicht hätte auf sich nehmen mögen, sie kaltblütig ihr aufzulegen?»

– war es gerade die Freiheit in der Kinderfrage, die Sigmund Freud[12] sich sehnlichst wünschte:

«Theoretisch wäre es einer der größten Triumphe der Menschheit, eine der fühlbarsten Befreiungen vom Naturzwange, dem unser Geschlecht unterworfen ist, wenn es gelänge, den verantwortlichen Akt der Kinderzeugung zu einer willkürlichen und beabsichtigten Handlung zu erheben, und ihn von der Verquickung mit der notwendigen Befriedigung eines natürlichen Bedürfnisses loszulösen.»

Condorcets optimistische Voraussage über «künftige Fortschritte» der Menschheit ist ebenso wie Freuds Wunschgedanke inzwischen nahezu Realität geworden.

Als Augenzeuge der Bevölkerungsexplosion auf der Erde sieht man zwar, daß der – ökonomisch und biologisch, meist auch religiös gesicherte – Automatismus der Fortpflanzung weiter wirksam ist. Bei uns aber – und damit meine ich vor allem Deutschland sowie die meisten hochindustrialisierten Länder – scheint das inzwischen anders zu sein.

Spätestens seit der Einrichtung des Rentensystems besteht keine dringende ökonomische Notwendigkeit mehr, sich zwecks materieller Unterstützung in Gegenwart und Zukunft eigene Kinder zuzulegen. Die Gesellschaft kann die sozialen Aufgaben z.B. der Altersversorgung lösen, ohne in Sachen Nachwuchs unmittelbare Ansprüche an einzelne Bürger richten zu müssen; jene Aufgaben werden nicht mehr personengebunden bewältigt. Quer durch die sozialen Schichten in diesem Land gilt, daß Kinder lange Jahre eher von den Eltern profitieren als umgekehrt. Daß diese dann im Alter von ihren Kindern umsorgt werden, darauf ist kein Verlaß mehr. Die Generationen haben sich «entklammert».[13] Selbst wenn man es ganz schön fände, im Alter nicht allein zu sein und unterstützt zu werden, so bleibt doch die Erfüllung dieser Hoffnung zu fern und zu vage, als daß sie junge Menschen schon zum Kinderkriegen verleiten könnte.

Zugleich sind diese nun auch in der Lage, den Entscheidungsfreiraum, der sich ihnen eröffnet, besser zu nutzen. Dank verläßlicher Empfängnisverhütung ist das Junktim, nach dem Sexualität und Fortpflanzung zusammengehören, aufzukündigen. So wie die Menschen sich die Natur immer mehr untertan gemacht haben, so können sie nun auch über ihre eigene – naturhafte – Fortpflanzung verfügen. Allen Lobbyisten der Gebärfreude zum Trotz gehört heute das, was im Soziologen-Deutsch «zeugungsneutrale Sexualität»[14] heißt, zum Alltag.

Elternschaft gehört zur Lebensgeschichte eines Menschen nicht mehr fast zwangsläufig dazu. Kinder zu bekommen ist heutzutage in den hochindustrialisierten Ländern *weder* eine ökonomische Notwendigkeit *noch* eine naturwüchsige Selbstverständlichkeit. Die soziale Ächtung, der Kinderlose früher stärker ausgesetzt waren, ist im Schwinden begriffen. Leicht könnte man sich darauf einigen, die liberale Formel vom «Nachtwächterstaat» sei jedenfalls nicht so zu verstehen, daß der Staat in der Nacht über Liebesnester und Ehebetten zu wachen hätte. Es gibt wohl keine Entscheidung von solcher Endgültigkeit, solcher lebensgeschichtlicher Tragweite, die derart unkontrolliert, ohne Vorschriften des Staates gefällt werden kann, wie die der Kinderfrage. Ob Menschen Eltern werden wollen oder nicht ist so offen wie nie zuvor; die Antwort auf diese Frage kann in *«radikalisierter Selbstzuständigkeit»*[15] gefunden werden.

Diese Entwicklung ist – darüber sollte man sich nicht täuschen – im Weltvergleich eine Sondersituation. Betroffen ist eine Minderheit; die neue Form der Elternschaft hat etwas *Exzentrisches,* auch wenn sie hierzulande zur Normalität wird. Sie beruht auf bestimmten Voraussetzungen – einem immensen ökonomischen Wohlstand, einer extrem arbeitsteiligen Gesellschaft, bei der jeder für sein eigenes Auskommen sorgt, einer staatlich gewährleisteten sozialen Absicherung. All dies ist für die Weltbevölkerung nicht verallgemeinerbar – und ist in seinem Bestand auch uns nicht garantiert. Wenn die Rahmenbedingungen hiesiger Elternschaft ungesichert, gefährdet sind, so ist auch nicht auszuschließen, daß die Elternschaft, die heutzutage zu leben ist, weltgeschichtlich eine Episode – eben etwas Exzentrisches – bleibt. Es ist nicht ausgemacht, daß die Freiheit, die heute besteht, das Vakuum, das sich nach dem Ende materieller Zwänge und biologischer Nöte aufgetan hat, Bestand haben wird. Dessenungeachtet müssen wir aber, wenn wir mit uns selbst zurechtkommen wollen, versuchen, den *Status quo* zu verstehen.

Die «tief einschneidende Veränderung in unseren gesellschaftlichen Zuständen», die Freud[16] einst voraussagte, können wir heute sozusagen «live» mitverfolgen oder gar selbst ausleben – und es wird sich zeigen, ob jene Veränderung tatsächlich «Unzähligen den Lebensgenuß» verschafft, den Freud erhoffte.

Wenn auch die Fortpflanzung nicht mehr einem unbestreitbaren Zweck dient (sei es der Altersversorgung oder dem Erhalt der Schöpfung), wenn Nachkommenschaft nicht mehr lebensnotwendig und naturwüchsig zugleich ist, so muß man deshalb noch nicht vor dem Schreckbild erstarren, das Moheau[17] schon

1778 zeichnete: daß nämlich «die Fortpflanzung der Art» eine «Fopperei der alten Zeiten» sei. Dafür, daß es anders sei, kann man aber umgekehrt die Beweislast nicht mehr einfach abwerfen. Es herrscht in der Kinderfrage ein Mischmasch aus traditionellen Bindungen und persönlichen Gefühlen. Der alte Automatismus der Fortpflanzung ist außer Kraft gesetzt, aber er wirkt wie eine Maschine, bei der man den Motor abstellt und die nun noch – lange, ganz lange – ausrollt. Wir scheinen in einer ‹Zwischenzeit› zu leben: Eine «Gestalt des Lebens» ist «alt geworden» (Hegel PhR 28), ohne daß uns eine neue «Gestalt» schon vertraut wäre. Wir sind uns über die Lage, die kaum älter ist als wir selbst, noch im unklaren, leben ein Leben, das wir gerade noch kennenlernen, sind notgedrungen im ungewissen über uns selbst.

Nach wie vor gilt,[18] daß die weitaus meisten der Paare, die Kinder bekommen *können*, weiterhin Eltern *werden*, daß also zwar die Kinder*zahl* sinkt, nicht aber prinzipiell der Kinder*wunsch* verschwindet. Auf der anderen Seite sind Anzeichen für einen Wandel im Verhältnis zu Kindern unübersehbar. So haben es viele Menschen nicht mehr darauf angelegt, ihr Leben überhaupt erst ‹kind-kompatiblen› Konditionen zu unterwerfen, d. h. zum Beispiel, Liebesbeziehungen im Blick auf die Belastungen der Elternschaft zu pflegen, eventuell berufliche Nachteile in Kauf zu nehmen etc. Die «Singles» – und sie sind hierfür das deutlichste Signal – sind zur soziologischen Größe geworden.[19] In der individuellen Lebensplanung ist die Konkurrenz der Ambitionen schärfer geworden. Vielen ist unklar, ob sie überhaupt noch ein Kind bekommen sollen.

«Dem Recht, wählen zu können, stehen wir wie Neugeborene gegenüber, und Verwirrung lähmt uns»; «eine Entscheidung» über die Kinderfrage «treffen zu müssen» – das ist, wenn man der Feministin Lidia Ravera[20] glauben will, im Vergleich zu früher «der schwerere Weg». Zu dieser neuen Offenheit in der Kinderfrage hat die neuere feministische Debatte freilich erst mühsam durchfinden müssen. Zwischenzeitlich wurde Mutterschaft nach dem Zusammenbruch alter Selbstverständlichkeiten als Gefängnis, als «Falle», als «Zustand äußersten psychischen und sozialen Niedergangs, totaler Selbstverleugnung und physischer Zerrüttung» gegeißelt; erst neuerdings geht es darum, daß sich die Frau verschiedene Wege der Lebensplanung offenhalten kann, zu denen auch, aber nicht ausschließlich und nicht zwangsläufig, die Mutterschaft gehört. Ein schönes Beispiel für diesen Schwenk ist die Tatsache, daß in den USA die Organisation NON, d. h. «National Organization for Non-Parents», inzwischen ihren Namen geändert hat in «National Alliance for Optional Parenthood», oder daß eine Feministin wie Betty Friedan in ihrem Buch «Der zweite Schritt» sagt, Mutterschaft könne durchaus auch als eine «positive, begehrte und begehrenswerte Möglichkeit der Frau» gelten.[21] Besonders originell ist dies freilich nicht; die feministische Debatte kommt damit nur auf eine Erkenntnis zurück, die schon vor Jahren Simone de Beauvoir[22] ausgesprochen hatte:

> «Gewiß ist es wertvoll, sich einem Unternehmen wie dem Kind zu widmen. Aber ebensowenig wie jedes andere Unternehmen rechtfertigt es sich von selbst. Es muß eben um seiner selbst willen und nicht um hypothetischer Vorteile willen gewollt werden.»

Auf ganz anderen Wegen als Simone de Beauvoir sind neuerdings Soziologen[23] zu demselben Ergebnis gekommen: daß nämlich die Elternschaft – wie übrigens das Leben des Menschen überhaupt – als «Projekt» anzusehen sei, das es zu planen und zu gestalten gelte. Daß die Kinderfrage ohne massive Sanktionen *so oder so* entschieden werden kann, muß als Voraussetzung für ein mögliches «Projekt» Elternschaft angesehen werden. Und ich möchte in diesem Kapitel herausbekommen, wie weit man kommt, wenn man Elternschaft in diesem Sinne als «Projekt» auffaßt. Bevor man freilich die guten oder schlechten Gründe verhandeln kann, die sich fürs Kinderkriegen aufbieten lassen, sind noch einige Einwände zu bedenken, die die Rede von einem «Projekt» Elternschaft erschweren.

Sicher ist Elternschaft von anderer Art als die meisten denkbaren «Projekte», etwa das einer Antarktis-Durchquerung zu Fuß oder das einer Selbsterfahrungsgruppe zu Haus. Daß Frauen Mütter, Männer Väter, Menschen Eltern werden können, ist nicht bloß ein aus freien Stücken gefaßter Plan, sondern eine Möglichkeit, die, ohne weiteres Zutun, in ihnen steckt – oder aber auch nicht.

Viele Paare leiden darunter, daß es trotz vielfachen Bemühens mit dem Nachwuchs nicht ‹klappt›, hadern mit den körperlichen Unwägbarkeiten, die zu diesem Vorhaben dazugehören. Eine solche Abhängigkeit von der Natur scheint sich mit einem frei zu gestaltenden «Projekt» kaum zu vertragen.

Umgekehrt sind diejenigen, die ‹könnten, wenn sie wollten›, überhaupt nicht in der Lage, der Frage, ob sie ein Kind bekommen wollen, auszuweichen; manche unter ihnen fühlen sich geradezu in unangenehmer Weise davon bedrängt, daß ihnen diese Möglichkeit innewohnt. Es besteht in diesem Punkt unzweifelhaft ein gewisses Ungleichgewicht zwischen Eltern und Kinderlosen: Letztere sind der Frage nach dem Kinderkriegen nicht enthoben (wie Schreibtischhocker der Frage nach der Antarktis-Durchquerung), sondern müssen sich ihr als einer Möglichkeit stellen, die in ihrem Leben mitgegeben ist. Wer das einfach abtut, macht sich entweder etwas vor oder nimmt sich selbst als Menschen nicht für voll.

Viele Frauen, die Kinder haben wollen, werden unruhig, wenn sie weit über dreißig werden und ihnen die rechte Gelegenheit fehlt; auch manche Männer, die sich ja mit der Vaterschaft noch länger Zeit lassen können, sehnen sich ungeduldig die Frau herbei, auf die sie wenigstens zur Erfüllung ihres Kinderwunschs angewiesen sind. Umgekehrt werden auch Frauen, die vom Kinderwunsch überhaupt nichts wissen wollen, jeden Monat daran erinnert, daß sie Mütter werden könnten; und Männer, die kein Kind haben wollen, können auch nicht so tun, als gebe es diese Möglichkeit gar nicht, sondern müssen sich vor ihr schützen.

Bringt diese hartnäckige «Natürlichkeit» dann nicht auch schon eine gewisse Vorentscheidung in dem Sinne, daß es näher liege, Kinder zu bekommen als kinderlos zu bleiben? Läßt sich also Elternschaft deshalb *nicht* als «Projekt» im strikten Sinn ansehen, weil es im Grunde eine «natürliche» Präferenz für Kinder gibt – jenseits der Selbstbestimmung des modernen Menschen?

Nun braucht man freilich nicht unbedingt der Devise folgen: Wenn man denn Kinder bekommen kann, so sollte man sie sich gefälligst auch zulegen. Den Menschen zeichnet aus, daß er sich zu Sachverhalten, Geschehnissen und Handlungen urteilend verhalten kann. Er kann zu ihnen Ja oder Nein sagen. Das heißt nicht nur, daß er sich zu Gegebenem verhält, Angebote ausschlägt oder annimmt. Der Mensch kann sich auch bejahend oder verneinend zu seinem Leben überhaupt verhalten, kann es im großen und ganzen so nehmen, wie es ist, oder aber sein Leben verwerfen, sich ein Ende machen.[24] Wenn aber dem Menschen die Freiheit zugebilligt wird, seinem Leben selbst ein Ende zu setzen, so muß es erst recht in seiner Freiheit liegen, eine der Möglichkeiten auszuschlagen, die ihm in diesem Leben gegeben sind – z. B. eben die Elternschaft.

Aber auch wenn man die Freiheit, sich gegen Kinder zu entscheiden, nicht mit dem radikalen Rückgang auf den Frei-Tod rechtfertigen will, so steht die Elternschaft doch in Konkurrenz zu anderen Herausforderungen, die dieses Leben sonst noch bietet. Wenn ein Mensch in sich hineinhorcht, stößt er nicht nur auf die Möglichkeit zur Elternschaft, sondern auch auf anderes, wozu er sich vielleicht berufen fühlt. Eine Frau, die sich gerne als Konzertpianistin oder Reiseleiterin ausleben will, kann auch meinen, bei dem unsteten Leben in einem solchen Beruf die Mutterschaft nicht noch verkraften zu können; diese erscheint dann gar als Gefährdung eines erfüllten Lebens. Wer fern von solcher Erfüllung froh ist, unter vielleicht schwierigsten Bedingungen mit seinem eigenen Leben halbwegs zurechtzukommen, wird sich nicht auch noch ein Kind aufhalsen wollen. So oder so entscheidet man sich in seiner Lebensgeschichte immer auch ein Stück gegen sich selbst;[25] und diese Entscheidung kann sich dann auch gegen die Möglichkeit zur Elternschaft richten.

Aber nivelliert man nicht mit der Rede von verschiedenen Möglichkeiten oder «Projekten» des Lebens auf unzulässige Weise den Unterschied, der zwischen so etwas «Natürlichem» wie dem Kinderkriegen und so etwas Beliebigem wie dem Begleiten einer Reisegruppe besteht? Letztlich stellt sich hier die schwierige Frage, ob für uns heute, da wir über die Naturwüchsigkeit der Fortpflanzung hinaus sind, die «Natürlichkeit» von Zeugung und Geburt doch noch eine besondere Bedeutung hat.

Diese «Natürlichkeit» ist in der Geschichte vielfach für die Bewertung der Elternschaft herangezogen worden – und zwar interessanterweise sowohl zu deren *Ab-* wie auch zu deren *Aufwertung.*

Eine solche Gespaltenheit in der Beurteilung findet sich schon in frühen, vorchristlichen Texten,[26] in denen die Liebe des Mannes zu Frauen der zu Knaben gegenübergestellt wird. Darin wird gerade als Vorzug einer – freilich völlig vergeistigten – Form der Knabenliebe herausgestellt, daß sie über die bloße Natürlichkeit hinausführe, daß der Mann sich hier, jenseits des Naturtriebs der Fortpflanzung, den er mit den Tieren gemein habe, in einer Liebe versuche, die keinem biologischen Automatismus mehr folge. Umgekehrt findet sich in jenen frühen Texten aber auch das Argument, daß jene vergeistigte Liebe im Grunde ‹unlebbar› sei, daß sich der Mann mit ihr über Gebühr von seiner Leiblichkeit absetze. Es müsse – so diese zweite Variante – darum gehen, ein Leben zu führen, das der «Natur» des Mannes angemessen sei – ein Leben mit Frau und Kind.

Die Spaltung der Lebenskonzeptionen an der Frage, wie die «Natürlichkeit» des Menschen zu beurteilen sei, ist dann besonders auch für christliche Deutungsmuster[27] typisch. Einerseits wird hier der Mensch – in einer weltlichen Variante des Glaubens – auf die Fortpflanzung verpflichtet, weil sie als Bejahung des Lebens, als Beitrag des Menschen zur göttlichen Schöpfung (und als einzige Rechtfertigung sexuellen Verkehrs) anzusehen sei. Andererseits wird dem Menschen – in einer geistlichen Variante des Glaubens – ein asketisches Leben nahegelegt, mit dem er sich über die «Natürlichkeit» erheben und Gott am nächsten kommen könne.

Sei es die christliche oder die vorchristliche Debatte, bezeichnend ist jeweils eine Gegenüberstellung zwischen reiner Natürlichkeit einerseits, reiner Geistigkeit andererseits. Welchem der beiden Deutungsmuster auch immer am Ende der Vorzug gegeben wird, vorausgesetzt ist hier wie dort ein *dualistisches* Modell, nach dem der Mensch durch zwei prinzipiell verschiedene

Anlagen bestimmt ist. Diese dualistische Konzeption wird nun aber bezeichnenderweise fast bei jedem ihrer Auftritte begleitet von Bedenken, die gegen sie gerichtet sind. So plädieren die zitierten vorchristlichen Texte letztlich für ein Ideal der Gattenliebe, in der Geistiges und Körperliches geeint ist; so will das Christentum Leiblichkeit und Spiritualität in der Glaubenserfahrung vereinbaren.

Vielleicht ist es letztlich konsequenter, nicht mühsam nachträglich einen Vereinbarkeitsbeschluß herbeizuführen, sondern vorweg den Dualismus zu verwerfen, nach dem das Natürliche (z.B. die Fortpflanzung) *entweder* einen selbstverständlichen Vorrang erhält *oder* aber automatisch ins Hintertreffen gerät. Zu unserem Leben gehört das, was an uns «Natur», «Leib» oder «Körper» ist, ebenso selbstverständlich wie das, was «Kultur», «Seele» oder «Geist» genannt wird.[28] Gerade die Elternschaft ist etwas, in dem sich natürliche mit kulturellen und sozialen Aspekten verbinden: etwa Geschlechtlichkeit und Fähigkeit zur Fortpflanzung einerseits mit Versorgung und Erziehung andererseits. Elternschaft ist in sich schon eine soziale Angelegenheit – im Gegensatz zu anderen «natürlichen» Eigenschaften des Menschen, z.B. dem Atmen. Von daher sollte man sich die Antwort auf die Frage, «warum Menschen Eltern werden», auch nicht von der «Natur» allein geben lassen.

Mir scheint gleichwohl, daß an dieser Stelle ein heikler Punkt erkennbar ist, der insbesondere zwischen Männern und Frauen zum Problem werden kann. Denn es ist kaum zu bestreiten, daß Frauen die Möglichkeit, ein Kind zu bekommen, schwerer abschütteln können als Männer, daß es ihnen schwerer fällt, die Erfahrungen, die ihnen mit Schwangerschaft und Geburt vergönnt sind, sang- und klanglos zu übergehen. Männer können sich, angesichts ihrer eher unauffälligen und ziemlich kurzzeitigen Mitwirkung bei der Zeugung des Lebens, leichter gedanklich von ihrer Möglichkeit zur Vaterschaft freimachen. Sie können zwar auch gewaltig darunter leiden, kein Kind zu haben; aber ihre Trauer bezieht sich dann auf das versagte Leben mit dem Kind, *wenn es da ist.* Sie haben nicht auch noch den «natürlichen» Anhaltspunkt, an den Frauen sich halten können. Daß dagegen

Frauen ein Kind als ihre Leibesfrucht in sich heranwachsen spüren und gebären können, wird man kaum als Möglichkeit ‹unter ferner liefen› verzeichnen. Dieser Unterschied ist vielleicht auch die Quelle mancher Beziehungskrise, bei der der Mann den Kinderwunsch der Frau nicht teilt – und diese vor eine fatale Entscheidung gestellt wird. Will sie ihren Wunsch nicht aufgeben, so muß sie entweder den Mann, mit dem sie doch gerne ein Kind hätte, verlassen, um ihren Kinderwunsch – dann aber ohne unmittelbare Aussicht auf Erfüllung, gewissermaßen abstrakt – aufrechtzuerhalten; oder aber sie muß diesen Mann – mit List und Tücke – dazu bringen, sie zu schwängern, und darauf hoffen, daß er sie dann nicht doch noch verläßt.

Obwohl ein Unterschied zwischen Mann und Frau im Blick auf die «Natürlichkeit» des Kinderkriegens unübersehbar ist, wäre es doch irreführend, im Namen der Frauen eine Art Tendenzbeschluß fürs Kind zu fassen. Wenn den Frauen die Möglichkeit, ein Kind zu haben, erstmal näher steht, so ist damit doch ihre *Entscheidung* noch nicht gefallen. Bei dieser geht es nämlich – Schwangerschaft und Geburt hin, Zeugung her – vor allem um eine Entscheidung für oder gegen das *Leben mit dem Kind.* Vor diesem *sozialen* Geschehen verblaßt die *natürliche* Fähigkeit zu gebären (und treten dann auch die intimen Erfahrungen zurück, die Frauen während der neun Monate machen, in denen das Kind ‹unterwegs› ist). Erst im Verhältnis zum Kind mitsamt seinen Licht- und Schattenseiten kann sich die Entscheidung für ein Kind bewähren. Gerade jene Möglichkeit, die sich zunächst viel natürlicher, viel ursprünglicher im eigenen Leben aufdrängt als manch anderes «Projekt», mündet in eine besonders intensive soziale Erfahrung, fordert zwischenmenschliche Ein- und Abstimmung. Mir scheint es insofern sinnvoll, die Entscheidung über ein Kind von jenem gemeinsamen Leben abhängig zu machen, das dann für Frauen wie Männer gleichermaßen verlockend *oder* abschreckend sein kann. Der ‹kleine Unterschied›, der anfangs eine Rolle spielt, hat dann keine ‹großen Folgen› mehr.

Wenn demnach die «Natürlichkeit» dem Kinderkriegen keinen Sonderstatus verschaffen kann, so kann man auch weiterhin von der Elternschaft als einem «Projekt» sprechen – freilich im Wissen darum, daß dieses «Projekt» auf Vorgaben angewiesen bleibt, über die nicht beliebig zu verfügen ist.

Im Kinderkriegen wird aber darüber hinaus auch deshalb etwas ganz Besonderes gesehen, weil es hier nicht um irgendeine Frage *im* Leben gehe, sondern weil dabei die «Frage des Lebens»[29] selbst verhandelt werde. Was bedeutet schon, anders gesagt, das Herummodeln am bestehenden Leben, wenn man für das Hervorbringen neuen Lebens sorgen kann? Es scheint fast, als müßte diesem doch letztlich Priorität eingeräumt werden. Vielleicht ist daraus sogar zu folgern, daß man sich, wenn man denn die Wahl habe, vor dieser Fähigkeit, Leben zu schenken, kaum drücken könne. Gibt es am Ende – sozusagen um des lieben Lebens willen – eine Verpflichtung,[30] Kinder zu bekommen? Damit wäre – und das ist hier entscheidend – Elternschaft der Konkurrenz der Lebensentwürfe doch enthoben; ihr käme ein unverhandelbarer Vorrang, eine Art höhere Weihe zu.

Um derart die Herbeiführung neuen Lebens gegen die Umstände bestehenden Lebens auszuspielen, beruft man sich auf die Tatsache, daß man ja alles Mögliche – zum Guten oder Schlechten – mit einem Leben anstellen kann, dabei aber notgedrungen voraussetzt, *daß* es überhaupt erstmal *da ist.* In dieser vermeintlichen Fundierung zeigt sich aber schon, so meine ich, wie kurz diese Heraushebung der Fortpflanzung greift. Denn wenn man die Argumentation umkehrt, kann man genausogut fragen: Was nützt denn ein Leben, das *bloß da ist,* dessen Gestaltung nicht bedacht ist? Was bleibt da außer der doch wieder ziemlich leblosen Faktizität? Wenn man sagen kann, *ohne* Leben sei doch *alles nichts,* so ist bloßes Leben *ohne alles* auch nicht mehr. Nach der (guten alten) aristotelischen Unterscheidung kommt es nicht bloß darauf an zu leben, sondern auch gut zu leben. Es geht nicht nur darum, daß Leben ‹neu› auftritt; um des derzeitigen, aber auch um des künftigen Lebens willen hat man dafür zu sorgen, daß es sich zu leben lohnt.

Keiner würde behaupten, die kinderlose Nonne in einem peruanischen Krankenhaus für Cholerakranke ginge weniger wertvollen Tätigkeiten nach als die Frankfurter Bankiersgattin, die ihr Neugeborenes stillt. Ein Kind zu bekommen – das scheint nicht schon von selbst konkurrenzlos ‹gut› zu sein. Wenn es heute eine *Entscheidung* über die Kinderfrage gibt – und keinen naturwüchsigen und ökonomischen Automatismus mehr –, dann liegt es nahe, dabei auch über die in Zukunft zu erwartenden Chancen und Nöte des Lebens auf der Erde Vermutungen anzustellen; schließlich hängen davon das Wohl des Kindes und d. h. auch die Modalitäten der elterlich-kindlichen Lebensgemeinschaft ab.

Bei diesen Überlegungen kann es dann sogar umgekehrt – gegen die Feier des ‹Lebens› selbst – naheliegen, aufgrund konkreter objektiver oder subjektiver Umstände auf Kinder zu verzichten. Daß in Kriegszeiten die Geburtenzahlen sinken und in Nachkriegszeiten drastisch steigen, liegt sicher nicht nur an erst fehlenden, dann reichlichen Gelegenheiten, sondern auch daran, daß Menschen ihren Kindern die Ruhe friedlicher Zeiten wünschen.

So meinen auch viele Menschen heute, die sich um die Zukunft unseres Planeten in ökonomischer, ökologischer oder militärischer Hinsicht – sehr berechtigt – Sorgen machen, es sei besser, keine Kinder in diese Welt zu setzen (d. h.: ihnen diese Welt nicht zuzumuten). Sie verfallen also in die genaue Umkehrung der These, Leben in die Welt zu setzen habe jenseits aller Umstände Priorität. Nach dieser Umkehrung verbietet es sich vielmehr geradezu, Kinder zu bekommen. Und auch diese Gegen-These ist für unsere Frage, ob das Kinderkriegen im persönlichen Leben «projekt»-orientiert beurteilt werden kann, äußerst aufschlußreich.

Mit ihr taucht einer der bittersten Gedanken auf, den es in Lebensfragen überhaupt geben kann: die Mutmaßung nämlich, es könnte – nach Kants Formulierung – «ärger» sein zu leben als «gar nicht (zu) sein»: wenn man nämlich «ewig verworfen», d. h. in einer Hölle auf Erden zu leben hätte. Wenn im Sinne der Güte bloßen Lebens dem Kinderkriegen auf der einen Seite eine herausragende Qualität zugesprochen wurde, so wird dann also auf der anderen Seite behauptet, es könne besser sein, Kindern ein Leben, das ihnen zur Hölle werden würde, zu ersparen.[31]

Sosehr es naheliegt, daß Menschen sich mit der Entscheidung zum Kind schwertun, daß sie versuchen, sich ein Bild über die Chancen und Nöte zu machen, die auf das Kind zukommen, so ist es doch unmöglich, aus dieser individuellen Spekulation ein feststehendes Urteil über die Güte derzeitigen und künftigen Lebens abzuleiten. Wenn man auf Kinder verzichtet und meint, es sei von Nachteil, geboren zu sein, die Lage sei jetzt schon hoffnungslos und werde noch ernster, so kommt man doch dem Menschen zuvor, der, wenn er dann auf der Welt ist, mit seinem Leben zurechtzukommen und dann selbst zu beurteilen hat, ob es denn einen Sinn gibt oder nicht. Man fingiert eine Situation, bei der ‹zum Besten› eines gedachten ‹Kindes› darauf verzichtet wird, es auf die Welt zu bringen.[32] Von dieser vermeintlichen Wohltat hat dieses dann aber doch nichts.

An der Absurdität eines solchen Urteils wird nur nochmals zugespitzt deutlich – und das ist hier der springende Punkt –, wie schwer es fällt, (möglicherweise auch widrigste) Lebensumstände abstrakt *gegen* das Leben auszuspielen. Wir sind nicht derart über unser Schicksal erhaben, daß wir lebenswert und -unwert definieren könnten; die Menschenvernichtung, die sich mit einer solchen Unterscheidung in Deutschland rechtfertigte, ist bekannt. Wie man nicht prinzipiell über alle Lebensumstände erhaben ist, wenn man Leben schenkt, so kann man sich umgekehrt auch kein Wissen von Umständen aneignen, mit dem man als Richter über das (künftige) Leben erhaben wäre. Die Vor-Sorge, wie es Kindern in der Zukunft wohl ergehe, bleibt, sowenig das auch beruhigt, auf Ahnungen angewiesen.

Erst in den *Modalitäten* kann Leben seine Qualität gewinnen – und erst im konkreten Leben selbst lassen sich Umstände letztlich beurteilen. So kann sich auch die Hervorbringung neuen Lebens nicht gegen das Herummodeln am bestehenden Leben (s. o.) profilieren. Damit aber sind wir wieder an die Frage nach den Umständen des Lebens von Eltern und Kindern zurückverwiesen. Falls diese sich positiv deuten lassen, falls zu der Hervorbringung des Lebens auch ein gelingender Vollzug des Lebens tritt, ist *nicht ausgeschlossen*, daß praktizierte Elternschaft eine verlockende Lebensmöglichkeit sein könnte. Da aber dieses Gelingen dann mit einer Art zu leben zusammenhängt, die *so oder so* im Spiel des Lebens beurteilt werden kann, kann man das Kinderkriegen und Kinderhaben nicht zu einer Lebensmöglichkeit erklären, die automatisch über andere Optionen erhaben wäre. Wenigstens *insoweit* darf man weiter daran festhalten, Elternschaft als «Projekt» zu verstehen.

Im Sinne einer solchen «Projekt»-Logik muß dann bei der Frage, «warum Menschen Eltern werden», geprüft werden, ob dieses Vorhaben in der Lebensgeschichte und -gestaltung gegenüber anderen bestehen kann; die Vor- und Nachteile, Licht- und Schattenseiten der Elternschaft sind abzuwägen.

Wenn Elternschaft derart in den Konkurrenzkampf mit anderen Lebensmöglichkeiten gebracht wird, so wirkt dies sehr nüchtern, sehr prosaisch; es wird – so scheint es – der besonderen, einmaligen, intensiven Erfahrung des Lebens mit Kindern nicht gerecht. Kann man wirklich als Vorzug von Kindern herausheben,[33] sie seien «viel spannender als die Glotze und viel weicher als Kaschmir»? In der Tat sind die Gefahren groß, wenn man Elternschaft mit Hilfe einer Plus-Minus-Rechnung oder gar einer Kosten-Nutzen-Kalkulation bewertet. Ich möchte jene Gefahren an drei Beispielen kurz illustrieren – und werde es dann doch nicht lassen können, an der nüchternen Frage nach den Licht- und Schattenseiten der Elternschaft festzuhalten.

Im Jahre 1909 veröffentlichte der Ökonom Lujo Brentano[34] – *mein erstes Beispiel* – die Schrift «Die Malthussche Lehre und die Bevölkerungsbewegung der letzten Dezennien», in der er das zweite «Gossensche Gesetz», d.h. das Gesetz vom Grenznutzenausgleich, auf die «Kindererzeugung» anwandte. Sein Resümee:

> «Der Mensch bricht mit der Kindererzeugung da ab, wo die Mehrung der Kinderzahl ihm geringere Befriedigung schafft, als andere Genüsse des Lebens, die ihm sonst unzugänglich würden.»

Die ökonomische Rationalität dieser Analyse stellte wenigstens Anfang des Jahrhunderts noch sicher, daß eine kleine Anzahl von Kindern dem Leben allemal zuträglich war. Diese Voraussetzung ist heute für die individuelle Lebensperspektive nicht mehr zwingend. Und so ist es auch nur konsequent, wenn im Sinne der Ökonomie rational begründbare Vorteile der Elternschaft nicht mehr erkennbar sind. Da Brentanos Deutung der Fortpflanzung auf Sachvorteile fixiert bleibt, fehlen ihm alle Argumente, um beim Wegfall materieller Zwänge noch für Elternschaft plädieren zu können. In der Konsequenz seiner Position wäre man außerstande, die Frage nach ‹neuen› Gründen für oder gegen ein «Projekt» Elternschaft überhaupt zu diskutieren.

Der Erziehungswissenschaftler Dieter Lenzen[35] – *mein zweites Beispiel* – antwortet in einer merkwürdigen Parallele zu Brentano, aber mit umgekehrter Stoßrichtung, auf die Frage «Was ist eine rationale Entscheidung?»:

> «Entsprechend dem Bernouillischen Theorem über die Maximierung der Nutzenerwartung (1738), auf dem ein wesentlicher Teil moderner Theorien wirtschaftlicher Entscheidung beruht, ist eine Entscheidung rational dann, wenn die gewählte Verhaltensweise zu einer Maximierung der Nutzenerwartung führt (...). Eine Frau, ein Mann, ein Paar wird mit der Entscheidungsauffindung (...) gewissermaßen zu Zeugungsunternehmern, ihr Kind zu einer Investitionsmöglichkeit. (...) Es scheint (...), daß es der Zwang der Entscheidung und damit der Zwang zu einer Nutzenmaximierung ist, der einen im Kern vorhandenen Kinderwunsch in sein Gegenteil umkehren kann (...): Der Unternehmer wählt naturgemäß die Alternative, die ihm und nicht der Konkurrenz, den Arbeitskräften oder gar dem Investitionsgut den größten Nutzen verspricht. (...) Der Entscheidungsträger ist durch den bloßen Umstand, entscheiden zu müssen, zum Egoismus gezwungen. (...) Das heißt also, daß der Träger der Entscheidung für oder gegen das Kind durch die Möglichkeit, im Angesicht allfälliger Empfängnisverhütung entscheiden zu müssen, zu solipsistischem Denken gezwungen wird. Er kann die Handlungsfolgen gar nicht mehr anders denken als von seinen eigenen Bedürfnissen her.»

Lenzen läßt sich in kritischer Intention derart weit auf diese unternehmerische Logik ein, daß er die Entscheidung *für* ein «wider alle ‹Vernunft› gezeugtes Kind» dann nur noch als «irrationalen» Ausbruch aus jener «rationalen» Logik der «Nutzenmaximierung» sehen kann. Die Crux von Lenzens Argumentation liegt darin, daß er den Begriff der «Rationalität» von vornherein verengt, daß diese sich allein an der «Maximierung der Nutzenerwartung» beweisen soll. Wenn bei einem solchen Kalkül Elternschaft schlecht abschneidet, so heißt dies aber noch lange nicht, daß sich der Kinderwunsch in eine «irrationale» Nische zurückziehen muß. Auch wenn man Elternschaft als «Projekt» ansieht, müssen deren Vor- und Nachteile noch nicht gleich in Heller und Pfennig aufzurechnen sein. Bernouillis Rationalität ist zum Glück nicht die einzige, die es gibt.

Eine von vornherein falsch ansetzende Abwägung der Vor- und Nachteile der Elternschaft findet sich auch in vielen US-amerikanischen Ratgebern zur Kinderfrage, besonders deutlich in «Men, Women & Change»[36] von Scanzoni/Scanzoni – *mein drittes Beispiel.* Darin werden die Vor- und Nachteile, die Zuwendungen («rewards»), die Eltern erhalten, und die Aufwendungen («costs»), die von ihnen gefordert sind, abgewogen. Es geht dabei nacheinander um Fragen der «Selbststärkung» und «Selbsterhaltung», des «Lust- und Gefühlslebens», um «altruistische» und «religiöse Erfüllung», und die Autoren überprüfen, wieweit Eltern einerseits, Kinderlose andererseits in diesen verschiedenen Bereichen auf positive Erfahrungen rechnen können. Diese Argumentation führt – und damit erliegt auch sie den Gefahren nüchternen Kalküls – das ökonomische Denken in das persönliche Erleben der Eltern ein. Hier wird so getan, als könnten Menschen, seien es Eltern oder Kinderlose, sich andere Menschen derart auf Distanz halten, daß diese nur noch als Lieferanten bestimmter Erfahrungswerte interessant sind, die dann im Seelenhaushalt des einzelnen auf der Soll- oder auf der Haben-Seite zu Buche schlagen. Geht es einfach nur noch um «Selbststärkung», die natürlich Eltern wie Kinderlosen vergönnt sein soll, so verliert man dabei völlig aus dem Blickfeld, in welchem sozialen Kontext, mit welchen anderen Menschen sie statthat. Wer die Umwelt in eine Ansammlung von Faktoren zerlegt, die jeweils Effekte auf bestimmte Bereiche des persönlichen Erlebens haben, gerät in eine gewaltige subjektivistische Selbsttäuschung über seine eigene Stellung in der Welt hinein. Dem einzelnen Leben, wie es in das Leben anderer verwoben ist, wird man damit jedenfalls nicht gerecht. Mögliche Veränderungen im Selbstverständnis, Fragen der «Selbststärkung» (s. o.) etc. lassen sich nicht von der Eigenart der Menschen – der Erwachsenen und/oder der Kinder – abkoppeln, mit denen und durch die sie zustande kommen.

Trotz all dieser ökonomistischen Irrwege möchte ich nun aber doch – im Sinne einer *versuchsweise* als «Projekt» verstandenen Elternschaft – an der nüchternen Frage nach der «Lebensqualität» festhalten. Es geht dabei, wenn man übersetzt, um nichts anderes als darum, ‹wie gut› denn das Leben mit Kindern sei. Diese Frage darf auch, wenn schon nicht mit Lenzen als «solipsistische» oder mit Scanzoni als subjektivistische, so doch als ‹selbstbezogene› Frage gestellt werden: nämlich, was eigentlich Eltern davon haben, sich Kinder zuzulegen. Sie müssen sich nicht von vornherein damit abfinden, opferbereit die Erziehung der nächsten Generation sicherzustellen, sie dürfen durchaus auch fragen, was sie selbst von ihrer Elternschaft haben. Es geht dabei freilich nicht um Kinder als Lieferanten von Nutzeffekten, sondern immer schon um ein *Zusammenleben,* eine *Lebensform,*[37] in der Eltern und Kinder zusammengehören. Und damit meine ich auch, daß sich an einer solchen «Lebensform» heute – so verschieden Eltern auch sein mögen, so gerne man von der «Destandardisierung» der «Elternschaft» spricht – bestimmte Spielregeln erkennen lassen, daß es bestimmte Unumgänglichkeiten, Eigenarten am Leben mit Kindern gibt.

Am Gelingen dieses gemeinsamen Lebens entscheidet sich dann – das ist die leitende These – die Frage, was Menschen vom Leben mit Kindern haben. Diese These ist keineswegs selbstverständlich. Erst wenn die übergeordneten Gesichtspunkte wegfallen, die Menschen früher Eltern werden ließen, wird denkbar, daß sich Wohl und Wehe der Elternschaft an der Art des Lebens entscheiden läßt, die Menschen sich damit einhandeln (und daran, was ihnen dadurch verwehrt ist). So möchte ich auch – anders als eine einflußreiche Richtung der modernen Pädagogik[38] – den Sinn der Elternschaft nicht in einem Dienst am Kind sehen, um dessen Entfaltung willen Eltern letztlich von sich selbst absehen müssen. Diese sollten auch selbst etwas von dem Leben mit Kindern haben dürfen, und d. h. insbesondere von den rund zwanzig Jahren, in denen sie sich am intensivsten mit ihnen abgeben. Wenn diese Zeit nicht vertan sein soll, so müssen gerade auch hier ‹neue Gründe› zu entdecken sein, die Menschen dazu bringen könnten, Eltern zu werden. Die versteckt lauernde Gefahr bei jener These ist allerdings, daß in dieser Phase praktizierter Elternschaft gar nicht viel Schönes zu finden ist, was als Ermutigung zu diesem eigenartigen «Projekt» gedeutet werden könnte. Vielleicht sind Eltern auch auf Erfahrungen angewiesen, die nicht zwingend an die Phase intensiv praktizierter Elternschaft gebunden sind.

Bei der Suche nach ‹guten Gründen› für die Elternschaft ist es zunächst vielleicht hilfreich, sich der Phase zuzuwenden, die in der «Projekt»-Sprache Planungsphase heißen würde, d.h. zu fragen, welche Motive im Vorfeld der Entscheidung über das Kinderkriegen eine Rolle spielen.

Menschen, die Eltern werden, entscheiden über eine Zukunft, die sie nicht kennen, entscheiden als Menschen, die noch nicht Eltern sind. D.h. auch: Es ist naheliegend, daß sie ‹von sich aus› entscheiden, daß sie auf Gründe verfallen, die mit ihnen selbst eher zu tun haben als mit der Lebensform, die auf sie zukommt. So muß es erstmal darum gehen, die Frage, «warum Menschen Eltern werden», in einem *sehr engen* Sinn zu beantworten – nämlich wie Menschen *als Nicht-Eltern,* also *von außen* an dieses Vorhaben herangehen. Nicht auszuschließen ist dabei, daß deren Entscheidungsgründe weniger einem Vorgriff auf die Zukunft als einem Rückgang auf die Vergangenheit entstammen.

Es lassen sich, wenn ich richtig sehe, bei dieser *engen* Umschreibung des Kinderwunschs mindestens drei Motive unterscheiden:

der Nachwuchs als Reifezeugnis,[39]
die Leibesfrucht als Liebeszeichen und
das Kind als Krisensymptom.

Wer erwachsen ist, wer mit seinem Leben auf eigene Weise zurechtkommt, mag denken, daß doch immer noch etwas fehlt. Unabhängig von mehr oder weniger einseitigen, eintönigen oder wohltuenden Lebensumständen wollen viele zeigen, daß sie doch auch den Herausforderungen der Elternschaft ge‹wachsen› sind. An der Aufgabe, ein Kind großzuziehen, soll man – so heißt es – ‹wachsen› können; die Verantwortung, die es dabei zu übernehmen gilt, ist für viele zugleich eine Versuchung. Auch eine erfolgreiche Managerin kann meinen, sich zusätzlich als Mutter beweisen und bewähren zu müssen, um eine ‹richtige› Frau zu sein.

Für den, der aus der Rolle, Kind seiner Eltern zu sein, endgültig heraustreten will, gibt es wohl kaum ein besseres Mittel, als selbst in die Rolle des Vaters oder der Mutter zu schlüpfen. Mit dem Blickwechsel auf das eigene Kind wendet man sich ab von der Abhängigkeit, in der man als Kind seiner Eltern gestanden hat: Der ‹Junior› wird zum ‹Senior›. Als Vater oder Mutter kann man sich selbst das *Reifezeugnis* ausstellen, für das man etwa bei Leistungen im Beruf auf andere angewiesen bleibt. Man ist damit nicht mehr bloß ‹Nachkomme›, sondern wird zum neuen Zentrum im Generationengang, um das sich einerseits die eigenen Eltern als Großeltern, andererseits die eigenen Kinder gruppieren.

Unübersehbar bleibt freilich, daß bei dieser Form des Kinderwunschs der eigene Status der Erwachsenen im Mittelpunkt steht, daß dabei das Leben mit dem Kind, in das man hineingerät, nur von außen im Blick ist. Jener Anreiz, ein Kind zu bekommen, ist notwendig den Nicht-Eltern zugedacht. So verständlich er ist, so wenig sagt er schon über das Leben aus, das damit beginnt. Ob man ihm wirklich gewachsen ist, ob man es gar zu genießen vermag, kann das Reifezeugnis, das man sich mit dem Kind ausstellen will, gerade nicht attestieren.

Dagegen scheinen Menschen sich schon eher dem Kind zuzuwenden, wenn sie in ihm ein *Liebeszeichen* sehen, eine «sichtbar gewordne Liebe» (Novalis[40]). Eine klassische Einstimmung auf dieses Motiv ist der berühmte Mythos von der Liebe, den Aristophanes in Platons «Symposion» erzählt (Symp. 191 a ff.).

Als Ausgangspunkt nimmt Platon die Idee, vor Urzeiten seien die Menschen den Göttern zu übermütig geworden. Die da Menschen hießen, hatten freilich noch nicht die heutige Gestalt. Sie waren jeweils paarweise zusammengewachsen, dadurch «von gewaltiger Kraft und Stärke und mit hohen Gedanken» versehen. Um die Menschen schwächer und gefügiger zu machen, schnitt Zeus sie auseinander. Das aber hatte ungeahnte Folgen, denn

«da trat jede Hälfte mit sehnsüchtigem Verlangen an ihre andere Hälfte heran, und sie schlangen die Arme um einander und hielten sich umfaßt, voller Begierde, wieder zusammenzuwachsen, und so starben sie vor Hunger und Vernachlässigung ihrer sonstigen Bedürfnisse, da sie nichts getrennt von einander tun mochten. (. . .) Da erbarmte sich Zeus und erfand einen andern Ausweg, indem er ihnen die Geschlechtsglieder nach vorne versetzte; denn bisher trugen sie auch diese nach außen und erzeugten und gebaren nicht in einander, sondern in die Erde wie die Zikaden. So verlegte er sie also nach vorne und bewirkte dadurch die Erzeugung in einander, nämlich in dem Weiblichen durch das Männliche, zu dem Zwecke, daß, wenn dabei ein Mann auf ein Weib träfe, sie in der Umarmung zugleich erzeugten und so die Gattung fortgepflanzt würde; wenn dagegen ein Mann auf einen Mann träfe, sie wenigstens von ihrem Zusammensein eine Befriedigung hätten und so, von dieser gesättigt, inzwischen ihren Geschäften nachgingen und für ihre übrigen Lebensverhältnisse Sorge trügen. Seit so langer Zeit ist demnach die Liebe zu einander den Menschen eingeboren und sucht die alte Natur zurückzuführen und aus zweien *eins* zu machen und die menschliche Schwäche zu heilen. Jeder von uns ist demnach nur die Halbmarke von einem Menschen, weil wir zerschnitten, wie die Schollen, *zwei* aus *einem* geworden sind. Daher sucht denn jeder beständig seine andere Hälfte.»

Von Kindern ist in dieser Geschichte nur ganz am Rande die Rede; und doch ist offensichtlich, was sie für Liebende bedeuten können: In ihnen tritt die Einheit ins Leben, als die sie sich fühlen (auch wenn sie nur vom Partner als der «besseren Hälfte» sprechen). Wenn zwei Menschen zusammen gehören, wenn sie ein Paar sind, so werden sie sich zwar jeweils als eigenständige Wesen erhalten, aber im Kind können sie ihrer Zusammengehörigkeit, ihrer liebenden Einheit ein Zeichen setzen, ein Symbol geben. Das Kind führt, verschmolzen zu einer neuen Einheit, Mann und Frau zusammen, in ihm sehen sie ihre «Liebe» als *«Existenz»*, als «substantielles Dasein (. . .) vor sich» (Hegel PhR § 173). Wenn schon die Phantasie, eins zu sein, für die Liebenden selbst nicht Wirklichkeit werden kann, dies vielleicht, bei (Tages-)Licht besehen, auch gar nicht gewünscht wird, so ist dann doch das Kind das Unterpfand des Zusammenseins. Zwei Menschen mögen zwar ihrer Partnerschaft auf verschiedene Weise ein Zeichen setzen, sie können zusammen ein Buch schreiben, ein Haus bauen oder eine Weltreise machen; aber all diese Demonstrationen der Zusammengehörigkeit sind stärker auf Äußeres angewiesen, sind weniger eindeutig auf das Paar bezogen, das sich in ihnen ausdrücken will. Nichts steht so ausschließlich und unmißverständlich für nur diese zwei Menschen wie ihr Kind.

Und doch geht diese Entscheidung für das Kind als Liebeszeichen an dem, was auf Menschen, die Eltern werden, zukommt, vorbei. Wenn zwei Menschen ihrer Liebe mit einem Kind ein Zeichen setzen wollen, übersehen sie bei diesem Vorhaben, daß sich mit der Geburt statt des erwarteten *Zeichens* ein *Mensch* einstellt, daß aus dem Liebespaar, ja der liebenden Einheit, plötzlich eine Dreiecksbeziehung wird. Unwiderruflich gilt fortan: Da wächst auseinander, was zusammengehört. Daß «das Kind die Lust der zärtlichen Eltern dem Echo gleich verdoppelt» – diese Hoffnung Friedrich Schlegels[41] werden Eltern nicht durchweg bestätigen können:

> «‹Wie glücklich werden wir sein, wir zwei, wenn wir drei sind›, hatte Juliette geseufzt.
>
> Ich hatte geantwortet: ‹Ich bin es schon mit dir.› Und war hinausgegangen.»

Wenn es für das Kind schon eine Über- (oder Unter-)forderung ist, als Liebeszeichen für ein glückliches Paar herhalten zu müssen, so ist es wohl kaum erfolgversprechender, wenn zwei Menschen sich in weniger rosigen Zeiten zum Kind entschließen. Nicht selten sucht ein Paar im Kind einen neuen Inhalt für ihre Beziehung, nicht selten soll die Beschäftigung, die Erfahrung mit dem Kind in einem öd und leer gewordenen Leben für neuen Schwung sorgen:[42]

> «I just thought there was a little bit more to live than just what restaurant to go to.»

Hier ist das Kind statt Liebeszeichen *Krisensymptom;* der Kinderwunsch kommt wiederum aus einer Ecke, in der sich zuallererst allein die Erwachsenen selbst aufhalten – wenn man so will, diesmal nicht aus der Kuschel-, sondern aus der Schmollecke.

Dem Kind wird dann zugetraut (oder zugemutet), zur Sicherung oder Rettung einer Zweierbeziehung beitragen zu können; «Kinder», so sagt man sich, «sind ja etwas Verbindendes». Was dabei am Ende herauskommt, ist freilich oft nichts anderes, als daß an die Stelle jener Paarbeziehung zwei neue Zweierbeziehungen getreten sind: Mann und Frau leben jeweils aneinander vorbei – dem Kinde zu. Diese Auftrennung des familiären Beziehungsgeflechts ergibt sich im übrigen auch oft erst im Lauf der Zeit, wenn «Mann und Frau» hinter «Vater und Mutter» verschwinden. Deutlichstes Anzeichen für diese ziemlich alltägliche Krise ist es, wenn eine Frau ihren Mann «Pappi» ruft (und umgekehrt). Im schlimmsten Fall verdeckt dann das Kind, genau besehen, nur die Beziehungslosigkeit, die zwischen Frau und Mann herrscht.

Das Kind kann aber, als Symptom, nicht nur die Krise einer Zweierbeziehung anzeigen, sondern überhaupt die Krise eines Lebens. Die Beschäftigung, die Erfahrung mit dem Kind tritt dann z. B. an die Stelle frustrierender Erwerbsarbeit, belebt den müden Alltag. In der Schwangerschaft oder im Umgang mit dem Kind wird gar die Möglichkeit gesehen, sich ein ganz neues Leben zu eröffnen. Die Selbsterfahrung manch neuer Väter und Mütter schwelgt in den Möglichkeiten, die ihnen dieses neue Leben bietet. Die Geburt des Kindes wird als Ereignis willkommen geheißen, das einen Ausweg aus einer festgefahrenen Lebensperspektive, vor allem im Beruf, eröffnet. Menschen, die sich sonst im Leben schwertun, verlegen dann regelrecht ihren Lebensinhalt in das Kind hinein. Wenn Eltern bei besonders niedlichen oder begabten Taten ihres Kindes unauffällig um sich schauen, ‹ob denn auch einer guckt›, so liegt darin berechtigter Stolz, aber auch die Tendenz, selbst abzudanken, Anerkennung einheimsen zu wollen, ohne endlich selbst noch etwas dafür leisten zu müssen.

Im Kind liegt das Versprechen, das Leben wieder lebendig zu

machen, der Bruch mit der Alltäglichkeit. Daß man von sich abgelenkt wird, daß das Kind seine eigenen massiven Ansprüche an den Erwachsenen richtet, wird als neue Lebensqualität gefeiert – in einer Situation, in der eine Änderung des Lebens aus eigener Kraft offenbar nicht mehr zu leisten war.

Diese Erwartung an das Kind spricht nicht schon für die Lebensform praktizierter Elternschaft, sondern eher – subjektiv und/oder objektiv, psychologisch und/oder soziologisch – gegen die Lebenssituation, in der Menschen sich heute befinden. Elternschaft dient dann als Flucht aus dem Alltag, in dem andere Möglichkeiten, Neues zu beginnen, entweder *nicht bestehen* oder aber *nicht gesehen* werden. Bei Karin Struck[43] z. B. heißt es:

> «Nora erkennt, warum sie froh war, als sie überraschend zum erstenmal schwanger wurde. ‹Es geschieht etwas.› Wie wenn sie einen Mord beginge. In dem eintönigen Fließen und Verrinnen der Zeit ein Einschnitt.»

Auch Peter Handke,[44] der Karin Struck ja heftig kritisiert hat, ist nicht viel weiter, wenn er schreibt, «unmöglich» werde nun

> «auch das bis dahin übliche bloße Mittun bei ungestörter Selbstversunkenheit, wie (so denkt er dann einmal unwillkürlich) ‹vor dem Krieg›. Ja, der Gang der inneren Ereignisse – der freie Ablauf der Tagträume – ist endgültig gestört: durch jenen Ernstfall, den er doch vorher, im faulen Frieden, immer wieder als den Anstoß zu einem endlich ganz geistesgegenwärtigen, endlich ganz wachen, dem gehörigen Leben gedacht hat.»

Kafkas Losung «‹Weg von hier›, das ist mein Ziel» hat somit eine sehr häusliche Variante gefunden. Die Eigeninitiative besteht zunächst nur darin, ein ‹freudiges Ereignis› herbeizuführen, an das dann die Initiative übergehen soll. Diese Wendung hin zum Kind ist aber – auf ganz andere Weise als beim Kind als Liebeszeichen – wieder nur ein externer, merkwürdig haltloser Grund dafür, daß Menschen Eltern werden.

Die Stunde der Geburt ist keine Stunde Null, nach der sich unbelastet neue Lebenslinien zeichnen ließen, sondern Beginn einer seinerseits wieder vereinnahmenden Lebensform mit eigenen Spielregeln, deren Vorzug im Vorblick vor allem darin besteht, daß man sie – im Gegensatz zu den Spielregeln des Lebens, dessen man überdrüssig ist – noch nicht kennt. Das neue Leben ordnet sich um das Kind als einen willkommenen Fixpunkt herum. Dieses Kind wird als Halt lebenswichtig, es muß dann auch damit leben, mit Gefühlen überschüttet, verhätschelt, vergöttert zu werden – zum Dank dafür, dem eigenen Leben einen neuen Inhalt gegeben zu haben. Wer so das Kind als Prinzen mißbraucht, muß freilich gefaßt sein auf das Revanchefoul, daß dieser Prinz sich in einen kleinen Tyrannen verwandelt.

Glücken kann den Menschen der Wechsel von einem Leben ins andere nur, wenn die Unzufriedenheiten, die sie aus ihrer Art zu leben heraustreiben, tatsächlich in dieser ‹alten› Lebensform einen unüberwindlichen sachlichen Grund hatten – und wenn die Elternschaft genau in dieser Sache dann auf passende Weise *anders* ist. So wäre es z. B. denkbar, daß einen Menschen, dem der starre Rhythmus fester Arbeitsverhältnisse unerträglich wird, die nicht geringeren, aber weniger festgelegten Belastungen praktizierter Elternschaft anziehen; oder daß einen Menschen, dessen Beruf ihn ausschließlich auf den Umgang mit Dingen festlegt, am Kind der Umgang mit einem Menschen lockt. Im Grunde ergibt sich dabei freilich ein heikles Spiel, bei dem man ständig das Risiko eingeht, das eine auf ungute Weise, ohne Rücksicht, aufzugeben, und das andere auf ungute Weise, ohne Vorsicht, anzufangen. Oft ist dann kaum mehr zu unterscheiden, ob Elternschaft mit bestimmten Erwartungen – z. B. an ein ‹natürliches› Leben – überformt oder gerade recht getroffen wird.

Die Sicht der Kinder als Ersatz- und Gegenbild paßt in ihrer ganzen Zwiespältigkeit zu einer These, die auch in der Philosophie, dort vor allem in der Ästhetik, notorisch ist und einen inzwischen klassischen Streit ausgelöst hat: nämlich der These, daß die Kunst zur «Kompensation» bestimmter Mängel der Wirklichkeit diene, daß sie für etwas stehe, was uns in der Welt verwehrt sei. Hier wie dort findet sich derselbe Seitenwechsel von einem Bereich in den anderen, hier wie dort tritt das Problem auf, ob man am Ende vielleicht keiner der beiden Seiten gerecht wird, ob man nämlich vorschnell seine Ansprüche von der rauhen Wirklichkeit abzieht und deren Beschädigungen hinnimmt und dann umgekehrt jene Ansprüche fälschlich auf die Kunst – oder eben dann auf das Kind – richtet. In der soziologischen Deutung und Kritik[45] dieser «Kompensations»-These wird dies deutlich:

> «*Es sind die Schattenseiten des ‹eigenen Lebens›, die spiegelbildlich auf das verweisen, was Muttersein heute an Belohnungen bietet.* Oder anders gesagt: Bedürfnisse, die man im normalen Alltag der hochindustrialisierten und durchrationalisierten Gesellschaft vielfach zurückdrängen muß, darf man zulassen in der besonderen Beziehung zum Kind» – «Das heißt sicherlich nicht, daß unter den neuen Bedingungen das Kind vor allem eine Ersatz-Funktion hat, um die existenziellen Löcher zu füllen. Aber es heißt freilich so viel, daß (...) immer mehr *auch* Bedürfnisse dieser Art sich an den Kinderwunsch heften.»
>
> «Das romantische Kinderbild der bürgerlichen Gesellschaft trägt (...) Züge eines Wunschbildes. Eigen-Sinn und Eigen-Leben der Kinder interessieren auch hier nicht für sich. Die Erwachsenen weben aus ihnen ihre Traumbilder vom besseren Leben. (...) Man sollte dabei nicht einfach von purer Idealisierung sprechen. Das Bild vom Kind als alternativer Entwurf zur herrschenden Ordnung enthält ja immer auch Kritik an dieser Ordnung, das Leiden an ihren Zwängen ist und, manchmal jedenfalls, das Signal, sich ihnen zu widersetzen.»

Prinzipiell bleibt hier das Problem, daß sich auf das Leben mit dem Kind wie ein zäher Film die Vergangenheit legt, der der Erwachsene entkommen will. So wie es ein reichlich zwiespältiges Kompliment ist zu sagen: «Ich liebe dich, weil du viel toller bist als die Frau, die ich vorher hatte!» – so wäre es auch schön, wenn das Leben mit dem Kind nicht an der langen Leine des Vergleichs mit einem *anderen* Leben gehalten, sondern *um seiner selbst willen* gelebt würde. Allgemein gilt (auch wenn man den Kunstgriff der «Übertragung» in der Psychoanalyse einbezieht), daß es eher ratsam ist, Krisen dort zu lösen, wo sie entstanden sind, nicht dort, wohin man sie verschoben hat. Damit kommt dann auch dem Kinderwunsch als Krisensymptom eine eher unglückliche Rolle zu.

Es ist, so hoffe ich, deutlich geworden, daß es nicht ausreicht, sich bei der Frage, «warum Menschen Eltern werden», an die Gründe zu halten, die sich ‹von außen›, von Menschen, die noch nicht Eltern sind, aufbieten lassen. Zugleich aber muß man dann zur Kenntnis nehmen, daß es kaum möglich ist, bei der Entscheidungsfindung schon Gründe ‹von innen› aufzubieten. In die Lebensform Elternschaft kann man sich nicht wirklich hineinversetzen; sie gehört zu den Bereichen des Lebens, bei denen – nach Aristoteles (NE 1142 a 15) – «Erfahrung» für die Beurteilung unverzichtbar ist. Und in der Tat: Wenn es denn eine Gemeinsamkeit in der Überfülle von Zeugnissen junger Mütter und Väter gibt, dann die, daß sie es sich *so* nicht vorgestellt hätten, daß alles ganz *anders* gekommen sei. Selbst wer sich vorweg bei erfahrenen (glückseligen oder leidgeprüften) Freunden oder Verwandten ein Bild der Lage gemacht hat, kommt um die Überraschung – und oft auch: die Erschütterung – hinterher nicht herum. Peter Handke,[46] der sich jahrelang von Rilkes Forderung «Du mußt dein Leben ändern» hatte anstacheln lassen, konnte, «als das Kind ins Haus kam», lakonisch Vollzug melden: «Jetzt wurde das Leben notwendig grundanders».

Das Kind bringt – einschließlich all der Folgen für verschiedenste Bereiche des Lebens, für den Umgang der Eltern untereinander, die Urlaubs- und Karriereplanung, die Fülle des Geldbeutels, die Ordnung in der Wohnung – so viel Ungewißheit, daß es dafür vorweg kein Planspiel geben kann, zumal man selbst nicht souverän über den Abläufen steht, die zu steuern sind, sondern mit Haut und Haaren in diese hineingezogen ist.

Damit stößt man aber bei der Deutung der Elternschaft als «Projekt», auf die ich mich hier zunächst – vorsichtig – eingelassen habe, an eine Grenze.

Natürlich kann man sich im Pro und Contra ergötzen, Argumentationsschemata zur Kinderfrage entwickeln. Wer will, kann eine Schrift über «Bestimmungsgründe der Geburtenentwicklung» heranziehen, herausgegeben vom Bundesministerium für Jugend, oder eine Art Fragebogen der Universität Washington mit siebzig Gründen pro und contra Kind.[47] Dennoch muß man daran zweifeln, ob die komplette Lektüre der auf dem Markt verfügbaren Ratgeber zur Kinderfrage eine ‹verantwortliche› Entscheidung sicherstellen kann. Das liegt aber durchaus nicht allein an den gerne gescholtenen Ratgebern. Vielmehr taugt die Kinderfrage selbst überhaupt nicht dazu, entschieden zu werden durch die Abwägung von Gründen im Sinne einer «Projekt»-Planung. Daß «bei etwa der Hälfte» der Betroffenen «der Zufall bzw. mangelnde Verhütungstechniken und -mittel» über das Kinderkriegen entscheidet, «daß ein so hoher Prozentsatz auf die Möglichkeit einer gezielten Kontrolle verzichtet, statt dessen ‹es darauf ankommen läßt› », hängt sicher nicht nur mit Nachlässigkeit oder Gleichgültigkeit zusammen, sondern – nach Schülein[48] – damit,

> «daß sich hier Ambivalenzen bemerkbar machen: Man will (vielleicht) ein Kind, weiß aber nicht genau, warum und fürchtet zugleich die Folgen. Solche Entscheidungsprobleme werden häufig durch Wegschauen gelöst, d. h.: Man vermeidet eine intentionale Entscheidung und überläßt den Umständen eine definitive Festlegung.»

Man könnte also sagen, daß die bewußte Entscheidung über die Kinderfrage oft genug so ausgeht, daß man diese Entscheidung ‹bewußt› *nicht* fällt und es den Umständen überläßt, ob andere Umstände eintreten oder nicht. Eine traurige Version dieser Ambivalenz steckt dann in dem Eingeständnis im nachhinein: «Wie gut, daß ich vorher nicht wußte, was auf mich zukommt, sonst wäre ich wohl nicht auf die Idee gekommen, mir Kinder zuzulegen.»

Letztlich *kann* man aber gar nicht wissen, was auf einen zukommt. Der Weg zur Elternschaft wird, unvermeidlich, unter falscher Flagge angetreten. Für die Entscheidung, ob man Kinder haben will oder nicht, hat man wohl oder übel das «falsche Bewußtsein», nämlich das kinderlose. Elternschaft ist – modern ausgedrückt – ziemlich inkompatibel mit dem Leben ‹davor›. Von daher ist auch unvorstellbar, daß das Kinderkriegen aus «vernünftiger Überlegung» (Schopenhauer, s. o.), als «beabsichtigte Handlung» (Freud, s. o.) zum elterlichen Normalfall avancieren kann.

Selbst wenn dann das Kind endlich auf der Welt ist, ähnelt die praktizierte Elternschaft allenfalls einem «Projekt», bei dem die

Teilnehmer selbst nicht recht wissen, was dabei herauskommt, bei dem sich dies erst bei der Arbeit, ‹unterwegs› herausstellt – in einem an unliebsamen und freudigen Überraschungen reichen Prozeß. Elternschaft hat vielleicht noch am ehesten – jedenfalls was die Unübersichtlichkeit betrifft – etwas von einer Theaterprobe, die nicht enden will; sie ist ein Abenteuer des Alltags.

Und doch führt auch dieser «Projekt»-Vergleich letztlich in die Irre. Denn das Leben mit Kindern ist nicht nur «unbestimmt», wie die Theaterarbeit immer für Überraschungen gut; es ist zugleich – wenn man sich denn einmal darauf eingelassen hat – auch «gewiß», unausweichlich.[49] Wenn diese Art zu leben auf der einen Seite – von der Planbarkeit her – mit den unübersichtlichsten unter den Projekten verwandt ist, so können auf der anderen Seite – von der Verbindlichkeit her – die strengsten unter ihnen nicht mit ihr mithalten. Elternschaft ist *unwiderruflich,* man kann kaum etwas nochmal anders probieren (höchstens beim nächsten Kind). Selbst wenn man eigene Fehler wettzumachen versucht, so hat man doch mit allem, was getan ward, schon in das Lebensschicksal eines unfertigen Menschen hineingewirkt.

Daß Elternschaft einerseits sehr offen, unbestimmt, andererseits sehr ernst und folgenschwer ist, wird übrigens nicht der einzige Punkt bleiben, an dem sich diese Lebensform als unstimmig, als in sich gespalten erweist (vgl. auch Kapitel 3).

Für die Frage, «warum Menschen Eltern werden», heißt dies, daß man sich nur mit einem unsicheren, riskanten Vorgriff dieser merkwürdigen Lebensform nähern kann. Wenn die Annäherungen von den eigenen, gewissermaßen ‹vor-elterlichen› Interessen her allesamt am Kind vorbeigehen, so bleibt nichts anderes, als in einer Trockenübung, einem Vor-Spiel ohne Garantie für den Ernstfall, auf diese Lebensform vorzudenken, vorzufühlen, hinzuleben. Solange man – in der Art dieses Kapitels – auf die Lebensform Elternschaft erst vorausblickt, muß deshalb auch die Antwort auf die Frage, «warum Menschen Eltern werden», notwendigerweise unvollständig bleiben. Der Eigenart der Lebensgemeinschaft mit dem Kind – und damit auch dem, was werdende Eltern vorfühlen können – werde ich erst im Laufe der weiteren Kapitel auf die Spur kommen. Es wird dann freilich nicht um bloße Planspiele zur alltäglichen Lebensbewältigung gehen, sondern um all die Hintergedanken, die mit der Elternschaft einhergehen, die sie manchmal geradezu ausmachen, die sich weit, weit vom *Alltag* ablösen können, ohne sich deshalb vom *Leben* zu entfernen.

Das heißt aber auch: Wenn man nach einem Leben sucht, in dem man mit seinem Menschsein ‹gut aufgehoben› sein will, so muß man vorerst offenlassen, ob dieses Leben die Eltern-Rolle mitumfassen kann.

Schlimmer noch: Es ist sogar fraglich. Denn daß Elternschaft meist nicht allzu gut davonkommt, wenn es Menschen um sich selbst geht, wenn gar Philosophen sich darüber verständigen, was den «Menschen» ausmacht, – dies möchte ich, bevor ich mich der Beschreibung dieser Lebensform genauer zuwende, im nächsten Kapitel zeigen.

II.
Ob Eltern Menschen sind

«Man war nicht lange gefahren, als der Schiffer stille hielt, um mit Erlaubnis der Gesellschaft noch jemand einzunehmen, der am Ufer stand und gewinkt hatte.

Das ist eben noch, was wir brauchten, rief Philine; ein blinder Passagier fehlte noch der Reisegesellschaft.

Ein wohlgebildeter Mann stieg in das Schiff, den man an seiner Kleidung und seiner ehrwürdigen Miene wohl für einen Geistlichen hätte nehmen können. Er begrüßte die Gesellschaft, die ihm nach ihrer Weise dankte und ihn bald mit ihrem Scherz bekannt machte.»

Die Lustfahrt verlief dann zwar auf die angenehmste Weise, als aber das Schiff wieder am Ufer anlegte, war der «Geistliche» plötzlich verschwunden.

«Ich habe mich die ganze Zeit schon besonnen, sagte Laertes, wo ich diesen sonderbaren Mann schon ehemals möchte gesehen haben. Ich war eben im Begriff, ihn beim Abschiede darüber zu befragen.

Mir ging es ebenso, versetzte Wilhelm, und ich hätte ihn gewiß nicht entlassen, bis er uns etwas Näheres von seinen Umständen entdeckt hätte. Ich müßte mich sehr irren, wenn ich ihn nicht schon irgendwo gesprochen hätte.

Und doch könntet ihr euch, sagte Philine, darin wirklich irren. Dieser Mann hat eigentlich nur das falsche Aussehen eines Bekannten, weil er aussieht wie ein Mensch und nicht wie Hans oder Kunz.

Was soll das heißen, sagte Laertes, sehen wir nicht auch aus wie Menschen?

Ich weiß, was ich sage, versetzte Philine, und wenn ihr mich nicht begreift, so laßt's gut sein. Ich werde nicht am Ende noch gar meine Worte auslegen wollen.»

Hätte der Fremde ein Kind dabeigehabt, so hätte dies das reine Bild, er sei Mensch, nicht Hans oder Kunz oder Vater, mit ziemlicher Sicherheit zuschanden gemacht. Die Frage, ob Eltern

Menschen sind, ist also nicht ganz so idiotisch, wie sie klingt. «Hier bin ich Mensch, hier darf ich's sein»: zu den Umständen, die dieser Ausruf erkennbar voraussetzt (daß dies nämlich nur «hier» – wo? – möglich ist), sollen, so scheint es, ‹andere Umstände› und deren Folgen eher nicht gehören.

Trifft der Verdacht zu, daß der Fremde, wäre er als Vater aufgetreten, den Eindruck, im wahrsten Sinne des Wortes «Mensch» zu sein, nicht gemacht hätte, so stellt sich die Frage, warum Eltern, «mensch»-lich gesehen, so schlecht wegkommen. Man kommt also der Philine aus Goethes «Wilhelm Meisters Lehrjahre» (II.9) zum Trotz nicht darum herum, ihre «Worte aus(zu)legen». Das ist aber deshalb außerordentlich schwierig, weil man dann eigentlich als Maßstab einen Begriff des «Menschen» finden müßte, der an die Elternschaft angelegt werden könnte. Kant (ÜP 11):

> «Daß der Mensch seine Bestimmung erreiche (...), kann (...) nicht geschehen, wenn er nicht einmal einen Begriff von seiner Bestimmung hat.»

Vielleicht darf man aber auch einen anderen Weg einschlagen. Vom «Menschen» kann nämlich nicht nur *definitorisch,* sondern auch *polemisch* die Rede sein. Was den «Menschen» ausmacht, bestimmt sich dann im Streit, im Spannungsfeld mit anderen Begriffen, wird zu etwas Relativem, kann – je nach Auseinandersetzung – ganz verschiedene Gestalt annehmen. Und gerade eine solche polemische Rede vom «Menschen» hat im Blick auf Eltern eine lange Tradition.

Solange die Rollenverteilung feststand, daß Mütter nicht nur für das Gebären, sondern auch für die Erziehung der Kinder zuständig waren, ließen sich Männer gern für andere, scheinbar höhere Aufgaben freistellen, in denen dann auch nach herrschender Übereinkunft das «Menschliche» zutage treten sollte. Seit jenes Vorrecht der Männer, die in Personalunion vorgeblich wahre Menschen wie schlechte Väter sind, bestritten und bekämpft wird, ist auch die alte Rollenbestimmung der Frauen als Garanten der Reproduktion eigentlich-männlichen Menschseins hinfällig.

Davon unbeeindruckt hat die These Bestand, daß des Menschen Bestimmung jedenfalls nicht in der bloßen Fortpflanzung liegen könne; konsequenterweise geht es dann darum, die Frauen über ihre haushälterische und erzieherische Rolle hinauszubringen. Dies hat auch unzweifelhaft eine befreiende Wirkung. Wenn Frauen auf eine bestimmte Rolle festgelegt sind, so merken sie doch, daß das ‹nicht alles› ist. «Mensch» sein oder gar erst werden zu wollen, meint dann, daß die Betroffene nicht mehr *nur* Mutter sein will. Das klassische Beispiel für diese *polemische* Verwendung des Wortes «Mensch» ist Ibsens[1] «Nora», die der Meinung ihres Mannes, sie sei «vor allem (...) Gattin und Mutter», entgegnet:

> «Ich glaube, daß ich vor allen Dingen ein Mensch bin, (...) oder vielmehr, ich will versuchen, es zu werden.»

Wenn sich Nora und ihre Geschlechtsgenossinnen im Leiden an ihrem Leben als «Menschen» neu bestimmen wollten, so unterschieden sie sich freilich grundsätzlich von denen, die immer schon wußten, daß Mütter keinesfalls die wahre Bestimmung oder Höchstform des Menschen darstellen. Die Perspektive war dabei eine völlig andere: Es ging nicht um die definitive Abwertung einer Lebensform (der Mutterschaft), sondern um den polemischen Einspruch dagegen, daß Frauen auf diese Lebensform exklusiv festgelegt waren. Worin dann darüber hinaus das «Mensch»-sein bestehen sollte, war damit nicht schon ausgemacht.

Die Frage, «ob Eltern Menschen sind», ist – in jenem polemischen Sinne – hauptsächlich als die Frage verhandelt worden, ob Frauen Menschen sind. Und auch diese Frage ist nicht so idiotisch, wie sie klingt.

In der Polemik zwischen Mann und Frau, die mit Hilfe des Begriffs des «Menschen» geführt wurde, sind drei verschiedene Positionen denkbar.

Erstens: Frauen können von der Warte höchsten Menschseins aus abgewertet werden, bleiben gegenüber dem wahren Menschen, dem Mann, im Hintertreffen; die Emanzipation zum «Menschen» ist ihnen dann allenfalls als Anpassung an menschlich-männliche Vorgaben möglich, welche dann freilich aber gleich wieder als Blaustrümpfigkeit ausgelegt wird. Ein Vertreter dieser Position ist Arthur Schopenhauer:[2]

«Die Weiber sind (...) das in *jedem* Betracht zurückstehende zweite Geschlecht, dessen Schwäche man demnach schonen soll, aber welchem Ehrfurcht zu bezeugen über die Maaßen lächerlich ist und uns in ihren eigenen Augen herabsetzt.» – «Zu Pflegerinnen und Erzieherinnen unserer ersten Kindheit eignen die Weiber sich gerade dadurch, daß sie selbst kindisch, läppisch und kurzsichtig, mit Einem Worte, Zeit Lebens große Kinder sind: eine Art Mittelstufe, zwischen dem Kinde und dem Manne, als welcher der eigentliche Mensch ist.»

Zweitens: Frauen halten sich von jenem angeblich höchsten Menschsein absichtlich fern, weil sich in ihm nämlich bloß die bornierte Männlichkeit höhere Weihen zu geben versucht; dieser setzen sie etwas Eigenes entgegen, das sogar auf den diskreditierten Begriff des «Menschen» verzichten kann. Vertreter dieser Position sind Georg Simmel und Max Scheler:[3]

«Daß das männliche Geschlecht nicht einfach dem weiblichen relativ überlegen ist, sondern zum Allgemein-Menschlichen wird, das die Erscheinungen des einzelnen Männlichen und des einzelnen Weiblichen gleichmäßig normiert – dies wird, in mannigfachen Vermittlungen, von der *Machtstellung* der Männer getragen.» – «Fast alle Erörterungen über die Frauen stellen nur dar, was sie in ihrem (...) Verhältnis zum Manne sind; keine fragt, was sie für sich sind.» – «Daß man an eine, nicht nach Mann und Weib fragende, rein ‹menschliche› Kultur glaubt, entstammt demselben Grunde, aus dem eben sie nicht besteht: der sozusagen naiven Identifizierung von ‹Mensch› und ‹Mann› ». – «Nur wenn man der weiblichen Existenz als solcher eine prinzipiell andere Basis, eine prinzipiell anders gerichtete Lebensströmung als der männlichen zuerkennt, (...) kann jene naive Verwechslung der männlichen Werte mit den Werten überhaupt weichen.»

«Ein Weib, das ein ‹prachtvoller Mensch› sein will, (...) wird faktisch immer ein Affe des Mannes sein. Also lassen wir auch hier das ‹Allzumenschliche›.» – «Die Frau, als das erdenmäßigere, pflanzlichere, in allem Erleben einheitlichere (...) Wesen ist (...) die ewige Bremskraft eines nach den Zielen bloßer Rationalität und bloßen ‹Fortschrittes› dahinstürzenden Zivilisations- und Kulturwagens. Zu den männlichen Exzessen in der Geschichte (...) hat die Frau (...) stets eine fast ans Wunderbare grenzende Ruhe und Konstanz bewahrt.»

Drittens: Frauen und Männer versuchen, den Begriff des «Menschen» – so oder so – von polemischen Festlegungen freizuhalten und sich gemeinsam in ihrer Menschlichkeit zu bestimmen. Die Gleichstellung der Frau, wie sie – neben vielen anderen – John Stuart Mill[4] im 19. Jahrhundert gefordert hat, ist hierfür Voraussetzung. Schon Friedrich Schlegel[5] hat dieses Spiel männlich-weiblichen Ausgleichs in einer erotischen Version vorgeführt:

> «Eine unter allen [Situationen der Freude] ist die witzigste und schönste: wenn wir die Rollen vertauschen und mit kindischer Lust wetteifern, wer den andern täuschender nachäffen kann, ob dir die schonende Heftigkeit des Mannes besser gelingt oder mir die anziehende Hingebung des Weibes. Aber weißt du wohl, daß dieses süße Spiel für mich noch ganz andere Reize hat als seine eignen? (...) Ich sehe hier eine wunderbare, sinnreich bedeutende Allegorie auf die Vollendung des Männlichen und Weiblichen zur vollen, ganzen Menschheit.»

Ich habe diese Kontroverse, die – von Männern – um die Begriffe Mensch, Mann und Frau geführt worden ist, deshalb so ausführlich dargestellt, weil sie auch für die Debatte hilfreich ist, «ob Eltern Menschen sind», ob also Eltern in ihrem Menschsein zu kurz kommen, wenn sie sich um ihre Kinder kümmern. Wenn statt der Frauen *Mütter und Väter* in die Polemik um das Menschsein hineingezogen werden, so lassen sich die gerade skizzierten drei Positionen – leicht verändert – aufrechterhalten. Denkbar wäre dann

– erstens, daß die Lebensform Elternschaft Männern wie Frauen eine reduzierte Persönlichkeit aufnötigt,

– zweitens, daß in dieser Lebensform eine besonders kostbare Möglichkeit des Menschen liegt, was immer weltläufige Menschen an Gegenteiligem behaupten mögen,

– drittens, daß diese Lebensform eine neben vielen anderen ist, ausgestattet mit ganz besonderen Vorzügen, aber auch Nachteilen.

Es scheint mir nun lohnend, Philosophen einmal nicht dazu zu befragen, was sie *definitorisch* zum Begriff des «Menschen» beigetragen haben, sondern dazu, wie sie ihn *polemisch* eingesetzt haben – nun aber eben nicht mehr im Blick auf die Frauen, sondern im Blick auf die Eltern. In ihren Diskursen über das Allgemein-Menschliche stecken, wie ich im folgenden zu zeigen versuche, Polemiken für oder gegen ganz spezielle Lebenshaltungen, Lebensweisen. Die philosophischen Bestimmungen des «Menschen» führen oft zu ganz bestimmten Menschen, man könnte sagen: zu den jeweiligen ‹Lieblingsmenschen›. Das Problem daran ist, daß ungeachtet dieser letztlich sehr besonderen Festlegungen der philosophisch gedachte «Mensch» als etwas Allgemeines ausgegeben wird.[6] Damit ergibt sich die Gefahr, daß er andere Lebensformen erdrückt.

Eltern jedenfalls haben, philosophisch gesehen, keine großen Chancen, als Paradefälle des «Menschen» anerkannt zu werden. Nun wird ihnen deshalb, zumal falls sie mit ihren Kindern glücklich sind, die Erfüllung nicht gleich schal werden. Man darf aber gespannt sein, wie die Philosophen dieses versteckt polemische Verhältnis zwischen ihren bevorzugten – meist unter dem weiten Mantel des schlechthin ‹Menschlichen› versteckten – Lebensweisen einerseits und der Lebensform Elternschaft andererseits bestimmen. Soll der wahre «Mensch» nicht als Kopfgeburt leblos bleiben, muß geklärt werden, ob und wie die ‹Lieblingsmenschen› der Philosophen mit den Eltern unter den Menschen ins Gespräch kommen können.

Im folgenden werden als ausgewählte Philosophen mitsamt ihren ‹Lieblingsmenschen› herangezogen: Aristoteles (und der ‹Philosoph›), Hegel (und der ‹Staatsmann›), Nietzsche (und das ‹Kind›), sowie – der frühe – Heidegger (und der ‹Einzelkämpfer›). Jeweils werde ich kurz skizzieren, welche spezielle Lebensform sich hinter dem philosophisch gefaßten «Menschen» verbirgt, dann, wie dieser «Mensch» der elterlichen Lebensform gegenüberzustellen ist. Schließlich – das ist vielleicht die Pointe – möchte ich zeigen, daß sich innerhalb der philosophischen Deutungen des «Menschen» jeweils systematische Probleme ergeben, gerade weil sie die Vielfalt von Lebensformen – eben z. B. der Elternschaft – zugunsten einer insgeheim privilegierten Form des «Mensch»-seins ausschließen.

Aristoteles sagt: Wenn der Mensch seiner Bestimmung folgen will, so darf er keinem Zweck sich unterstellen, der ihm von außen vorgesetzt wird. Folgt er einem Zweck, der allein in ihm selbst liegt, so lebt er – und das ist das höchste Ziel – in «Autarkie». Diese «Autarkie», die zunächst als politische und ökonomische Kategorie eingeführt wird, als Bedürfnis des Menschen, sich in seinem Leben von äußeren Notwendigkeiten unabhängig zu machen, wird in besonderem Maße dem Philosophen zugeschrieben, dem es möglich sein soll, im Superlativ autark («autarkestatos») zu sein (NE 1177 b 1).

Wenn Aristoteles im zehnten Buch seiner «Nikomachischen Ethik» diese theoretische «Beschäftigung mit den erhabensten Seinsformen» bevorzugt, so zieht er im sechsten Buch einen anderen Schluß (NE 1141 b 4 ff.). «Man nennt», so heißt es da, Menschen wie «Anaxagoras, Thales usw. weise (...), da man sieht, wie sie (...) Außerordentliches, Erstaunliches, Schwieriges und Göttliches gewußt haben», aber all dies sei zugleich etwas «Unnützes» oder «fürs Leben Unbrauchbares». Jene Menschen seien zwar «weise», aber nicht «klug», sie versäumten, das spezifisch «menschliche Gute» zu suchen.

Wenn ihn auch letztlich exklusive Ambitionen auf die «theoria» leiten, so öffnet Aristoteles der Philosophie doch den weiten Bereich menschlichen Tuns, in dem nicht das reine Denken, sondern Leidenschaften und politische Verstrickungen herrschen. Dieser Bereich folgt eigenen Regeln, in denen Erfahrung und Gewohnheit konstitutive Bedeutung haben. Es gibt zwar höherstehende menschliche Lebensformen (wie die «theoria»), aber danach wird nicht das ganze Leben ausgerichtet. Aristoteles konzipiert eine Art friedlicher Koexistenz zwischen verschiedenen Formen des Menschseins, die jeweils mit eigenen Rechten, allerdings nicht völlig gleichberechtigt nebeneinander stehen. Er respektiert also die Vielfalt der Lebensformen; ja man kann sogar sagen, er fordere dazu auf, sie «auszukosten».[7] Sosehr er auf das reine Denken setzt, sosehr wendet er sich doch dem ‹ganzen› Menschen zu, übrigens ähnlich wie Kant, der – bei aller «Vernunft» – meint, daß ein Mensch, wenn er nicht «auf schmalen Stegen, auf steilen Höhen» balancieren könne, «auch nicht völlig das (sei), was er sein könnte» (ÜP 64).

In der Vielfalt menschlicher Lebensformen und deren friedlicher Koexistenz hat die reine Vernunfttätigkeit nach Aristoteles freilich doch einen Vorrang. Sie ist nicht nur die reinste und höchste Form, in der sich das menschliche Dasein verwirklicht; sie vermag vielmehr auch in alle anderen Lebensformen beherrschend einzugreifen. Es gibt, so sagt Aristoteles (NE 1138 b 6 ff.), «ein Recht einzelner Teile» im Menschen «gegen andere», und zwar im Sinne «des Herrenrechts und des Rechts des Hausverwalters» (griechisch: des Rechts des «Despoten» sowie des «Ökonomen»):

> «Denn in dieser Weise verhält sich der vernunftbegabte Teil der Seele zum vernunftlosen. Wenn man darauf schaut, scheint es auch eine Ungerechtigkeit des Einzelnen gegen sich selbst zu geben, da man da etwas gegen seine eigenen Strebungen erleiden kann. Wie es ein Recht zwischen Regierenden und Regierten gibt, so auch unter diesen Teilen.»

Es ist also zulässig und sogar erwünscht, daß von seiten der Vernunft in jene Bereiche des menschlichen Lebens beherrschend eingegriffen wird, die deren Maßgaben nicht von sich aus schon erfüllen.

Diese Passage ist deshalb besonders interessant, weil Aristoteles hier mit seiner Rede von «Regierenden» und «Regierten» (wie vor ihm Platon, z. B. Rep. 577 cd, 592 b) eine Parallele zieht zur Verfassung des Gemeinwesens – und das heißt auch: der Familie. In der Tat korrespondiert die ‹anthropologische› Deutung der «Nikomachischen Ethik» bis ins Detail der ‹soziologischen› in der «Politik» – was uns auch den Vergleich zwischen höchstem Menschsein und Elternschaft erleichtert.

Nach der «Politik» des Aristoteles ist die «Hausgemeinde», die Urzelle des Staates, zusammengesetzt aus der Familie im engeren (heutigen) Sinne sowie der Gemeinschaft von Herren und Sklaven:

> «Zuerst müssen sich diejenigen miteinander verbinden, die ohne einander nicht bestehen können, wie das Weibliche und das Männliche, um der Fortpflanzung willen – und dies nicht aus einem bewußten Vorsatz heraus, sondern es liegt hier wie auch sonst bei den Pflanzen und Tieren ein ganz natürlicher Trieb vor, ein Wesen von der gleichen Art wie man selber ist zu hinterlassen»,

sodann teilt sich die Hausgemeinde auf in «das von Natur aus Herrschende», welches nämlich in besonderem Maße über die Kraft des Denkens verfügt, «und das von Natur aus Beherrschte», welches vielleicht gar nur mit seinem Körper Befehle ausführt – also «Herr und Sklave», in anderer Gewichtung aber auch Mann und Frau, Vater und Kind (Pol. 1252 a 27 ff.).

Die Gemeinschaft, die ‹koinonia›, zeichnet sich einerseits dadurch aus, daß alle auf ihre Weise ein gemeinsames Interesse verfolgen, andererseits dadurch, daß in ihr einzelne, aus ihrer höheren Einsicht heraus, zur Herrschaft befugt sind. Es gibt also, entsprechend den Verhältnissen im Menschen selbst, in dieser «Hausgemeinde» – und ebenso in dem Staat, der sich aus ihr entwickelt – Verhältnisse der *Pluralität* und *Hegemonie* zugleich. Der Staat, so heißt es an einer berühmten Stelle, «tendiert seinem Wesen nach darauf hin, daß er aus Bürgern gleichen Ranges besteht und daß kein Element über die andern hinausrage» (Pol. 1259 b 6 f.). Damit wird ansatzweise auch die Gleichstellung von Menschen denkbar, die ganz verschiedene Lebenswege einschlagen, verschiedenen Tätigkeiten nachgehen.[8] Diese Gleichstellung bleibt aber bei Aristoteles reserviert für jene freien Bürger, die von Natur aus schon einen besonderen Zugang zur höchsten Vernünftigkeit und Tugend haben – und dabei dann in je verschiedener Weise ihre besonderen Vorlieben, sei es Kunst, Kriegführung oder Rechtsprechung, pflegen. Jenseits dieses exklusiven Kreises beherrscht die Hegemonie das Gemeinschaftsmodell. Sie kann dabei verschiedene Formen annehmen: ‹Gute› Herrschaft, die «um eines für beide» – Regierende wie Regierte – «Gemeinsamen willen» ausgeübt wird (Pol. 1278 b 39 f.), bei der z. B. auch der Mann der Frau ein gewisses Mitspracherecht einräumen kann, ist von ‹schlechter› Herrschaft zu unterscheiden.

Jenseits des engen Zirkels der ‹Polis› und den ihr zugeordneten ‹Praxis›-Formen deutet Aristoteles die verschiedenen Menschen (Mann, Frau, Kind, Sklave etc.) nach einer Rangfolge ursprünglich unterschiedener Formen des Lebens – einer Rangfolge, die sich an der je verschiedenen Teilhabe an der Vernünftigkeit orientiert. Die Pluralität ist hier also nicht viel mehr als eine Reihe mehr oder minder großer Defekte oder Defizite. Auch «Eltern» sind in die lebenspraktische Pluralität – oder eben Hegemonie – des Aristoteles einbezogen – und deren Bewertung fällt merkwürdig unentschlossen aus.

Gemäß der historischen Situation, in der er sich befindet, macht Aristoteles – das ist aber nur *eine Seite* der Angelegenheit – kein großes Aufheben um die Elternschaft. Sie ist zunächst als die den Frauen zufallende Aufgabe der Fortpflanzung eine Selbstverständlichkeit und taugt insofern auch nicht ernsthaft als Konkurrenz zu den hohen Formen erfüllter ‹Praxis›. Die moderne Sicht auf Elternschaft als eine Lebensform, die mit eigenem Recht neben anderen «Projekten», Formen menschlicher Betätigung Bestand haben soll, wirkt von Aristoteles her als übertriebene Aufgeregtheit um eine naturnahe und -notwendige Nebensache des Lebens.

Auf der anderen Seite mißt er der Erziehung der Kinder, genauer gesagt: der Jünglinge, eine sehr hohe Bedeutung bei; schließlich hängt von deren Bildung (‹paideia›) die «Tüchtigkeit» der ‹Polis› in Zukunft ab (vgl. Pol. 1260b 16ff., 1332b 36ff.). Deren Selbständigkeit und Entscheidungskraft zu fördern ist von zentraler Bedeutung. Aber da diese Erziehungsaufgabe wiederum – hegemonial – als eine Anpassung der Jünglinge an den Standard höchster Vernünftigkeit gedeutet wird, bleibt die Interaktion von Eltern und Kindern (und die darin liegende Pluralität von Lebensweisen) politischer Planung unterworfen. Wie die vernünftige Seele innerhalb des Menschen selbst als Herrscher auftreten darf, so steht es auch den Vertretern der ‹Polis›-Macht zu, über den Umgang mit den Kindern zu befinden (vgl. Pol. I.7, III.4). Statt um Wohl und Wehe von Eltern und Kind geht es um eine staatliche Regelung des Problems, wie mit Minderjährigen umzugehen sei (Pol. 1337a 10ff.):

«Die Erziehung sollte nämlich im Hinblick auf die jeweilige Staatsordnung erfolgen (...). Und da es für den gesamten Staat nur einen einzigen Richtpunkt gibt, so ist klar, daß auch die Erziehung für sämtliche Bürger eine und dieselbe und die Fürsorge um diese Erziehung gemeinsam (d. h.

in den Händen des Staates) sein muß, und nicht den Privatleuten überlassen werden darf, in der Weise, wie heutzutage jeder einzelne Bürger auf eigene Faust seine Kinder erzieht und ihnen privatim dasjenige Wissen beibringt, das er gerade für gut findet; vielmehr sollte für gemeinsame Dinge auch das Training gemeinsam durchgeführt werden. Und zugleich darf man nicht glauben, der einzelne Bürger gehöre sich selber, sondern man muß sich darüber klar sein, daß sämtliche Bürger dem Staate gehören; denn jeder einzelne stellt einen Teil des Staates dar.»

Diese Passage ist im Prinzip das politische Pendant zu der Passage, in der Aristoteles von den «Regierungs»-Verhältnissen innerhalb der menschlichen Seele gesprochen hatte (s. o. S. 56). Und sie macht das Problem besonders deutlich, in das er sich mit seiner Doppelung von *Pluralität* einerseits, *Hegemonie* andererseits bringt.

Einerseits läßt Aristoteles verschiedene Bereiche menschlichen Lebens mit eigenen Rechten nebeneinander bestehen (vgl. NE 1095 b 15) und meint, daß verschiedene Lebensweisen *auf ihre eigene Weise* vollkommen sein können (NE 1144 a 1). Andererseits aber betont er die Wertunterschiede zwischen den verschiedenen Lebensformen und privilegiert letztlich eine spezielle Lebensform, nämlich die des «Philosophen». Dies führt ihn, was den Menschen betrifft, in einen Zwiespalt. Er ist – wie der amerikanische Philosoph Thomas Nagel[9] sagt – «not shure who we are».

Auf der einen Seite läßt Aristoteles offen, ob nun «die Aktivität aller Zustände zusammen (...) oder (...) die Aktivität nur *eines* bestimmten Zustandes» das «Glück» ausmacht (NE 1153 b 10 ff.), ob sich «das Wirken des vollendeten und glückseligen Menschen in einer einzigen Form» oder «in mehreren» entfaltet (NE 1176 a 26 ff.). Auf der anderen Seite «darf man annehmen», daß es «für jedes Lebewesen (...) eine ihm wesenseigene Lust wie auch eine ihm eigene Leistung» gebe, «jene Lust nämlich, die der ihm eigentümlichen Tätigkeit entspricht» (NE 1176 a 2 ff.).

Wenn für den Menschen letztlich nur *eine* Tätigkeit wirklich «eigentümlich» ist, wenn wir «alles tun» sollen, «um unser Leben nach dem einzurichten, was in uns das Höchste ist» (NE 1177 b 19 ff.), so gehen die anderen Tätigkeiten, deren Ausübung

Aristoteles den Menschen doch ausdrücklich nahelegt, mehr oder weniger an ihnen als «Menschen» vorbei. «Am meisten Mensch»[10] sind sie, wenn sie «gemäß dem Geist» leben (NE 1178a 7). Von der höheren Vernunfteinsicht her sollen dann auch Eingriffe in minderwertige Lebensformen nötig sein; d.h.: Menschen, die höherwertig sind, haben die Aufgabe, wenn nicht die Pflicht, andere Menschen zu beherrschen. Konkret hat das die Unterordnung von Erziehungszielen unter die in vernünftiger Einsicht festgelegten Staatsziele zur Folge, und insofern Eltern an der Erziehung mitwirken, haben sie sich nicht nach eigenen sozialen Erfahrungen, sondern nach allgemeinen Vorgaben zu richten. Die eigene Lebens-«Klugheit» («phronesis»), die Aristoteles selbst so sehr aufwertet, kann hier kaum mehr eingreifen. Er selbst trägt dazu bei, sein plurales Konzept des «Auskostens» verschiedener Lebensmöglichkeiten auszuhöhlen.

Deutete man Aristoteles' theoretischen Ansatz als eine Geste, mit der er die Menschen begrüßen wollte, so ließe sich sagen: Er steht ihnen zunächst zögernd gegenüber – ratlos, ob er ihnen die rechte Hand reichen soll (die sie zum Höchsten hinaufzieht), oder die linke (die sie in ihrem jeweiligen Leben stützen will) – schließlich aber entscheidet er sich dafür, die Menschen mit seiner Rechten über den philosophischen Tisch zu ziehen.

Demgegenüber gleicht nun *Hegels* Umgang mit den Menschen – wenn man denn auch diesen als philosophische Begrüßungsgeste deuten will – eher einer erdrückenden Umarmung.

> «Am Tage, da Jena von den Franzosen besetzt wurde, und der Kaiser Napoleon in seinen Mauern eintraf»,

am 13. Oktober 1806 schrieb Hegel an Niethammer:

> «Den Kaiser – diese Weltseele – sah ich durch die Stadt zum Rekognoszieren hinausreiten; – es ist in der Tat eine wunderbare Empfindung, ein solches Individuum zu sehen, das hier auf einen Punkt konzentriert, auf einem Pferde sitzend, über die Welt übergreift und sie beherrscht».

Hegels Enthusiasmus ist philosophisch motiviert; Alexandre Kojève[11] hat gemeint, die philosophische Welt Hegels falle, zumindest in der Zeit der «Phänomenologie des Geistes», zusammen mit dem Weltreich Napoleons. Hegel selbst feiert es in einem Brief vom 29. 8. 1807 als «freie Monarchie».

Napoleon stellt, so scheint es, in Vollendung das «Subjekt» dar, um das es Hegel philosophisch geht und in dem sich für ihn auch der Begriff des «Menschen» erfüllt. Interessant ist für uns hier vor allem,[12] warum Hegel versucht ist, seine Theorie des «Subjekts» auf eine solche monarchistische Spitze zu treiben. Denn mit dieser Zuspitzung wird zugleich besiegelt, daß den Menschen im Alltag, zu denen auch Eltern gehören dürften, Defizite, etwa schwankende Tatkraft, mangelnder Überblick, anzurechnen sind – Defizite, die Hegel dann beim höchsten «Subjekt» getilgt sieht.

Sein Ausgangspunkt ist zunächst die Erkenntnis, daß es den Menschen in seiner Zeit um individuelle Selbstbestimmung zu tun ist. Dies, daß sich Menschen als «Subjekte» verstehen, macht für ihn den Unterschied zur Antike aus. Damit geht einher, was Hegel unter dem Titel «bürgerliche Gesellschaft» beschreibt: die Auseinanderlegung der Gesellschaft in eine Vielzahl von Einzelinteressen, in denen sich die Individuen jeweils selbst zu verwirklichen suchen. Die «bürgerliche Gesellschaft» ist für Hegel – wie vor ihm für Hobbes – die Herrschaft der Besonderheiten. Die Menschen verfolgen partikulare Interessen, sind dabei verwickelt in Arbeits- und Sozialzusammenhänge. Sie haben die einmalige Chance und das Recht dazu, «sich zum *selbständigen Extreme* der persönlichen Besonderheit» zu entwickeln (PhR § 260).

Daß sie darüber immer auch schon hinausstreben, ist nach Hegel in der modernen Art zu leben selbst begründet. Das Subjekt läßt, indem es sich jeweils in Besonderheiten verwickelt, immer etwas aus, das ihm scheinbar unbeteiligt gegenübersteht und fremd bleibt. Dies wird ihm zur Begrenzung und Gefährdung jener freien Selbstbestimmung, die sich einstweilen noch nur im Einzelnen ergeht. Zum vollen Begriff der Selbstbestimmung und des «Subjekts» stößt also nur vor, wer über die Besonderheiten hinausgeht, wer der Welt nichts mehr läßt, was ihm als Äußerliches gegenübertreten könnte. Der Ausgriff auf die Totalität, das Eingehen in die Allgemeinheit als total durchdachte Wirklichkeit – das ist der Königsweg des «Subjekts».

«Die Bestimmung der Individuen ist», so sagt Hegel, «ein allgemeines Leben zu führen» (PhR § 258).

Hegel konzipiert – unzufrieden über die erklärtermaßen «künstliche» Staatskonstruktion Hobbes' und das als abstraktes «Sollen» wirkende Vernunftgesetz Kants – eine «wirkliche» Einheit von Individuum und Allgemeinheit. Er fordert damit zugleich, daß sich die Individuen durchgreifend mit der Allgemeinheit qua «Staat» identifizieren, kettet also deren Schicksal an die allgemeine (staatliche) Ordnung.

Dies hat den Vorteil, daß die Allgemeinheit – als *«substantieller Geist»* der Individuen (PhR § 260) – systematisch auf die Interessen der Individuen zurückgebunden ist, daß sie sich also nicht schon von vornherein als autoritäre Instanz von der Beachtung der Einzelnen entpflichten kann.

Dies hat aber den Nachteil, daß die Individuen – scheinbar zu ihrem Besten – auf die Ausrichtung ihrer Interessen an dem allgemeinen «Endzweck» (ebd.) verpflichtet werden. Dies letztere ist es, was ich einleitend als ‹erdrückende Umarmung› Hegels charakterisiert habe.

Sosehr Hegel erklärtermaßen den Menschen jeweils ihre «Besonderheiten» gönnt (vgl. PhR § 207), so sehr werden von ihm doch zeit seines Lebens die «besonderen» Individuen als Sonderlinge, als Abweichler verfolgt; notorisch ist seine Häme gegen Kleist und die Romantik. Das «Besondere» bleibt – auch in der Staatsphilosophie – für Hegel immer ein Risiko; die Bestimmung, die Individuen hätten ein «allgemeines Leben zu führen» (s. o.), erfüllt sich letztlich in einem Menschen, bei dem das Besondere verschwindet, dessen Handeln vollends mit dem allgemeinen Zweck zusammenfällt. Ein solches Individuum begegnet Hegel eben am 13. Oktober 1806 in Gestalt Napoleons.

> «Wer, was seine Zeit will und ausspricht, ihr sagt und vollbringt»,

so heißt es später in der «Philosophie des Rechts» (PhR § 318 Zus.),

> «ist der große Mann der Zeit. Er tut, was das Innere und Wesen der Zeit ist, verwirklicht sie.»

Demgegenüber sind «Eltern» geradezu ein Paradebeispiel unentwickelter Subjektivität und hartnäckiger «Besonderheit». Es klafft ein Abgrund zwischen privaten zwischenmenschlichen Beziehungen und der subjektiven Selbstbestätigung im Weltmaßstab.

> «Weil er nur als Bürger *wirklich* und *substantiell* ist»,

sagt Hegel in der «Phänomenologie des Geistes» (PhG 332),

> «ist der Einzelne, wie er nicht Bürger ist und der Familie angehört, nur der *unwirkliche* marklose Schatten.»

Die Familie ist für Hegel ein wichtiges Fundament sittlichen Zusammenlebens; gleichwohl erreicht derjenige, der in ihr verharrt, nur eine scheinhafte, zwischen Mann, Frau und Kindern im Zirkelschluß vollzogene Anerkennung. Deren Basis, die «Liebe», ist unter dem Gesichtspunkt der «Allgemeinheit» besonders problematisch: «Daß ich mich in einer anderen Person gewinne, daß ich in ihr gelte, was sie wiederum in mir erreicht», dieses in sich geschlossene, schwebende Verhältnis macht «die Liebe» zum «ungeheuerste(n) Widerspruch, den der Verstand nicht lösen kann» (PhR § 158 Zus.). Soll der Mensch wahrhaft zum «Subjekt» werden, so muß er jenseits der Familie «als Bürger die *selbstbewußte* Kraft der *Allgemeinheit*» spüren (PhG 337) – ein «Genuß» (PhG 339), den Hegel dem Mann vorbehält (PhR § 166):

> «Der Mann hat (. . .) sein wirkliches substantielles Leben im Staate, der Wissenschaft und dergleichen, und sonst im Kampfe und der Arbeit mit der Außenwelt und mit sich selbst, so daß er nur aus seiner Entzweiung die selbständige Einigkeit mit sich erkämpft, deren ruhige Anschauung und die empfindende subjektive Sittlichkeit er in der Familie hat, in welcher die *Frau* ihre substantielle Bestimmung (. . .) hat.»

Hegels Beschreibung der Situation der Frau (die auch auf den Hausmann zutreffen würde) läßt sich durchaus auch kritisch wenden: Wenn die Frau denn auf bloße häusliche Betätigung festgelegt wird, so fällt es ihr in der Tat schwer, darin die Anerkennung und Selbstbestätigung zu finden, die gesellschaftlich dem «Bürger» zukommt; gegen jene Festlegung setzt sie sich heute – und schon zu Hegels Zeiten – auch zur Wehr. Das heißt freilich noch nicht, daß Menschen, die sich in der Familie zusammenfinden, die – sei es als Mann oder als Frau – Elternschaft praktizieren, dabei nur mehr die «Schatten» ihrer selbst seien (s. o.), die Hegel in ihnen sieht. Umgekehrt steht es vielmehr ziemlich schlecht um das höchste «Subjekt», das Hegel dem «Menschen» zugedacht hat.

Daß Hegels Konstruktion der Subjektwerdung dem Menschen, um dessentwillen er sie errichtet, nicht gerecht wird, zeigt sich nicht nur am Rande in der Diskriminierung des «Besonderen», sei es beim «Prinz von Homburg» oder bei der Mutter von Kindern. Jene Konstruktion gerät selbst in eine Zerreißprobe, der sie nicht gewachsen ist. Und wenn, wie ich im folgenden zu zeigen versuche, der ‹Lieblingsmensch›, den sich Hegel philosophisch auserkoren hat, mit sich selbst gar nicht im reinen ist, können die Eltern die Abwertung, die sie ihm gegenüber zu erleiden haben, mit Leichtigkeit ertragen.

Höchstes Ziel des Menschen sei es, so hörten wir, ein «allgemeines Leben zu führen», im Grenzfall: als Inkarnation des «Weltgeistes» zu erscheinen. Wenn Hegel in diesem Sinne Napoleon feiert, so kann es ihm dabei allerdings nicht darum gehen, ihn zum Helden, zum Solisten in Sachen Weltgestaltung zu verklären. Denn damit würde er wiederum, gegen die eigene Intention, auf ein einzelnes Individuum mit seinen «Besonderheiten» festgelegt und angewiesen sein. Wenn Hegels Begeisterung für Napoleon zunächst durchaus diese Gefahr in Kauf nimmt, interessiert er ihn später doch nur – wie Hegel dann sagt – als «Geschäftsführer des Weltgeistes» (PhGesch 46), als «Staatsrechtslehrer» (Brief an Niethammer, 29. 8. 1807). In dieser Funktion hat er, als ‹Mann ohne Eigenschaften› par excellence, aufzugehen; was von ihm persönlich bleibt, ist nur mehr eine «leere Hülse» (PhGesch 47).

In den späteren Vorlesungen, insbesondere denen zur «Philosophie des Rechts» und zur «Philosophie der Geschichte», orientiert sich Hegel statt an Napoleon dann eher am preußischen Monarchen. Die fest etablierte «Herrschaft des Gesetzes» schiebt dann den, der ein solches gewaltsam einzusetzen vermag, vollends beiseite. Die Personalisierung der Allgemeinheit im Monarchen bleibt zwar notwendig, um sie nicht als fremdes Konstrukt den Subjekten zu überstellen: Auch entgegen der «*wüsten* Vorstellung» der «Volkssouveränität» meint Hegel: «In einem Volke, das (. . .) als eine in sich entwickelte, wahrhaft organische Totalität gedacht wird, ist die Souveränität als die Persönlichkeit des Ganzen und diese in der ihrem Begriffe gemäße Realität, als die *Person des Monarchen*» zu bestimmen (PhR § 279).

Aber wenn das «Besondere» an jenem Monarchen für jene «Totalität» nicht gefährlich werden soll, muß dessen Spielraum gegen Null tendieren (vgl. PhR §§ 275 ff.). Zwar hat jemand an der «Spitze» zu stehen (PhR § 279, 348), aber dieser Jemand ist de facto ein Niemand. Dessen «dem Begriffe gemäße Realität» (s. o.) gibt es gar nicht; nur wenn dieser «Mensch» kein Mensch mehr ist, kann er – wie es Hegel fordert – «*über alle Besonderung und Bedingung* erhaben» sein (PhR § 279; vgl. § 280 Zusatz).

Wenn denn ein Mensch zum «Schatten» seiner selbst wird, so gilt dies also nicht, wie Hegel meint, für den Menschen in der Familie, sondern für den, der systematisch das höchste Subjekt zu verkörpern hat: den Monarchen, der ein «allgemeines Leben» führen soll. Hegels Modell ist ein verunglückter Versuch, «die zwei Körper des Königs» (Ernst Kantorowicz) zu vereinen. Auf dem Höhepunkt seines Versuchs, ein «Subjekt» auf den Menschen zuzuschneiden – oder anders: den Monarchen zum ‹Lieblingsmenschen› zu erklären –, gerät dieser Mensch in eine bedrohliche Notlage – als Folge der ‹erdrückenden Umarmung›, die Hegel ihm zugemutet hat.

Liest man die Philosophie der Eltern nun weiter als Chronologie von Begrüßungsgesten, so folgt, nach dem zunächst schwankenden, dann ganz entschiedenen Handschlag des Aristoteles und der erdrückenden Umarmung Hegels *Nietzsche*, der den Menschen, kurz gesagt, auf den Arm nimmt – in dem doppelten Sinne, daß er mit ihm ein Spiel treibt und ihn eben dadurch gewaltig zu erheben sucht.

Während die ‹Lieblingsmenschen› von Aristoteles und Hegel vergleichsweise leicht auszumachen sind, ist die Lage bei Nietzsche – wie immer – verworrener. *Zum einen* scheint Nietzsche sich für den «Menschen» gar nicht besonders zu interessieren; notorisch ist seine Wendung zum «Übermenschen». Ich möchte mir hier freilich von Nietzsches Forderung, den «Menschen» zu «überwinden» (AsZ 357; KSA 10, 656), keine Ehrfurcht einflößen lassen und verstehe seine Wendung zum Übermenschen eher als Versuch, den «Menschen» in eine bestimmte neue «Form» zu bringen. So ist Nietzsche auch – *zum anderen* – bei der konkreten Festschreibung des Menschen, in der Bevorzugung einer bestimmten «Lebensform»,[13] erfrischend ehrlich. Er will erklärtermaßen das «Mundstück» einer «Art Mensch» sein (KSA 12, 310). Diese «Art» kann sich nach Nietzsche – ganz unbeeindruckt von dem im Hintergrund stehenden «Übermenschen» – dann aber in verschiedenen Figuren ausdrücken. Neben dem «Künstler» gibt es eine prominente Figur, die im Blick auf eine «Philosophie der Eltern» besonders spannend ist. Nietzsche überrascht mit der Feier eines – etwas ungewöhnlichen – «Kindes».

In der ersten Rede, die Nietzsche «Zarathustra» (AsZ 29 ff.) halten läßt, heißt es:

«Drei Verwandlungen nenne ich euch des Geistes: wie der Geist zum Kameele wird, und zum Löwen das Kameel, und zum Kinde zuletzt der Löwe.

Vieles Schwere giebt es dem Geiste, dem starken, tragsamen Geiste, dem Ehrfurcht innewohnt: nach dem Schweren und Schwersten verlangt seine Stärke.

Was ist schwer? so fragt der tragsame Geist, so kniet er nieder, dem Kameele gleich, und will gut beladen sein.

Was ist das Schwerste, ihr Helden? so fragt der tragsame Geist, dass ich es auf mich nehme und meiner Stärke froh werde. (. . .)

Alles diess Schwerste nimmt der tragsame Geist auf sich: dem Kameele gleich, das beladen in die Wüste eilt, also eilt er in seine Wüste.

Aber in der einsamsten Wüste geschieht die zweite Verwandlung: zum Löwen wird hier der Geist, Freiheit will er sich erbeuten und Herr sein in seiner eignen Wüste.

Seinen letzten Herrn sucht er sich hier: feind will er ihm werden und seinem letzten Gotte, um Sieg will er mit dem grossen Drachen ringen.

Welches ist der grosse Drache, den der Geist nicht mehr Herr und Gott heissen mag? ‹Du-sollst› heisst der grosse Drache. Aber der Geist des Löwen sagt ‹ich will›. (...)

Neue Werthe schaffen – das vermag auch der Löwe noch nicht: aber Freiheit sich schaffen zu neuem Schaffen – das vermag die Macht des Löwen.

Freiheit sich schaffen und ein heiliges Nein auch vor der Pflicht: dazu, meine Brüder, bedarf es des Löwen.

Recht sich nehmen zu neuen Werthen – das ist das furchtbarste Nehmen für einen tragsamen und ehrfürchtigen Geist. Wahrlich, ein Rauben ist es ihm und eines raubenden Thieres Sache. (...)

Aber sagt, meine Brüder, was vermag noch das Kind, das auch der Löwe nicht vermochte? Was muss der raubende Löwe auch noch zum Kinde werden?

Unschuld ist das Kind und Vergessen, ein Neubeginnen, ein Spiel, ein aus sich rollendes Rad, eine erste Bewegung, ein heiliges Ja-sagen.

Ja, zum Spiele des Schaffens, meine Brüder, bedarf es eines heiligen Ja-sagens: *seinen* Willen will nun der Geist, *seine* Welt gewinnt sich der Weltverlorene.

Drei Verwandlungen nannte ich euch des Geistes: wie der Geist zum Kameele ward, und zum Löwen das Kameel, und der Löwe zuletzt zum Kinde.»

Wenn «einst du jung» warst, so sollst du nun, mag es auch altersmäßig schon fast zu «spät» sein, «besser jung» werden (KSA 5, 242; AsZ 189). Gefordert ist das Erinnern und zugleich das Steigern dessen, was es heißt, als Mensch «Kind» zu sein.

Was verbindet Nietzsche mit dieser Kindlichkeit, in der der Übermensch sich in menschlicher Gestalt, und zwar in seiner höchsten, zeigen soll? Natürlich ist dieses «Kind» für ihn kein Rückgang, keine Regression, vielmehr die metaphorische Auszeichnung einer Lebensform, der Name seines ‹Lieblingsmenschen›.

Am Kind lockt Nietzsche – unter anderem – dessen Vergeßlichkeit. Vergessen, das heißt für Nietzsche: die Last der Vergangenheit abschütteln, die Fremdbestimmung ablegen, sich nicht unablässig «reaktiv» und «passiv» an einer «Gegen- und Außenwelt» abarbeiten, die vorgegeben ist (vgl. KSA 5, 271). Eine Hingabe an das, was gerade ansteht, eine Begeisterung, die wie die des Kindes im wahrsten Sinne des Wortes bedingungslos (voraussetzungs- und insofern auch vergangenheitslos) heißen darf, eine «vergessenmachende Kraft», wie man sie vom Kinde kennt, das vom Schmerzgeheul übergangslos ins Gelächter wechselt, gehört für Nietzsche zum Bild seines *«neuen Adels»* (AsZ 254), seiner «vornehmen» Lebensweise: «sie agiert und wächst spontan» (KSA 5, 271, 273). Sie umfaßt erklärtermaßen auch – vom Kind her vertraut – die Fähigkeit, sich bis zur Unkenntlichkeit zu verändern (vgl. KSA 5, 242f.); zu der Vergangenheit, die dem Vergessen anheimfällt, gehören die Untaten, die man selber verübt, wie auch diejenigen, welche man erlitten hat (vgl. KSA 5, 273). Das Glücken dieses von Nietzsche als «aktive Vergesslichkeit» gekennzeichneten Vermögens (vgl. KSA 5, 291) muß sich darin zeigen, daß die Altlasten der Vergangenheit verschwinden, daß der Übermensch oder Kind-Mensch nicht an den Untiefen der Vergangenheit hängenbleibt. Die Bejahung des Lebens läßt Vergangenheit nur zu, insoweit sie nachträglich zur Gegenwart werden kann, mindestens insoweit sie als gewollte ihre Wiederkunft nahelegt:

> «Alles ‹Es war› ist ein Bruchstück, ein Räthsel, ein grauser Zufall – bis der schaffende Wille dazu sagt: ‹aber so wollte ich es!›» (AsZ 181)
>
> «Die Frage bei allem, was du thun willst: ‹ist es so, daß ich es unzählige Male thun will?› ist das *größte* Schwergewicht.» (KSA 9, 496)

In Konkurrenz zu dem geläufigen Therapieziel der Psychoanalyse, den Wiederholungszwang zu durchbrechen, das Vergangene durchzuarbeiten, bis es seinen Schrecken verloren hat, steht Nietzsches Vorsatz, die Vergangenheit in schöpferischer Vergeßlichkeit zu überwältigen:

> «Wir aber *wollen Die werden, die wir sind,* – die Neuen, die Einmaligen, die Unvergleichbaren, die Sich-selber-Gesetzgebenden, die Sich-selber-Schaffenden!» (KSA 3, 563)

Die «aktive Vergesslichkeit» hat in ihrem Umschaffen der Vergangenheit zugleich etwas Zerstörerisches. Nietzsche spricht von der «ewige(n) Lust des Werdens (...) – jene(r) Lust, die auch noch die *Lust* am *Vernichten* in sich schließt» (KSA 6, 160); er sieht in der «Bejahung des Vergehens *und Vernichtens* das Entscheidende in einer dionysischen Philosophie» (KSA 6, 313; vgl. 12, 113):

> «*Was heisst Leben?* – Leben – das heisst: fortwährend Etwas von sich abstossen, das sterben will; Leben – das heisst: grausam und unerbittlich gegen Alles sein, was schwach und alt an uns, und nicht nur an uns, wird.» (KSA 3, 400)

Was Nietzsche am Kind lockt und was er – natürlich gewaltig umgedeutet – ins Zentrum seiner Bestimmung des Übermenschen einsetzt, ist eine faszinierende Doppelbegabung. Man könnte sie vielleicht das Leben in einer vergeßlichen Ewigkeit nennen: einer Ewigkeit (KSA 9, 503) bejahten Lebens, in der nicht alles aufgehoben (nach Nietzsches böser Deutung: konserviert, abgetötet) ist, sondern alles neu vollzogen wird. Das Kind wird so zum Heroen der Gegenwart. Nietzsches Absage an die Vergangenheit hat keine Zusage an die Zukunft, kein futuristisches Denken zum Gegenbild, sondern ein präsentisches, ein Denken also, das das Leben nicht vertagen, sondern an den Tag bringen will (zum «Mittag» vgl. AsZ 342ff.; KSA 12, 307f.).[14] Der ideale Schöpfer vergißt seine Bedingtheit,[15] ohne freilich deshalb weltlos zu werden; sein «Schaffen» (vgl. AsZ 90, 247) ist eine Bestätigung, Bekräftigung, Bearbeitung des «Werdens».

Man sieht, wie Nietzsches Deutung das «Kind» als «Ideal des mit Kraft Überhäuften» (KSA 12, 129) in die Nähe des «Künstlers» bringt:

> «Ein Werden und Vergehen, ein Bauen und Zerstören, ohne jede moralische Zurechnung, in ewig gleicher Unschuld, hat in dieser Welt allein das Spiel des Künstlers und des Kindes. Und so, wie das Kind und der Künstler spielt, spielt das ewig lebendige Feuer, baut auf und zerstört, in Unschuld – und dieses Spiel spielt der Aeon mit sich. Sich verwandelnd in Wasser und Erde thürmt er, wie ein Kind Sandhaufen am Meere, thürmt auf und zertrümmert; von Zeit zu Zeit fängt er das Spiel von Neuem an. Ein Augenblick der Sättigung: dann ergreift ihn von Neuem

das Bedürfniß, wie den Künstler zum Schaffen das Bedürfniß zwingt. Nicht Frevelmuth, sondern der immer neu erwachende Spieltrieb ruft andre Welten ins Leben. Das Kind wirft einmal das Spielzeug weg: bald aber fängt es wieder an, in unschuldiger Laune. Sobald es aber baut, knüpft und fügt und formt es gesetzmäßig und nach inneren Ordnungen.» (KSA 1, 830 f.)

Gegenüber dieser Form schaffenden, unbedingten Lebens bleibt ein Verlierer: das, was war – und sich dann noch beharrlich und unauffällig empfiehlt als das, was ist und sein soll. Nietzsches Horror ist die «Herkunft».[16]

Es gibt auch eine Personifizierung jenes Verlierers – und das sind die Eltern. Nietzsches Hymne auf den Kind-Menschen ist, beiläufig, aber endgültig, auch ein Abgesang auf die Eltern. Wenn der «Übermensch» etwas vom «Kind» hat, so stellt er damit genau die Gegenfigur zu einem Menschen dar, der Elternfreuden genießen könnte.

Was Kindern, auch dem «Kind» Nietzsches, rein biologisch verwehrt ist – eben die Elternschaft –, muß für Nietzsche auch philosophisch ein Tabu bleiben. Das Problem der Eltern ist, kurz gesagt, daß sie rettungslos der Vergangenheit angehören. Das meint nicht nur, daß lebensgeschichtlich angesichts der eigenen Kinder irgendwann das Gefühl aufkommt, man nähere sich dem Grabe, gehöre zu der Generation, die, wie das vorderste Haus an der Kliffkante auf Sylt, als nächste ‹dran glauben muß›. Die Vergangenheitslastigkeit der Eltern liegt vor allem darin, daß sie sich notgedrungen als Vor-Geschichte ihrer Kinder zu verstehen haben, daß sie, wollten sie sich denn auch in der Kunst des Vergessens üben, zuallererst sich selbst vornehmen müßten. Sie bleiben hartnäckig ihren Kindern im Nacken – erinnern diese daran, daß sie einmal nicht waren, daß ihre Vereinnahmung der Vergangenheit im Schaffensrausch der «ewigen Wiederkunft» ihre Grenze an der Geburt findet.

Es gibt nur zwei Grenzformen, in denen Nietzsche noch ein positives Verständnis der Elternschaft gestattet.

Die *eine* ist das bloße «Zeugen» als *«Leistung* (...), *Machtäußerung»* des Mannes (KSA 12, 295; vgl. auch 13, 295), ohne alle Beschäftigung mit dem Kind, mit der jener fatale Bann der Vergangenheit wieder einträte – eine Zeugung, die dann jenem «Schaffen» entspricht, das auch das «Kind» auszeichnen soll. Es geht dabei um den «gezeugten» Menschen nur als «Werk», nicht darum, daß man «für» ihn – gar in «Nächstenliebe» – etwas tun sollte:

> «Verlernt mir doch diess ‹Für›, ihr Schaffenden» (AsZ 362).

Die *andere* zulässige Form der Elternschaft, zu der Nietzsche aufrufen kann, hat etwas Selbstzerstörerisches:

> «Nicht, woher ihr kommt, mache euch fürderhin eure Ehre, sondern wohin ihr geht! Euer Wille und euer Fuss, der über euch selber hinaus will, – das mache eure neue Ehre! (...) Oh meine Brüder, nicht zurück soll euer Adel schauen, sondern *hinaus!* Vertriebene sollt ihr sein aus allen Vater- und Urväterländern!
>
> Eurer *Kinder Land* sollt ihr lieben: diese Liebe sei euer neuer Adel, – das unentdeckte, im fernsten Meere! Nach ihm heisse ich eure Segel suchen und suchen!
>
> An euren Kindern sollt ihr *gut machen,* dass ihr eurer Väter Kinder seid: alles Vergangene sollt ihr *so* erlösen!» (AsZ 255)

Was Nietzsche fordert, ist, im Gegenzug zu der Identifikation der Kinder mit ihren Eltern, die der Eltern mit ihren Kindern. Mit Hilfe der Selbstaufgabe oder Selbstverlagerung auf die Kinder können die Eltern die Vergangenheit «rein waschen», sollen auch die «Mütter» das «Unreine», das sie an sich haben, verlieren (AsZ 362). Andernfalls bleiben sie Vertreter jener Vergangenheit, die als (z. B. eheliche) «Gewohnheit» das Leben zäh macht, Vertreter jenes «Herkommens», das falsche Moral befestigt und dem man als «Freigeist» zu «widerstreben» hat (KSA 2, 93; 2, 280).

Nur wenn Eltern, so gut sie können, selbst zu «Kindern» im Sinne Nietzsches werden, haben sie Zutritt zu seinem Universum vergeßlicher Ewigkeit. Mit dieser «Ewigkeit» teilt er dann auch – gleich siebenmal wiederholt – einen Kinderwunsch, der sich selbst zur Vergeblichkeit verurteilt:

«Nie noch fand ich das Weib, von dem ich Kinder mochte, es sei denn dieses Weib, das ich liebe: denn ich liebe dich, oh Ewigkeit!» (AsZ 287 ff.)

Daß Eltern, frei nach Karl Marx,[17] «wie ein Alp auf dem Gehirne» ihrer Kinder lasten können, hat zwar genug traurige Bestätigung gefunden und zu therapeutischer Betätigung herausgefordert. Mit der Hilfe von Nietzsches Vorschlag wird man jene Lasten aber auch nicht abwerfen können. Was er im Gegenzug zu seinem vernichtenden Urteil gegen «Eltern» seinem ‹Lieblingsmenschen› empfiehlt, bringt vor allem diesen selbst in Not.

Wenn sich bei Nietzsche das «Kind» als rein «Schaffendes», gar als Konkretion des «Übermenschen» entpuppt, dann schneidet er damit dem «Kind» nicht nur den Blick zu den Eltern ab; er blockiert jedes Verhältnis zur Vergangenheit, in dem diese anders auftreten darf als in Form eines Opfers willentlichen Um-«Schaffens». Die Vergangenheit wird nicht nur, was die Eltern betrifft, abgeschnitten; sie wird als Voraussetzung der eigenen Existenz überhaupt zurückgedrängt. Diese Abwehr der Vergangenheit kann man zwar noch positiv deuten, sofern es darum geht, daß sich der Mensch anstelle eines bloßen Fortführens, Widerkäuens des Alten auf den *gegenwärtigen* Vollzug einstellen soll.[18] Nietzsche aber geht noch weiter. Er versetzt seinen hervorragenden Menschen, d. h.: sein «Kind», in ein Szenario, bei dem er – unter ständigem Schaffens-Druck – sich fortgesetzt selbst zerstören, umschaffen, überwinden muß, um nicht der Macht der Gewohnheit zu erliegen. Gefordert ist (KSA 9, 520, vgl. 539):

«Die unablässige *Verwandlung* – du musst in einem kurzen Zeitraume durch viele Individuen hindurch. Das Mittel ist *der unablässige Kampf.*»

Dieser Mensch wird letztlich selbst zu dem, als das sich auch Nietzsche sieht:

«Ich bin kein Mensch, ich bin Dynamit»,

heißt es in «Ecce Homo» (KSA 6, 365) – und dabei wird Nietzsche mitsamt seinem ‹Lieblingsmenschen› zum Leidtragenden seiner selbst. In einem Brief[19] vom 25.7. 1882 an Peter Gast schreibt er:

«Erwägen Sie, wie ich seit 1876 in mancherlei Betracht, des Leibes und der Seele, ein *Schlachtfeld* mehr als ein Mensch gewesen bin!»

Es gibt – abschließend gesagt – wohl keinen, der so radikal die «Bejahung» (KSA 13, 49)[20] des Lebens gedacht und zugleich so entschieden am Leben Ausgrenzungen, letztlich Verneinungen vorgenommen hat wie Nietzsche. Dieses Resümee geht erklärtermaßen gegen dessen eigene Deutung des «Zarathustra» (KSA 6, 344 f.):

«Das psychologische Problem im Typus des Zarathustra ist, wie der, welcher in einem unerhörten Grade Nein sagt, Nein *thut* (...), trotzdem darin keinen Einwand gegen das Dasein, selbst nicht gegen dessen ewige Wiederkunft findet, – vielmehr einen Grund noch hinzu, das ewige Ja zu allen Dingen *selbst zu sein* ».

Setzt man nun die Darstellung der Philosophen und ihrer ‹Lieblingsmenschen› als eine Abfolge von Begrüßungsgesten weiter fort, so folgt, nach dem doppelten Händedruck des Aristoteles, der erdrückenden Umarmung Hegels und dem Auf-den-Arm-Nehmen Nietzsches *Heidegger,* der auf den Menschen zugeht, um ihn ins Abseits zu schieben.

Der Titel, unter dem der Heidegger von «Sein und Zeit» – und um diesen allein soll es hier gehen – den «Menschen» verhandelt, heißt «Dasein». «Die Frage, ‹was der Mensch sei›», soll vom «Sein» und vom «Dasein» her «mitgefördert» und «philosophisch erörtert werden können» (SZ 45). So stellt sich ohne große Umstände die Frage, ob dieser Ausgang vom «Dasein», der vorgeblich so «neutral» ist, auch als Plädoyer für einen bestimmten ‹Lieblingsmenschen› verstanden werden kann – und wie sich Heideggers Erörterung auf die «Elternschaft» auswirkt.

Auf diese Frage gibt es eine schnelle und eine langsame Antwort.

Die *schnelle Antwort.* In den zwanziger Jahren bemerkt Heidegger[21] einmal lakonisch: «Ich lebe einsam.» Das «Mitleben» mit seiner «Frau und den Kindern» sieht er zwar durchaus als «positive Möglichkeit», «die Arbeit des Mannes» sei aber letztlich, «wenn sie nicht aller Echtheit entbehrt, auf den Kampf gestellt und die Einsamkeit». Was unter Männern dann zu suchen sei – das heißt bei Heidegger schon Anfang der zwanziger Jahre «Kampfgemeinschaft».

Dieses Selbstverständnis des «Mannes» entspricht nun dem des «Daseins» alias «Mensch» in «Sein und Zeit» und legt implizit auch die Einschätzung der Elternschaft fest.

«Mitteilung» und «Kampf», so heißt es in «Sein und Zeit» (SZ 384), seien die Wege, auf denen sich das «Dasein» sein eigentliches «Geschick» erschließe. «Mitteilung» meint hier nicht Gespräch oder gar «Gerede», sondern Ausrufen, Aussprechen dessen, was sich jenseits der Beliebigkeit beim Rückgang auf das «Erbe» eröffnet: eine ursprünglich erkannte Bestimmung des Handelns; «Kampf» meint dann eben den existenziellen «Einsatz» des «Daseins» gemäß dieser eigentlichen Bestimmung.

Im Zentrum von «Sein und Zeit» kehrt also – philosophisch – wieder, was Heidegger – privat – als männliche «Kampfgemeinschaft» gegen Elternschaft ausspielt. Daß diese nicht als «eigentliche» Seinsweise des Daseins taugt, ist hier wie dort unübersehbar; einem «Dasein» als Vater bliebe «Eigentlichkeit» unzugänglich, es könnte diese Rolle höchstens im Rahmen der «Alltäglichkeit» billigend in Kauf nehmen. Umgekehrt wirkte der einsame Zugriff des ‹Einzelkämpfers› «Dasein» auf die «Situation» an Haus und Herd ziemlich fehl am Platze.

Gegen diese schnelle Deutung kann man einwenden, daß hier ein unzulässiger Schluß von privaten Bemerkungen Heideggers auf seine philosophische Konzeption gezogen wird – nur gestützt auf einen kleinen Ausschnitt seiner Theorie des «Daseins». Eine angemessene Antwort müßte fern der Biographie und allein von der philosophischen Argumentation her gegeben werden. Diesem Einwand ist stattzugeben.

Die langsame Antwort. Elternschaft ist eine Lebensform, in der (große) Menschen mit (kleinen) Menschen zu tun haben. Zu überprüfen ist erneut und genauer, ob sie im Sinne Heideggers eine «eigentliche Möglichkeit» des Daseins sein kann, also in das gesuchte «faktische Ideal» des Daseins (SZ 310) – und das heißt eben: des «Menschen» – einbezogen werden kann. Prinzipiell scheint dies, auch wenn der Anschein, die entschlossene Stimmung in «Sein und Zeit», dagegenspricht, durchaus möglich zu sein. Heidegger[22] betont mehrfach die «Neutralität» seiner Deutung der «Eigentlichkeit» des Daseins. Es soll in seiner ganzen «Konkretion» – so heißt es – als «eigentliches» denkbar sein, z.B. gerade auch in seiner «Geschlechtlichkeit». Wie steht es dann um deren gelegentliche Spätfolge, nämlich die Elternschaft?

Da es bei der Elternschaft um eine Lebensform in Gemeinschaft geht, kann man deren Chancen auf «Eigentlichkeit» überprüfen an den – leider nicht allzu zahlreichen – Bemerkungen Heideggers zum «eigentlichen Miteinander». Die wichtigste einschlägige Stelle (SZ 298) lautet:

> «Die Entschlossenheit zu sich selbst bringt das Dasein erst in die Möglichkeit, die mitseienden Anderen ‹sein› zu lassen in ihrem eigensten Seinkönnen und dieses in der vorspringend-befreienden Fürsorge mitzuerschließen. (...) Aus dem eigentlichen Selbstsein der Entschlossenheit entspringt allererst das eigentliche Miteinander, nicht aber aus den zweideutigen und eifersüchtigen Verabredungen und den redseligen Verbrüderungen im Man und dem, was man unternehmen will.»

Um sicherzustellen, daß das Dasein sich nicht falschen Festlegungen oder falschen Freunden unterwirft, die es statt in seinem «Wesen» nur in einer bestimmten Eigenschaft, einem «Was», treffen, schaltet Heidegger vor das Eingehen auf den anderen, das «Miteinandersein», die «Entschlossenheit zu sich selbst». So soll gewährleistet sein, daß das Dasein als «Selbst» den Ablenkungen der Welt widersteht. «Das Dasein», schreibt Heidegger, «*ist eigentlich selbst* in der ursprünglichen Vereinzelung der verschwiegenen (...) Entschlossenheit» (SZ 322), die sich ihm im «Vorlaufen zum Tode» erschließt.

Denkbar ist «eigentliche» Gemeinschaft also nur unter Menschen, die sich vorweg «selbst» gewonnen haben, die nicht im sogenannten «Man» verloren sind (vgl. SZ § 27). Nur unter dieser Voraussetzung ist überhaupt möglich, was Heidegger fordert: daß nämlich die Beziehung zum anderen nicht «beherrschend» sein soll, daß sie ihn nicht unterordnen, sondern freigeben, in seinem eigensten Seinkönnen «‹sein› (...) lassen» soll (s.o.). Dieser gewissermaßen respektvolle Umgang mit dem anderen, dieses eigentliche Miteinander ist also Menschen vorbehalten, die in der «Vereinzelung» sich ihrer selbst vergewissert haben.

Heidegger beruft sich hier auf Kriterien, unter denen allein es den Menschen zuträglich sein soll, sich aufeinander einzulassen. Daß der Umgang, den Eltern mit Kindern pflegen, jenen Kriterien «eigentlichen» Miteinanders nicht genügt, liegt auf der Hand. Kinder werden sich zu der von Heidegger geforderten «Entschlossenheit» in «ursprünglicher Vereinzelung» kaum durchringen wollen. Man könnte zwar versuchen, die «eigentlich» geforderte «vorspringend-befreiende Fürsorge» als Modell emanzipatorischen Umgangs mit Kindern zu deuten, bei dem diesen zu sich selbst «verholfen» werden soll (SZ 122). Eltern kommen aber nicht umhin, wenn sie das Leben ihres Kindes nicht gefährden wollen, ihm zuweilen – im Sinne von Heideggers negativem Gegenbild, der «einspringend-beherrschenden Fürsorge» – «die ‹Sorge› gleichsam ab(zu)nehmen und im Besorgen sich an seine Stelle (zu) setzen, für (es) (...) *ein(zu)springen*». Eltern übernehmen «das, was zu besorgen ist» (ebd.), mischen sich notorisch in das Leben ihrer Kinder ein; zugleich bemühen sie sich, die Selbständigkeit ihrer Kinder zu fördern. An dieser Doppelaufgabe – vor der übrigens keineswegs nur Eltern stehen – denkt Heidegger mit seiner Zerschneidung in «eigentliche» und «uneigentliche» Interaktionsformen vorbei.

Da Heidegger vor die Gemeinschaft die «Vereinzelung» gestellt hat, schließt er der Sache nach die Beziehung zwischen Eltern und Kindern, welch letztere der Vereinzelung gewissermaßen noch nicht ‹gewachsen› sind, aus dem Rahmen «eigentlichen» Lebens aus. Dazu gehört auch, daß Heidegger, auf ganz andere Weise als Nietzsche (s.o. S. 70), von einer «Geburtsvergessenheit» befallen ist. An zwei Stellen in «Sein und Zeit» nimmt er – jeweils folgenlos – zur Kenntnis, daß das «Dasein» einmal «aufgewachsen» sei (SZ 12, 20); ebenso unauffällig sind seine Bezüge auf die «Geburt» (SZ 233, 373) – in krassem Gegensatz zu seinem Vorgriff auf den «Tod».[23] Überhaupt ist merkwürdig, daß Heidegger in seiner Analytik der «Alltäglichkeit» völlig an der Frage vorbeischreibt, wie Menschen sich in diese Welt einleben; ihm geht es einzig um die Frage, wie sie ihr alltägliches Eingelebtsein, das schon «irgendwie» passiert ist, hin zur «Eigentlichkeit» «modifizieren» können (vgl. SZ 130). In der trotz aller Beteuerungen Heideggers abwertenden, geschmäcklerischen Beschreibung der alltäglichen Welt sind entsprechend all die Momente an den Rand gedrängt, die seine Ressentiments entkräften könnten.

Nun könnte man zu Heideggers Verteidigung sagen, daß das «Miteinander» von Eltern und Kindern als eine Art Einübung in «eigentliches Miteinandersein» angesehen werden dürfe. Dahinter stünde zusätzlich das Argument, daß seine Deutung der Gemeinschaft «eigentlicher», «selbst-ständiger» Menschen nicht dadurch entwertet sein müsse, daß sie auf einen bestimmten Bereich – die Eltern-Kind-Beziehung – nicht passe; das Besondere an jener Deutung liege eben gerade darin, daß sie eine Gemeinschaft von «frei» gewordenen «Einzelnen» denkbar mache.

Eine solche wohlwollende Deutung würde den Eltern, die sich auf Heidegger verlassen, wohl nicht viel helfen; sie müßten gleichwohl im Eingeständnis ihrer Defekte zu «eigentlichen» Zeitgenossen aufschauen. Aber das entscheidende Problem liegt woanders. Wer nämlich Heideggers «eigentliche» Gemeinschaft – und das dahintersteckende «faktische Ideal» des Menschen – so positiv annimmt, übersieht, daß bei Heidegger – wie auch schon bei Aristoteles, Hegel und Nietzsche – die Abwertung der Elternschaft begleitet ist von Problemen im Innern des «Menschen», der philosophisch in Höchstform gebracht werden soll.

Immerhin: auf den ersten Blick hat Heideggers Ansatz viel von der Offenheit, mit der sich auch Aristoteles – mehr als Hegel und weit mehr als Nietzsche – dem Menschen zuwendet. Mit dem Ausgang vom «faktischen Leben», der Beschreibung der «Alltäglichkeit», verweigert sich Heidegger der Oberlehrer-Mentalität, mit der geistig-moralisch an der Wirklichkeit herumgemäkelt wird. Er nimmt den Menschen, so scheint es, wie er «ist». Aber so wie auch Aristoteles den Menschen in einer letzten Wendung aus der alltäglichen Lebenspraxis weglobt, so bringt ihn auch Heidegger – ganz anders und letztlich sogar viel verbissener als Aristoteles – von der Alltäglichkeit ab, verleidet ihm die Vielfalt der sich bietenden Möglichkeiten. Er führt das «Dasein» in eine «Vereinzelung», in der es den starren Blick auf den «Tod» richten und damit unfehlbar die Wendung zum «eigensten» Selbst vollziehen soll. Will das «Selbst» diese «Eigentlichkeit», in der alle «Welt» bedeutungslos wird, nicht aufs Spiel setzen, so muß es sich aber – und das ist das zentrale Problem – eben in dieser Erstarrung angesichts des Todes selbst festhalten, stillegen. Wenn ich vorhin gesagt habe, «Gemeinschaft» sei bei Heidegger nur als «Miteinandersein» mit dem Gütesiegel der «Eigentlichkeit» denkbar, so führt jener Vorbehalt der «Vereinzelung» letztlich dazu, daß dem «Selbst» der Zugang zum Anderen überhaupt verschlossen bleibt. Es geht hier nicht um den gutgemeinten Rat, man möge doch mal allein und in aller Ruhe über sich und sein Leben nachdenken. Unter der Dauerdrohung des «Verfallens» werden die Menschen bei Heidegger gezwungen, sich auch dann noch in der «vereinzelten Entschlossenheit» zu «halten», wenn sie sich auf «die jeweilige Situation» einlassen (SZ 349). Sie kommen, genau besehen, aus der verschlossenen «Eigentlichkeit» überhaupt nicht mehr heraus, wenn sie auch offiziell der «Geworfenheit», dem «Geschick», der «Gemeinschaft», dem «Volk» (SZ 384) anbefohlen werden.

Heidegger macht sein «eigentliches» Dasein zu einem ‹Einzelkämpfer›, der sich dann freilich – in seiner (nicht nur) *«metaphysische(n) Isolierung»*[24] – hauptsächlich mit sich selbst herumzuschlagen hat. Nachdem Heidegger erst auf den Menschen zugegangen ist, stößt er ihn – und eben das deute ich (s. o.) als seine spezifische Begrüßungsgeste – ins Abseits.

Daß das «Dasein» in dieser Vereinsamung nicht glücklich wird, zeigt sich dann umgehend in dem krampfhaften Versuch Heideggers 1933, Zugang zu einer «unmittelbaren Offenbarung der Volksgemeinschaft»[25] zu finden – eine verquere Bestätigung dessen, daß das Modell des «Menschen», das er 1927 in «Sein und Zeit» mit dem «eigentlichen» – und ganz nebenbei auch elternfeindlichen – «Dasein» entworfen hat, in sich zusammengestürzt ist.

Wenn man nun auf alle vier Philosophen, auf die ich eingegangen bin – *Aristoteles, Hegel, Nietzsche* und *Heidegger* – zurückblickt, so ergibt sich bei allen Unterschieden ein weitgehend einheitliches Resümee. Den *polemischen* Deutungen ihrer jeweiligen ‹Lieblingsmenschen› ist gemeinsam, daß auf der einen Seite die Eltern dabei zu kurz kommen, und daß auf der anderen Seite jene «Menschen» selbst ihres Lebens nicht recht froh werden können.

Bei Aristoteles ist der Mensch nicht mit sich im reinen, weil er auf «bescheidene» und unzulängliche Weise nach einem «Höchsten» leben soll, zu dem er doch nicht recht paßt (NE 1178 a 1); bei Hegel wird das höchste «Subjekt» zu einer schattenhaften Figur, obwohl es doch der Mensch in seiner höchsten Lebendigkeit sein soll; bei Nietzsche wird der Mensch, der sich im «Schaffen» selbst bejahen will, zum «Schlachtfeld» seiner eigenen Aktionen; bei Heidegger schließlich erstarrt der Mensch zu einem «Dasein», dessen «Eigentlichkeit» es nur in der Nähe des Todes gesichert wähnt.

Daß «Eltern» bei diesen Philosophen zu kurz kommen, ist nichts, was ich ihnen zum zentralen Vorwurf machen wollte; damit würde man sie nur um eines billigen Einwands willen aus den historischen Zeitumständen herauszerren. Ich nehme jene Defizite nur als *Symptome* für Probleme in den theoretischen Konzepten selbst. Wenn ich nach den verschiedenen philosophischen Deutungen der «Elternschaft» kritisch frage, so ist das also nicht im Sinne eines lobbyistischen Einspruchs gemeint, die Philosophie solle sich nun endlich ‹richtig› um die Eltern kümmern. Es geht vielmehr darum, daß es der Philosophie selbst offenbar nicht besonders gut bekommt, wenn sie um eines besonders ausgezeichneten «Menschen» willen Formen alltäglichen Lebens – wie z. B. die Elternschaft – vernachlässigt.

Genauer besteht das Problem – jedenfalls bei den genannten Philosophen – darin, daß sie sich zwar um den «Menschen» bemühen, ihn dabei aber mehr oder minder offensichtlich in bestimmte Lebensformen hineindrängen – z. B. die des Philosophen, des Staatsmanns, des Kindes oder des Einzelkämpfers. Es handelt sich hier gewissermaßen um «Bastarderklärungen» (vgl. Kant MS 28) des Menschen. Sollen andere Lebensformen nicht zu kurz kommen, so gilt es genau das zu vermeiden. Das heißt wohlgemerkt nicht, daß man damit jenen Philosophen überhaupt aus dem Weg gehen sollte. Sie lassen sich – mehr oder weniger (Heidegger meines Erachtens am wenigsten) – auch stark machen für eine Verständigung über den Menschen, die ohne falsche Überhöhungen auskommt.

So könnte man z. B. mit Aristoteles nach einem «Guten» suchen, das auf den Menschen selbst und nicht auf irgendwelche falschen Ideale zugeschnitten sein müßte; man könnte sich mit Hegel den Fluchtphantasien verschiedenster Couleur zum Trotz auf die Welt und die in ihr geschichtlich verankerten Möglichkeiten einlassen; könnte auch umgekehrt mit Nietzsche die Offenheit dieser Möglichkeiten im Sinne eines – letztlich pluralistischen – «Perspektivismus» betonen; man könnte Heideggers Wendung vom weltlosen Ich zum alltäglichen Selbst mitvollziehen. Jeweils wird man freilich darauf zu achten haben, daß sich bei diesen Anknüpfungsversuchen nicht wieder versteckte Spezialisierungen des Menschen einschleichen.

Da sich im Namen des «Menschen» so schnell Festlegungen auf bestimmte Lebensformen durchsetzen, ist man freilich versucht, in humaner Absicht auf alle näheren Bestimmungen zu diesem «Menschen» zu verzichten. Auch auf diesen Umkehrschluß und seine Risiken sei hier kurz hingewiesen.

Der fremde Passagier, der «Geistliche» aus «Wilhelm Meisters Lehrjahren», aus denen ich am Anfang dieses Kapitels zitiert habe, könnte als Beispiel für einen solch un-bestimmten «Menschen» dienen. Wenn er auf Philine auch zunächst als «Mensch» schlechthin wirkt, so läßt Goethe am Schluß doch deutlich werden: Dieser «Mensch», der sich auf nichts festlegen, auf nichts wirklich einlassen kann, führt nicht gerade ein verlockendes «menschliches» Leben, verblaßt z. B. gegenüber Wilhelm und Lothario. Auf Schiller wirkte der Abbé wie der bloße Bestandteil einer «Maschine», auf Novalis gar wie ein «fataler Kerl».[26]
E. M. Cioran:[27]

«Je mehr der Mensch Mensch wird, desto mehr verliert er an Wirklichkeit (. . .). Gelänge es ihm, bis ans Ende seiner Eigenart zu gehen und total und absolut Mensch zu werden, so hätte er nichts mehr in sich, das an irgendwelche Art von Existenz erinnern würde.»

Zu kritisieren ist, wie mir scheint, nicht die besondere Zuwendung zu einzelnen Lebensformen – dies erscheint vielmehr geradezu «menschlich» –, sondern daß man einzelne Bestimmtheiten als das «Menschliche» schlechthin ausgibt.

So muß man konsequenterweise auch darauf verzichten, im Gegenzug zu der philosophischen Abwertung der «Eltern» den Spieß herumzudrehen und deren Lebenshaltung «gewisse Eigenschaften» zuzuschreiben, die sie «allen anderen (. . .) voraus» hat – Hans Jonas tut dies, als Ausnahme von der philosophischen Regel, in seinem Buch «Das Prinzip Verantwortung».[28] Damit setzt man – auch wenn dies z. B. Jonas' Intention überhaupt nicht ist – umgekehrt alle Kinderlosen dem Verdacht aus, sie seien weniger menschliche Menschen oder müßten sich erst durch mühsame Nachahmung eine hervorragende quasi-elterliche Lebenshaltung erarbeiten.

Es erscheint ratsam, Lebensformen nicht vorschnell ab- oder aufzuwerten. Man sollte nicht eine bestimmte Form von Tätigkeit oder Lebenshaltung vorsehen, in der der Mensch dann – Aristoteles[29] kannte zum Substantiv auch noch das Verb – schlechterdings zu «menschen» (oder zu «menscheln») vermöchte (NE 1178 b 7). Über die materielle Sicherung des Lebens hinaus, jenseits des «Gröbste(n): daß keiner mehr hungern soll» (Adorno[30]), kann die Qualität einer Gesellschaft auch darin liegen, daß sie den Menschen verschiedene Lebens- und Arbeitsformen offenhält, z. B. eben – nicht als zweite Wahl, aber auch nicht ausschließlich – die Elternschaft. Man hat zwar, in allen Lagern, zur Kenntnis genommen, daß das Heil menschlichen Lebens nicht in jenem Rotationsprinzip liegen könne, wonach Beruf, Liebespartner, Wohnort und/oder Weltanschauung «alle 5 Jahre» (Nietzsche[31]) zu wechseln seien. Aber ohne dem Mönch oder dem Manager verleiden zu wollen, sein Leben einer einzigen Aufgabe zu widmen, darf man immerhin verlangen, daß die herrschenden Verhältnisse biographische Verzweigungen, Kurven oder gar Kehrtwenden, wenn denn ein Mensch dazu ansetzt, nicht blockieren. Die «Vielseitigkeit» ist – nach Goethe (Wilhelm Meisters Wanderjahre I.4) – dazu da, «das Element vor(zu)bereiten, worin der Einseitige wirken kann». Ohne dieses Zusammenspiel bleibt es bei einer Einseitigkeit als Eintönigkeit. Und das gilt durchweg. Wenn Frauen, die sagen: «Mein Kind ist mein Leben», die Verarmung ihres Lebens riskieren, so gilt dies auch für Hamburgs Regierenden Bürgermeister, der mit leuchtenden Augen erklärt, er arbeite weit über achtzig Stunden in der Woche.

Mit diesem Plädoyer für die «Lebenslehre» des «Essayismus» (Musil[32]) meine ich freilich nicht ein «Anything goes», wonach der Mensch abwechselnd Taschendieb, Anlageberater und praktizierender Vater sein dürfe. Die verschiedenen Lebensformen müssen – im Wortsinne – auf ihre Lebens-Qualität hin beurteilbar sein. Mit diesem Ansatz ist man auch dem gängigen konservativen Einwand enthoben, die Offenheit für verschiedene Lebens-Optionen bringe dem Menschen nur Halt- und Orientierungslosigkeit, Experimente seien nichts als eine modernistische Quälerei.

Voraussetzung für jene Beurteilung ist freilich erstmal – kurz gesagt –, daß man weiß, wovon man redet.

Nachdem ich versucht habe zu klären, ob und wie sich die Lebensform Elternschaft in ein Bild vom «Menschen» einordnen läßt, steht – soweit ich sehe – einer genaueren Beschreibung dieser bemerkenswerten Lebensform nichts mehr im Wege.

III.
Wie Eltern tätig sind

Eltern haben jede Menge zu tun. So wie Matthias Claudius sich das im «Wiegenlied» wünscht – «Schlaf Dich groß, Du liebe Gabe, sonder Ungemach!» –, läuft es bekanntlich nicht.

Aber was genau tun Eltern den ganzen Tag?

Als praktizierender Vater bin ich z. B. Beichtvater, Chauffeur, Friseur, Koch, Krankenpfleger, Lastesel, Lehrer, Reiseveranstalter, Seelentröster, Wäscher, Wohnungsgeber und vieles andere mehr. Kant faßt zusammen, Erziehung bestehe aus «Bildung» und «Versorgung» (ÜP 27). Man könnte auch allgemeiner sagen, in der Elternschaft gehe es um ‹Dienstleistungen›.

So werden, wie man weiß, Tätigkeiten bezeichnet, die im Gegensatz zu produktiven Tätigkeiten nicht mit der Herstellung von Dingen befaßt sind, sondern mit der Pflege von Bestehendem. Es wäre allerdings irreführend, Tätigkeiten pauschal in scheinbar progressive (produktiv-neuschaffende) und konservative (pflegend-bewahrende) aufzutrennen. So muß man doch daran zweifeln, ob es sich um bloße Bestandspflege handelt, wenn durch die ‹Dienstleistung› eines Psychotherapeuten der Seelenfrieden eines Menschen wiederhergestellt werden kann. Und vollends unangemessen scheint es, Elternschaft als solche zur Dienstleistung zu erklären. Schließlich dienen die Tätigkeiten, die Eltern ausüben, einem ‹produktiven› Zweck: der Hervorbringung und Heranbildung eines Menschen.

Sowenig wie das Gebären eines Kindes bloß Dienstleistung am werdenden Leben ist, sowenig ist praktizierte Elternschaft bloß Dienstleistung am wachsenden Leben. Indem man dem Kind ‹Dienste leistet›, entsteht unmerklich und unwiderruflich etwas Neues: ein Erwachsener. Eltern ‹machen› gewissermaßen aus dem Kind einen Erwachsenen. Die Redensart «Aus dem wird bestimmt mal was!» weist – zum beständigen und berechtigten Ärger des betroffenen Kindes (als ‹Kind›) – darauf hin, daß es noch nicht ist, was es werden soll: ein, verdachtsweise besonders ausgezeichneter, Erwachsener. Hegel hat gemeint, sich bei diesem Prozeß sogar auf die Kinder selbst verlassen zu können, die über sich hinausstreben: «Die Notwendigkeit, erzogen zu werden, ist in den Kindern als das eigene Gefühl, in sich, wie sie sind, unbefriedigt zu sein, – als der Trieb, der Welt der Erwachsenen, die sie als ein Höheres ahnen, anzugehören, der Wunsch groß zu werden» (PhR § 175). Jedenfalls muß das Kind damit leben, eine Bestimmung zu haben, die sich in seinem Leben erst noch erfüllt – eine Bestimmung, in der es sich dann verliert (oder meinetwegen «aufgehoben» wird). Es reicht nicht, von Geburt an ‹Mensch› zu sein, man muß auch noch erwachsen werden. Wenn Zeugung und Geburt unbestreitbar etwas Hervorbringendes, Er-‹zeugendes› haben, so gilt dies schließlich auch für die Erziehung.

So ganz wohl ist einem bei diesem Ergebnis allerdings nicht. Was seltsam wirkt, ist die Übertragung des Produktionsmodells mitsamt seinen unweigerlichen Assoziationen zu HighTech und GenTech auf die Erziehung, das Zusammenleben mit Kindern. Es scheint so, als würde dieses Modell gewaltsam dem Umgang von Eltern mit Kindern übergestülpt.

Dessenungeachtet erfreut es sich durchaus einiger Beliebtheit. Die Rede ist z. B. von einer herrschenden Tendenz zur Über-Pädagogisierung der Erziehung, mit der im Zusammenwirken zahlloser vorgeblicher Experten «das Kind heute in bestimmtem Sinne ‹machbar› geworden ist«.[1] Wenn man diese Betriebsamkeit schon als Verunsicherung der «Macher» deuten darf, so wurde doch schon immer in alter ökonomischer Tradition Elternschaft als Form von ‹Produktion› abgehandelt – und zwar quer durch die Ideologien.

Adam Smith:

> «Die [wirtschaftliche] Nachfrage nach Menschen [reguliert,] so wie die nach jeder anderen Ware, notwendig auch die Erzeugung von Menschen [‹production of men›]: sie beschleunigt, wenn sie zu langsam vor sich geht, und verzögert, wenn sie zu rasch fortschreitet.»

Karl Marx, den Kapitalismus analysierend:

«Die Arbeitskraft existiert nur als Anlage des lebendigen Individuums. Ihre Produktion setzt also seine Existenz voraus. Die Existenz des Individuums gegeben, besteht die Produktion der Arbeitskraft in seiner eignen Reproduktion oder Erhaltung. (...) Der Eigentümer der Arbeitskraft ist sterblich. Soll also seine Erscheinung auf dem Markt eine kontinuierliche sein (...), so muß der Verkäufer der Arbeitskraft sich verewigen, ‹wie jedes lebendige Individuum sich verewigt, durch Fortpflanzung›. Die durch Abnutzung und Tod dem Markt entzogenen Arbeitskräfte müssen zum allermindesten durch eine gleiche Zahl neuer Arbeitskräfte beständig ersetzt werden. Die Summe der zur Produktion neuer Arbeitskraft notwendigen Lebensmittel schließt also die Lebensmittel der Ersatzmänner ein, d. h. der Kinder der Arbeiter, so daß sich diese Race eigentümlicher Warenbesitzer auf dem Warenmarkte verewigt.»

Friedrich Engel, den Kommunismus vorzeichnend:

«Sollte (...) einmal die kommunistische Gesellschaft sich genötigt sehn, die Produktion von Menschen ebenso zu regeln, wie sie die Produktion von Dingen schon geregelt hat, so wird gerade sie und allein [sie] es sein, die dies ohne Schwierigkeiten ausführt.»

In kritischer Absicht haben jüngst auch Oskar Negt und Alexander Kluge das ‹Produktions›-Modell wieder aufgegriffen. Gebären und Erziehen wollen sie als eigenständige «matriarchalische Produktionsweise» der herrschenden Ökonomie entgegensetzen – eine Produktionsweise, die z. B. im Hinblick auf Bedürfnisbefriedigung der patriarchalischen und kapitalistischen Umwelt «überlegen» sei.[2]

Mir scheint, daß solch ein ‹produktionistisches› Modell, selbst wenn es ‹gut gemeint› ist, unweigerlich zu einer Fehldeutung elterlicher Tätigkeit führt. Es verzerrt das Bild der Elternschaft auf andere Weise, aber nicht minder stark als das Modell der ‹Dienstleistung›. Der Prozeß, bei dem das Kind erwachsen ‹wird›, erhält hier eine Art ‹Produktionsleiter› mit mehr oder minder großen Vollmachten. Das Kind erscheint als Gegenstand der Bearbeitung.

Wenn weder ‹Dienstleistung› noch ‹Produktion› zum Selbstverständnis von Eltern zu passen scheinen, so kann ich stattdessen doch nicht umstandslos ein ‹richtiges› Modell dieser besonderen elterlichen Tätigkeit präsentieren. Aber vielleicht kommt man ihr dann ein bißchen näher, wenn man statt des Begriffs der ‹Produktion› dessen griechischen Vorgänger heranzieht: nämlich die ‹Poiesis›.

‹Poiesis› – darunter sind nach Aristoteles, über ‹Produktion› und ‹Poesie› hinaus, all die Tätigkeiten zu verstehen, die einem Zweck dienen, der außerhalb ihrer selbst liegt. Ihr Gegenbild ist ‹Praxis›, die ihren Zweck in sich selbst hat (vgl. NE 1139b 1ff., 1140a 1ff. u.ö.; Met. 1048b 17ff.). Ein Standardbeispiel für diese Unterscheidung ist die zwischen dem Flötenbauer und dem Flötenspieler: Jener baut die Flöte zu dem Zweck, daß sie (von einem anderen) gespielt wird; dagegen hat das Musizieren seinen Zweck in sich selbst (vgl. schon Platon, Euthydemos 289c, Kratylos 390b, 389a).

Nach dieser Definition muß – und das ist deren Pointe – auch ein Teil der sogenannten ‹Dienstleistungen› neben den traditionell ‹produktiven› mit zu den ‹poietischen› Tätigkeiten gerechnet werden. So geht es z.B. dem Arzt bei der (Wieder-)Herstellung der Gesundheit um einen Zweck, der jenseits seines Tätigkeitsvollzugs selbst liegt, der Ziel und Ende seiner Arbeit ist.

Freilich kann die Unterscheidung in ‹poietische› und ‹praktische› Tätigkeiten nicht ausschließend gemeint sein. Ein Flötenbauer kann beim Schnitzen einer Flöte durchaus das empfinden, was man ‹Spaß bei der Arbeit› zu nennen pflegt (also sein Tun auch ‹praktisch› verstehen); umgekehrt kann der Flötenspieler bei seiner musikalischen ‹Praxis› auch äußere Zwecke verfolgen (z.B. Zuhörer erfreuen oder Ratten fangen).

Immerhin bleiben Unterschiede bestehen. Entscheidend ist, daß der Sinn ‹poietischer› Tätigkeiten – im Gegensatz zu ‹praktischen› – noch rückwirkend zunichte gemacht werden kann. Verschneidet der Geigenbauer im letzten Ansatz das fast vollendete Instrument, legt die Sekretärin beim Schreiben eines Briefes mit Durchschlag das Kohlepapier verkehrt herum ein, so war die ganze Arbeit, selbst wenn sie Spaß gemacht haben sollte, für die Katz. Reißt dagegen dem Geigenvirtuosen im Konzert die

Saite, unterbricht ein Regenguß das Tennisspiel, so mag dies zwar den Ablauf stören; aber das, was schon geschehen ist, war nicht vergebens – und nach einer Unterbrechung kann man sogar fortfahren. Insgesamt scheint mir, daß sich nach dieser Unterscheidung zwischen dem Zweck im (gegenwärtigen) Vollzug und dem Zweck im (zukünftigen) Ergebnis Handlungsformen ziemlich genau – und anders als nach dem Schema ‹Dienstleistung› versus ‹Produktion› – unterscheiden lassen.

Wenn also Elternschaft zunächst als eine merkwürdige, nämlich quasi-produktive Dienstleistung erschienen war, so liegt es vielleicht näher, sie als ‹poietische› Tätigkeit zu identifizieren. Insofern der Zweck der Elternschaft darin liegt, ein Kind großzuziehen, erhält in der Tat das Handeln eine äußere Vorgabe, ein mehr oder weniger fernes Ziel. So wie ‹Poiesis› den Patienten gesund macht, so macht sie auch ein Kind erwachsen. Dies wirkt bis in die Kleinigkeiten des Lebens hinein: etwa, wenn Eltern sich nicht damit zufrieden geben, daß ihr Kind noch in die Windeln macht oder bei der Autoreise nicht zum Kartenleser taugt. Erziehung kann sich insofern eines ‹poietischen› Grundzugs nicht erwehren.

Diese Deutung entspricht auch der Vorstellung, die sich bei Aristoteles, dem Theoretiker der Praxis-Poiesis-Unterscheidung, zur Elternschaft findet. Er setzt die Kinder als «Werke» («erga») ihrer Eltern parallel zu den «Werken» des Dichters, d. h. eben: der ‹Poieten› (NE 1120 b 13 f.; vgl. 1167 b 33 ff.). So befinden sich die Heranwachsenden – fast wie Marathonläufer – in einem mehr oder minder großen Abstand vom in der Zukunft liegenden Ziel («telos») des Erwachsenseins (vgl. Pol. 1260 a 31 ff.); bestimmte tugendgemäße Fähigkeiten müssen bei ihnen erst noch herangebildet werden. Dazu zählt sogar die Fähigkeit, «glücklich» zu sein (NE 1100 a 1 ff.).

Die Erziehung endet dann, nach Aristoteles, mit dem Eintritt des Herangewachsenen als eines «freien Bürgers» in die ‹Polis›; sie endet, so heißt es entsprechend bei Kant, mit der «Entlassung *(emancipatio)*», dann nämlich, wenn Kinder in der Lage sind, «sich selbst (zu) erhalten und fort(zu)bringen» (MS § 29, 114).[3] Wenn Kinder selbständig werden, müssen auch die Eltern umdenken; deren erstes Ziel ist dann erreicht. Gerade eine solche Terminierung ist typisch für ‹Poiesis›, nicht für ‹Praxis›. Ein gewisser Reiz elterlichen Tuns kann gerade auch darin liegen, daß die Arbeit, die man beim Aufziehen eines Kindes bewältigt, nicht einfach spurlos vorbeigeht. Während sich ein Postbote oder ein Radiomoderator am Silvester seines Lebens fragen kann, was ihm davon geblieben sei, Briefe zugestellt oder Magazine ‹versendet› zu haben, können Eltern zu *dieser* Sinnkrise eher Abstand halten. Sie können auf ihr Kind verweisen – was auch immer aus ihm geworden ist. Ein Erfolg ihres Tuns läßt sich regelrecht daran ablesen, daß sie in ihrer Funktion als aktive Eltern eines Tages überflüssig werden. Wenn zunächst die Kinder die Unterstützung ihrer Eltern nötig hatten oder genossen haben, so empfinden sie diese später als Einmischung in ihre inneren Angelegenheiten, als Aufdringlichkeit.

Wenn auch, so gesehen, praktizierte Elternschaft auf ein Ziel zuläuft, so werden Eltern doch nicht jede ihrer Handlungen damit rechtfertigen, daß sie den Endzustand des Erwachsenseins des Kindes herbeizuführen hilft. Diese Unterwerfung der Gegenwart unter die Zukunft dient im Grunde dem Kind ebensowenig wie den Eltern, die damit auch auf die Grenzen einer ‹poietischen› Deutung ihres Tuns stoßen.

Wenn man den Endzweck dieses Prozesses in den Vordergrund stellt, so wird damit das Kind unweigerlich doch wieder bewertet wie ein Produkt, an das bestimmte Qualitätsmaßstäbe angelegt werden – ein Produkt, das auf seine Vollendung hin überprüfbar ist. Im Extrem kann das heißen: Das Kind soll dann nicht bloß erwachsen, sondern auch noch Nachfolger im elterlichen Betrieb werden. Es tritt eine Art umgekehrter Pygmalion-Effekt ein: Statt daß eine Gestalt, die man geschaffen hat, zum Leben erweckt wird, wird das Kind, als bloßes Produkt verkannt, zu etwas Totem.

Darüber hinaus stellt sich die Frage, ob die Lesart eines Übergangs vom ‹Kind› zum ‹Erwachsenen› nicht eine künstliche Abstraktion jenes Prozesses darstellt, bei dem es, in einem unaufhörlichen und lebenslänglichen Bildungsgang, immer um den selben, nämlich um einen ‹Menschen› geht. Schließlich bedarf es eines «Leben(s), (. . .) um zu lernen, wie wir leben müßten», wie Heinrich von Kleist, weit weniger gelassen als einst Seneca, geklagt hat.[4] Wenn wir aber immer schon ‹Menschen› sind, so kann man auch umgekehrt, mit Goethe,[5] sagen, wir blieben zeitlebens ‹Kinder›:

> «Meinem Herzen sind die Kinder am nächsten auf der Erde. (. . .) Sie, die unseresgleichen sind (. . .), behandeln wir als Untertanen. Sie sollen keinen Willen haben! – Haben wir denn keinen? und wo liegt dies Vorrecht? – Weil wir älter sind und gescheiter! – Guter Gott von deinem Himmel, alte Kinder siehst du und junge Kinder, und nichts weiter.»

Wenn Erziehung also, ‹poietisch› gedeutet, dem Kind in seinem eigenen Entwicklungsgang nicht gerecht wird, so werden dabei auch die Eltern, als ‹Macher› auftretend, ihres Lebens nicht recht froh.

Selbst wenn wir die glücklichste Fügung unterstellen, daß ein Kind sich zur Zufriedenheit der Eltern *und* seiner selbst entwickelt, so bleibt den Eltern dabei doch die Erfüllung versagt, die sonst jedem Schöpfer vergönnt ist. Ist ihr Kind wohlgeraten, so können sie zwar still bei sich denken: ‹Das habe ich gut hingekriegt!›; sie bekommen vielleicht sogar manchmal von mitwissenden und auch ein bißchen mitleidigen Freunden einen Schulterschlag zum Zeichen, daß ihre Leistung nicht ganz vergessen sei. Im Glücksfall werden sie gar von ihren Kindern Dank ernten und sich mit ihnen, wenn es denn einen guten Grund gibt, mitfreuen. Würden die Kinder ihnen freilich dafür danken, zu Erwachsenen ‹gemacht› worden zu sein, wäre dies schon bedenklich: Von den Freuden des ‹Poieten› im strengen Sinne, welcher mit seinem vollendeten Werk vor die Welt tritt und Anerkennung erhält, können Eltern kaum mehr als eine blasse Ahnung haben.

Vielen Eltern bleibt aber jener Dank auch versagt, ihre Mühe wird von manchen «Städtebewohnern»[6] unter den Kindern glatt mißachtet:

> «Wenn du deinen Eltern begegnest (. . .)
> Gehe an ihnen fremd vorbei, biege um die Ecke, erkenne
> sie nicht. Zieh den Hut ins Gesicht, den sie dir schenkten

Zeige, oh zeige dein Gesicht nicht
Sondern verwisch die Spuren.»

In diesem Fall können Eltern nur mehr privat, sozusagen in Heimarbeit, auf sich selbst etwas von der Selbstbestätigung umadressieren, die das Kind – vielleicht – findet. Aber auch wenn sie nicht mißachtet werden, bleiben Eltern eher stille Teilhaber am Glück ihrer Kinder. Sie müssen sich damit abfinden, daß diese schließlich *ihr* Leben leben und dabei nur gelegentlich auch noch mit ihren Eltern zu tun haben. Wenn ein Kind sich als Mensch bewährt, so tritt es eben damit aus dem Bannkreis seiner Eltern heraus, und wenn es für das, was es tut, gar Anerkennung einheimst, so werden Eltern dabei nicht noch extra bedacht. Ihnen bleibt, bei der merkwürdigen ‹Poiesis›, von der sie doch nicht lassen wollen, eine stille Trauer. Sie treten hinter das Kind zurück, das sie, mit welchem Recht auch immer, mit als ihr Werk ansehen; sie gleichen sich also, wenn man sie denn mit einem Künstler (‹Poieten›) vergleichen wollte, dem Schöpfer autonomer Kunst an, der hinter seinem Werk verschwindet – nach dem Motto: «Der Mensch ist nichts, das Werk ist alles!» (Flaubert[7])

Kommt – nach dem schönen Klischee – ein berühmter Mensch aus einfachem Hause, so wird auf dessen Eltern zwar auch ein Teil des Glanzes abfallen, der ihn umgibt; das wird den Nachbarn oder vielleicht sogar den Eltern selber aber das Unverständnis darüber nicht rauben, daß jenes Genie gerade bei ihnen seinen Weg durchs Leben hat beginnen können. Als dessen ‹Macher› können sich die Eltern jedenfalls nicht fühlen.

Eltern sind, so gesehen, ‹Poieten› der traurigen oder gar tragischen Gestalt: Mögen sie auch ihr Kind – in einer nun immer deutlicher werdenden Fehleinschätzung – zu ihrem ‹Werk› erklären, so können (und wollen) sie doch nicht verhindern, daß es sich zum Menschen ‹verselbständigt› und ihre Mühsal dem Vergessen anheimfällt.

Sollte das Kind gar Wege gehen, die die Eltern für Abwege halten, oder sich tatsächlich in Sackgassen (Drogenmißbrauch, Verbrechen) verrennen, so verstärkt dies noch den tragischen Grundton im Selbstverständnis der Eltern – obwohl es zunächst so scheint, als eröffnete sich ihnen gerade damit eine Chance, als ‹Poieten› im Amt zu bleiben. An sie geht dann nämlich die Frage, sei es von seiten des Kindes oder von ‹Freunden der Familie›: «Was habt ihr nur aus mir/ihm *gemacht?*» Diese Frage ist aber nichts als ein Vorwurf. Die scheinbare ‹poietische› Chance ist vergiftet. Eltern werden auf diese Weise nur zum Feindbild, sie werden zu den Schuldigen der Misere erklärt. Die Spitze bei jener Frage liegt nicht in dem, «was» getan wurde, also in Erziehungsinhalten, die sich im Notfall noch verteidigen ließen. (Wäre es so, müßte jener Vorwurf als Pendant nämlich das Lob haben dürfen: «Ihr habt aus mir/ihm etwas gemacht!» Genau dieses Lob aber bleibt sprachlich ebenso ungewohnt wie Eltern unvergönnt.) Allein schon (irgendetwas) «gemacht» – statt z. B. «gelassen» – zu haben, gereicht Eltern schon zum vernichtenden Vorwurf.

Wenn es auch verdienstvoll ist, z. B. aus einem heruntergekommenen Betrieb ‹etwas zu machen›, so soll man doch genau dies einem Menschen nicht antun. Schreibt man den Eltern tatsächlich die Autorschaft an ihrem ‹Produkt›, dem Kinde, zu, so liegt darin automatisch ein Vorwurf: nämlich ihm gewaltsam etwas aufgezwungen, mit ihm etwas ‹gemacht› oder ‹angestellt› zu haben. Umgekehrt kann es merkwürdigerweise von vornherein nur als Kompliment gemeint sein, wenn man von einem jungen Menschen sagt: «Der/die hat sich (in letzter Zeit) gemacht!» Sich-selber-Machen, ‹Autopoiese› soll erlaubt, sogar erwünscht sein.

Eltern, die jenen Vorwurf schuldhaften ‹Machens› annehmen – und es gibt wohl kaum welche, die über ihn völlig erhaben wären, die sich nie über folgenschwere Fehler im Umgang mit ihren Kindern den Kopf zerbrächen –, werden, nach dieser tragischen Variante, in sich gehen und darüber nachsinnen, warum ihr Handeln so verheerende Wirkungen hervorgebracht hat. Im schlimmsten Fall werden sie, wie der «Selbstquäler», der «Heautontimoroumenos» des Terenz, sich das eigene Leben genau so verderben wollen, wie sie nach eigenem Urteil dem Leben ihrer Kinder geschadet haben. So muten sie sich selber die Schuld am Schicksal ihrer Kinder zu, ohne doch genau zu wissen, wieweit sie tatsächlich als Verursacher haftbar zu machen sind. (Klar ist diese Verantwortung freilich, wenn sie ihre Kinder vernachlässigt, seelisch oder körperlich mißhandelt oder mißbraucht haben; Selbstvorwürfe sind dann ebenso zutreffend wie vernichtend – und deshalb auch so selten.)

Umgekehrt nehmen Eltern, als ‹Macher› angegriffen, auch gerne eine genau entgegengesetzte, freilich weiterhin tragische Position ein. Entsetzt über die ‹Abwege› ihrer Kinder, fern der Vorstellung, sie trügen dafür die (Mit-)Schuld, sagen sie sich von ihnen los – als den «Schlangen, die sie an ihrem Busen genährt» (Aesop) –, vernichten also symbolisch den Menschen, den sie großgezogen haben. Zwar weiß man auch von echten, reinen ‹Poieten›, die ihre Werke zerstören; so hat Michelangelo auf seine Pietà eingeschlagen oder Kleist den «Robert Guiskard» verbrannt. Wenn diese gegen ihr Werk angehen, meinen sie letztlich sich selbst. Verstoßen Eltern aber ihr Kind, so tun sie so, als hätten sie mit diesem Menschen nichts zu tun, überhaupt nie etwas zu tun gehabt. Sie versuchen, ihn nachträglich aus ihrem Leben zu streichen, leugnen die Mitverantwortung für das, was sie nun ihrem Kinde übelnehmen, und machen es für dessen vorgebliche Untaten haftbar, als hätte es diese voll souverän begangen. So unterstellen Eltern, beleidigt über die unzuverlässigen Folgen ihres Handelns, aus Frustration darüber, die ‹Poiesis› nicht vollends beherrscht zu haben, umgekehrt dem Kind, sein Schicksal als ‹Poiet› seiner selbst wie ein Alleinherrscher zu steuern – verdachtsweise in den Abgrund. Sie dichten damit ihrem Kind eine Macht an, über die dieses ebensowenig verfügt wie eben die Eltern, mögen sie auch in fast unheimlicher Macht mit der Stimmung ihres Kindes spielen können.

Eltern als ‹Macher› können also auf ganz verschiedenen Wegen scheitern: Sie können sich in einer gegen sich selbst gewandten Überschätzung der eigenen ‹Poiesis› in Schuld verzehren, sich die ganze Verantwortung für das (Miß-)Geschick ihrer Kinder aufladen; Eltern können auch, scheinbar anti-‹poietisch›, das Kind als seines eigenen Unglücks Schmied verdammen – in einer gegen das Kind gewandten Unterschätzung der eigenen ‹Poiesis›.

Als solch arme ‹Poieten› müssen sie aber prinzipiell, mit

Hegel, «bemerken, daß im ganzen die Kinder die Eltern weniger lieben als die Eltern die Kinder», denn diese «gehen der Selbständigkeit entgegen und erstarken»; d. h. aber: sie «haben (...) die Eltern hinter sich». Zum «Werden» der Einen gehört das «Verschwinden» der Anderen; die Kinder trennen sich von ihrem «Ursprung», der schließlich «versiegt» (PhR § 175 Zus.; PhG 336).[8]

So bleibt, resümierend gesagt, nur der Schluß, daß Eltern bei einer rein ‹poietischen› Deutung ihres Tuns nicht mit sich ins reine kommen können. Auf der einen Seite können sie ein ‹poietisches› Element an ihrem Tun nicht übersehen, auf der anderen Seite wird dessen Genuß getrübt durch die ganze Ungewißheit über die Folgen, vor allem die Spätfolgen elterlichen Tuns und die schlechten Aussichten auf schöpferische Selbst- und Fremdbestätigung. Selbst dem gutwilligsten Menschen ist es unmöglich, für das Gelingen des Lebens eines anderen die Garantie zu übernehmen. Eltern übernehmen zwar Verantwortung, aber ‹mit beschränkter Haftung›. Wer Erfolgsgarantien für die Zukunft seiner Kinder vermißt, bleibt nichts als das Motto: ‹Was ich nicht mache, kann ich auch nicht falsch machen›. So liegt dann der gute Rat nahe, daß Menschen, wenn sie sich denn ‹poietisch› verwirklichen wollen, statt der Elternschaft lieber andere Aufgaben wählen sollten. Michel de Montaigne:[9]

«Wenn wir (...) diesen schlichten Anlaß betrachten, daß wir unsere Kinder (...) lieben, weil wir sie gezeugt haben, (...), so scheint es doch wohl noch eine andere Art von Nachwuchs zu geben, der von uns herkommt und der uns nicht minder am Herzen liegen sollte: denn was wir aus der Seele zeugen, die Geburten [‹enfantemens›] unseres Geistes, unseres Herzens und unseres Verstandes, sind die Erzeugnisse edlerer Teile als der körperlichen, und sind eigentlicher die unsern; wir sind bei dieser Art des Hervorbringens Vater und Mutter zugleich; und diese sind uns viel teurer und gereichen uns mehr zu Ehre, wenn etwas Gutes an ihnen ist. Denn die Tauglichkeit unserer anderen Kinder ist viel mehr die ihre als die unsere; unser Anteil daran wiegt ungemein leicht; in diesen aber ist alle Schönheit, alle Anmut und aller Wert unser. Dergestalt, daß sie weit lebendiger unser Werk und Ebenbild sind als die andern. (...) Und ich weiß nicht, ob ich es nicht bei weitem vorzöge, ein vollkommen wohlgestaltetes Kind aus dem Schoße der Musen als aus dem Schoße meiner Ehefrau erzeugt zu haben [‹avoir produict›].»

Kinder haben prinzipiell den Nachteil, daß sich an ihnen – weil sie doch bloß wieder Menschen sind – die Kreativität, das aktive Umgestalten der Welt nur schwer beweisen kann. So meint auch Simone de Beauvoir,[10] das marxistisch und existenzialistisch gedeutete «Schöpferische» schließlich feministisch gegen unkreative Mutterschaft und elterliche Langeweile ausspielen zu müssen:

> «Die bei der Zeugung mitwirkende Frau kennt noch nicht den Stolz des Schöpfertums; sie empfindet sich passiv als Spielball dunkler Kräfte (...). Gebären und Stillen (sind) keine *Aktivitäten,* sondern natürliche Funktionen; kein Entwurf ist dabei im Spiel, und daher kann auch die Frau darin keinen Grund einer hochgestimmten Bejahung ihrer Existenz finden; passiv unterzieht sie sich ihrem biologischen Geschick. Die häuslichen Tätigkeiten (...) beschränken sich auf Wiederholung und Immanenz; (...) es geht nichts Neues aus ihnen hervor. (...) Auf der Ebene der Biologie erhält sich eine Art nur dadurch, daß sie sich immer neu erschafft; aber diese Schöpfung ist nur eine Wiederholung des immer gleichen Lebens unter wechselnden Formen. Erst indem der Mensch das Leben durch die Existenz übersteigert, sichert er die Reproduktion des Lebens; durch dieses Sichselbstüberschreiten schafft er Werte, die die bloße Wiederholung in den Schatten stellen».

Das ‹frohe Schaffen› hat aber heutzutage längst nicht mehr einen derart selbstverständlichen Vorrang vor ‹bloß› zwischenmenschlichem Umgang. Die Krise der technischen Zivilisation hat auch ein Handlungsmodell in Mitleidenschaft gezogen, das vor allem auf dem Hervorbringen aufbaut. Längst ist produktive Arbeit, was ‹Selbstverwirklichung› betrifft, nicht mehr konkurrenzlos – und das hängt nicht nur damit zusammen, daß die wachsende Komplexität der Welt jenseits der Produktion von sich aus nach Interpretation und Organisation verlangt. Es ist ein entscheidender, eng mit dem Namen Jürgen Habermas verbundener Schritt nach vorne, gegen jene Verengung des Handelns die «Interaktion» zur Geltung gebracht zu haben. So muß man sich auch nicht mit der skeptischen These abfinden, Elternschaft gerate gegenüber einem unbestreitbaren Primat der «Arbeit» und der «Technik»[11] unweigerlich ins Hintertreffen. Dagegen spricht nicht zuletzt die seit einigen Jahren wieder leicht steigende Geburtenrate in Deutschland.

Wenn elterliches Tun zwar Elemente der ‹Poiesis› enthält, aber alles andere als deren Paradefall darstellt, so sollte man vielleicht nicht nur im Grenzbereich dieses Modells verharren, sondern auch sehen, was jenseits dieser Grenze liegt.

‹Poiesis› ist für Aristoteles nicht denkbar ohne das, was er ‹Techne› nennt. Gemeint ist damit eine ‹Kunst›, eine lehrbare, auf den Einzelfall anzuwendende Kompetenz, eine Beherrschung des Handwerkszeugs. Auch Kindererziehung versteht Aristoteles als eine «Kunst» (Pol. 1278 b 41 ff., 1337 a 1, 1337 a, 19 ff.); sie auszuüben ist eine Aufgabe des Staates (s. o. Kap. 2, S. 58 ff.). Der Staat bildet den Bürger, wie ein Bildhauer sein Werk bildet (NE 1099 b 31; vgl. Platon, Rep. 377 b c, 420 c).

Bei allen mechanistischen Momenten[12] hat dieses Erziehungsmodell doch ein eigenartiges, ihnen entgegengesetztes Ziel: Dem Einsatz des Staates bei der Hervorbringung tugendhafter Menschen steht gegenüber, daß Tüchtigkeit kein serienweise herzustellendes Produkt ist, das bei Bedarf zur Anwendung kommt (wie ein Werkzeug). Tüchtigkeit zeigt sich vielmehr in selbstbestimmter und erfüllter ‹Praxis› – einer ‹Praxis›, die gerade den Gegenbegriff zur ‹Poiesis› darstellt. Die Kinder sollen schließlich die Fähigkeit zur eigenen Lebensgestaltung erlangen, getreu dem Vers von Hesiod: «Der vor allem ist gut, der selber alles bedenket» (NE 1095 b 10). Von daher zieht das Ziel, das sich die Menschenbildung, die «Paideia» setzt, die ‹technisch› anwendbaren Mittel und auch die elterliche Herrschaft in Zweifel: Kinder sind kein beliebig formbares Material, sondern sollen einst selbst bestimmen.[13]

Bezogen auf unser Thema, den Umgang von Eltern mit ihren Kindern, kommt man aus jenem Dilemma zwischen Erziehung durch die Eltern und Eigensinn des Kindes nur heraus, wenn man von vornherein das Kind nicht bloß als Gegenstand der Bearbeitung ansieht, wenn man ihm also die Eigenständigkeit und Spontaneität[14] zuerkennt, die man ja auch nur mit dem allerbösesten Willen übersehen kann.

Angesichts der Eigenart und des Eigensinns des Kindes kann elterliche Tätigkeit nicht allgemein geltenden Regeln (‹technisch›) unterworfen werden. Die Unangemessenheit des ‹Poiesis›-Modells zeigt sich also indirekt auch daran, daß die Suche nach einer ihr zugehörigen ‹Techne› vergeblich bleiben muß; an der Widerspenstigkeit, der Eigenwilligkeit des vorgeblichen ‹Materials›, also der Kinder, scheitert Erziehungs-Technik.

Wenn es denn überhaupt Verbindungen von Eltern zu sogenannten ‹Technikern› gibt, so nur zu solchen, die selbst mit dem ‹Material› zu kämpfen haben, die sich am Einzelnen versuchen – also wieder zu den Künstlern. Diese befinden sich in der Tat auch manchmal in ähnlicher Ungewißheit über den Ausgang ihres Unternehmens wie Eltern, sie werden von ähnlichen Selbstzweifeln heimgesucht und verfluchen auch bisweilen, wie die Eltern, das, was sie ‹bearbeiten›: das spröde Holz, das sie schnitzen, die Sprache, in der sie schreiben.

Kant hat die Grenzen einer ‹Erziehung als Technik› gesehen. Er weiß – in einer vorsichtigen Einsicht in die Grenzen der Vernunft – um die ‹Unlehrbarkeit› der «Kunst» (ÜP 13 ff., 71, 128) der Erziehung (ÜP 26 f.):[15]

> «Man bildet sich zwar insgemein ein, daß Experimente bei der Erziehung nicht nötig wären, und daß man schon aus der Vernunft urteilen könne, ob etwas gut, oder nicht gut sein werde. Man irret hierin aber sehr, und die Erfahrung lehrt, daß sich oft bei unsern Versuchen ganz entgegengesetzte Würkungen zeigen von denen, die man erwartete. Man sieht also, daß, da es auf Experimente ankommt, kein Menschenalter einen völligen Erziehungsplan darstellen kann.»

Nun gibt es im Gegenzug zu einer verdächtig ‹technischen› Deutung der Erziehung auch ein Modell, das allein auf das Kind und dessen innere Entwicklung setzt. Es scheint so, als sei damit jedenfalls ein strikt ‹un-technischer› Blick auf Elternschaft möglich. Aktuell ist dieses Modell in zahllosen Plädoyers, die für mehr Vertrauen auf die ‹natürliche› Entwicklung des Kindes werben. Historisch steht dafür der Protest gegen die ‹künstliche› höfische Erziehung und das Vertrauen auf die ‹Natur› des Menschen im 18. Jahrhundert – mit und nach (und dank zahlloser Mißverständnisse auch fern von) Rousseau.

Kurios ist an diesem Gegenbild freilich, daß es sich dabei – unter kaum veränderten Vorzeichen – doch wieder um einen ‹technischen› Vorschlag handelt. Von den Griechen her könnte man nämlich sagen, in diesem Modell gehe es zwar nicht mehr um menschliche ‹Poiesis›, in der eine äußere Vorgabe (‹ousia›) umzusetzen sei, aber um eine naturhafte ‹Poiesis›. Es soll dabei ungestört etwas hervorgebracht werden, was sein Entstehungsprinzip in sich selbst hat. So erscheint dann der heranwachsende Mensch als Produkt einer (göttlichen oder natürlichen) ‹techne›, die nicht nach dem Prinzip äußerlicher Formung, sondern nach dem innerer Entfaltung arbeitet (vgl. Platon, Rep. 596 c ff., Soph. 266 d; Aristoteles, Physik 192 b 8 ff.).

Der Mensch entwickelt sich bei dieser naturhaften Bildung gemäß seinem inneren ‹telos› bis zur Vollendung, zur Reife. Für Lessing z. B. besteht Erziehung darin, dem Menschen das, «was er (...) auch aus sich selbst haben könnte», nur «geschwinder und leichter zu beschaffen» (Die Erziehung des Menschengeschlechts, § 4); verfehlt der Erzieher diese Aufgabe, so vergeht er sich an der Natur, gemäß dem berühmten ersten Satz von Rousseaus «Emile»: «Alles ist gut, wie es aus den Händen des Schöpfers kommt; alles entartet unter den Händen des Menschen».[16]

Aber so wenig es sich beim Heranwachsen eines Menschen um einen total außengesteuerten Vorgang handelt, so wenig geht es beim Kinde derart natürlich, ‹physisch› zu, daß es, seinem inneren ‹telos› folgend wie eine Pflanze, von selbst seiner Vollendung zustrebte.[17] Ein solches Geschöpf- und Gottvertrauen können Eltern heute nicht mehr aufbringen. Der totalen Künstlichkeit schematischer Erziehungskonzepte kann man auch nicht umgekehrt mit der ‹Natur› allein begegnen. Kinder sind nicht wie Pflanzen, die man zwar verkümmern lassen kann, wenn man sie schlecht gießt, die aber, pflegt man sie nur richtig, von selbst die ihnen vorbestimmten Blüten und Blätter bekommen (nach dem Zusammenspiel von ‹natura› und ‹cura› oder ‹natura› und ‹gratia›).

Mag der Kind-Pflanze-Vergleich auch noch zutreffen, was die Negativ-Seite betrifft (immerhin lassen sich zahllose elterliche

Übergriffe brandmarken, die dem Kind schaden), so geht er doch auf der Positiv-Seite ganz fehl. Es gibt Rezepte, die zum Verderben, aber keine, die zum Gelingen führen. Das hängt eben damit zusammen, daß das Kind nicht (wie die Pflanze) von selbst zur – längst vorbestimmten – Blüte kommt, wenn man es nur vor Schaden bewahrt. Die Blüte, die bevorsteht, ist gar nicht festgelegt, sie bleibt gewissermaßen Verhandlungssache. Kant: «Der Freiheit Gesetze geben ist ganz etwas anderes, als die Natur bilden» (ÜP 71).

(So weiß man z.B. nicht, wie sich beim Kind das Verhältnis zum Geld entwickelt. Man kann nur naheliegende Wege beschreiben: Sind die Eltern beispielsweise geizig, so ist es naheliegend, daß das Kind *entweder* geizig *oder* verschwenderisch wird. Es wird diesem dagegen schwerfallen, den Mittelweg zwischen Bejahung und Verneinung zu finden, also so zu tun, als sei ihm überhaupt nichts vorgegeben. Die Freiheit des Kindes liegt nicht darin, voraussetzungslos zu handeln, sondern sich zu den Vorgaben zu verhalten, die ihm gegeben sind. In diesen Ja/Nein-Schemata geht ihm – und dem Erziehungs-‹Künstler› – freilich schnell die Übersicht verloren, so z.B. wenn die Bezugspersonen ganz entgegengesetzte Umgangsweisen mit dem Geld vorleben: «Die unaufgelösten Dissonanzen im Verhältnis von Charakter und Gesinnung der Eltern klingen in dem Wesen des Kindes fort und machen seine innere Leidensgeschichte aus» [Nietzsche KSA 2, 265].)

Eltern spielen – neben Großeltern, Kindergärtnerinnen, Lehrerinnen und Lehrern, dem Freundeskreis der Kinder, ‹der Gesellschaft› etc. – eine verantwortungsvolle Rolle in einem Prozeß, der nach einem wesentlich undurchsichtigeren Schema verläuft, als es sich Eltern, selbst wenn sie keine verhinderten ‹Poieten› sein wollten, wohl wünschen würden. Wenn sie ihre Kinder noch in eigener ‹Vollmacht› in die Welt setzen, so können sie nach der Geburt ihre ‹Wirkung› zwar nicht leugnen, aber auch nicht weiter ‹voll mächtig› ausüben. Abgesehen davon, daß sie keine verbindlichen Erfolgsrezepte haben, sind sie als Wirkende auch nicht alleine. Sie verfügen nicht über die historischen Umstände, die dem geliebten Kind das Leben kosten könnten. Zur Tragik von Eltern gehört, daß sie – bei aller Bemühung um ihre Kinder – doch erleben müssen, wie sich machtvoll Einflüsse von außen herandrängen, die sie nicht immer gutheißen können. Wenn man Kinder vor bestimmten Dingen zu schützen versucht – sei es Konsum-Terror oder Straßen-Gewalt –, so sollte man freilich umgekehrt auch keine heile Welt vorgaukeln und für sich beanspruchen, der eigene, einzelne Einfluß sei über jeden Einwand erhaben und genüge, um ein Kind, einzigartig wie es ist, auf die Welt gefaßt zu machen. Letztlich sind Kinder die «Schüler aller Gegenstände, die (sie) umgeben, aller Situationen, in die (sie) der Zufall stellt, endlich aller Ereignisse, die (ihnen) begegnen«.[18] Am Ende soll dann ein Erwachsener entstehen, der eben in der Selbstbestimmung sein Leben selbst bestreiten können soll, die schon im frühesten Eigensinn zu erkennen war. (Ist man auf einem guten Weg dorthin, muß man sich auch schon von einem vierjährigen Kind vorhalten lassen: «Du bestimmst immer alles!» Gemeint ist dann, daß der Vater immer die Art der Brötchen aussucht, die gegen den kleinen Hunger unterwegs gekauft werden.)

Wenn wir nun endlich einen Schritt über die ‹Poiesis› hinaus wagen, so scheint es – wie angedeutet – sinnvoll, den Umgang zwischen Eltern und Kindern als ‹Interaktion› zu beschreiben, bei der die Kinder allmählich in die Lage versetzt werden, «sich selbst (zu) erhalten und fort(zu)bringen» (s. o.; Kant MS § 29, 114), sich eigene Ziele zu setzen und über ihre Art zu leben zu bestimmen.[19] Als Interaktion ist der Umgang zwischen Eltern und Kindern aber – nach der aristotelischen Unterscheidung – auch ‹Praxis›: es gibt dann im Miteinanderleben immer schon die Erfüllung *hier und jetzt,* nicht erst im fernen Ziel. Künstlich erscheint es, den Zweck der Elternschaft allein vom Erwachsenwerden des Kindes her zu bestimmen. Es ist nicht anzunehmen, daß Menschen sich die Erfüllung ihrer Tätigkeit auf eine derart lange Bank schieben lassen.

So wie man «sieht und damit schon gesehen», «gut lebt und damit schon gut gelebt» hat (vgl. Aristoteles, Metaphysik 1048 b 22 ff.), so kann es auch eine nutzbare Gelegenheit sein, ‹mit Kindern zu leben und damit schon mit Kindern gelebt zu haben›.

Wenigstens ist dies, der Vollzug des Lebens und das Mitgehen mit dem, was geschieht, Eltern nicht mehr zu nehmen – mag auch im Sinne ungewisser ‹Poiesis› später Undank, Unglück etc. über sie hereinstürzen. Elternschaft ist, so gesehen, auch nie vergeblich: Selbst wenn es naheliegt, im schlimmsten Fall, nämlich beim frühen Tod des eigenen Kindes, dem nachzutrauern, was es noch alles hätte erleben können, so wäre es doch absurd zu sagen, da das Kind nun tot sei, hätte es eigentlich auch gar nicht zu leben brauchen. Dies gründet in der ‹praktischen› Eigenart des Lebens.

Sucht man für diese Eigenart des Lebens zunächst das Einfachste, nämlich Beispiele, so kann man sagen: ‹Praktisch› im Sinne in sich vollendeten Lebensvollzugs sind etwa das Spiel, die Feier[20] oder das Gespräch, letztlich all das, was im Zusammenleben selbst gelingt.

Ob etwas gelungen ist oder nicht, läßt sich in der Interaktion daran ablesen, ob es begrüßt, bestätigt, bejaht wird. Diese Bejahung gilt im Falle der ‹Praxis› nicht einem abgeschlossenen Vorgang; das zufriedene Nicken des Torwarts nach einem weiten Abschlag ist hier also nicht gemeint. Im Sinne des Vollzugscharakters von Praxis heißt Bejahung: Fortsetzung erwünscht. Die schönste Bestätigung für glückendes Leben ist dessen Fortgang.

Nun ist ja das Zusammenleben von Eltern und Kindern nicht eine Gemeinschaft, die so leicht aufzukündigen wäre wie etwa eine lockere Liebesbeziehung, derer man überdrüssig geworden ist. Wenn sich Väter nicht von vornherein ‹aus dem Staub machen›, wenn man allem, was da kommt, nicht durch die Freigabe des Kindes zur Adoption ausweicht, dann gehören Kinder und Eltern erstmal zusammen. Dem Kind bleibt – zunächst jedenfalls – überhaupt nichts anderes übrig, als sein Zusammenleben mit den Eltern auch zu ‹bejahen› – das heißt genauer: diejenigen ‹irgendwie› zu lieben, mit denen es zusammenlebt. Und umgekehrt tun sich auch die meisten Eltern (zum Glück) schwer damit, ihr Kind einfach sich selbst zu überlassen, auszusetzen – auch dies hängt mit einer schwer vermeidlichen ‹Bejahung› ihrer Lebensgemeinschaft mit dem Kind zusammen.

Diese Bejahung kann sich freilich abnutzen. Eltern können ihrer Kinder überdrüssig werden, sie mißhandeln, im Stich lassen. Mehr oder weniger direkt richtet sich auch die Trennung von Vater und Mutter als ‹Verneinung› gegen das Kind, sofern jedenfalls ein Elternteil dann aus der ‹Praxis› des mit dem Kind geteilten Lebens ausscheidet.

Wenn die Verneinung dieser ‹Praxis› gleichwohl schwerfällt, so wirkt sich dies nun aber eigentümlich auf deren mögliche Bejahung aus. Wenn etwas nicht so einfach zu verneinen ist, so kann nämlich dessen Bejahung auch nicht viel wert sein, bekommt sie fast symbolischen Charakter. So wie man – um ein extremes Beispiel zu wählen – schlecht ‹bejahen› kann, daß man unablässig und zuverlässig am Atmen sei, so ist es auch kein heroischer Entschluß des Kindes, ‹Ja› zu seinen Eltern, und der Eltern, ‹Ja› zu ihrem Kind zu sagen.

Immerhin: ein kleines Kind verfällt anläßlich einer Autopanne darauf zu sagen: «Vielleicht müßt Ihr Euch eine andere Tochter suchen, die Autos reparieren kann.» Und es sagt bei Gelegenheit: «Ich will dich nicht mehr als Vater, ich suche mir einen anderen.» Oder: «Ich rufe jetzt einen Krankenwagen, der soll dich zum Friedhof bringen.» So undurchführbar das eine wie das andere bleibt, so kann man doch solche symbolischen Verneinungen nicht auf die leichte Schulter nehmen – zumal sie in der Pubertät ziemlich ernst gemeint sein können.

Umgekehrt stellt sich dann auch die Frage, was Eltern zur (symbolischen) Bejahung dieser ‹Praxis›, des Zusammenlebens mit ihren Kindern, motivieren könnte.

Dies können, formal gesagt, Gründe persönlicher oder sachlicher Art sein.

– Es kann bei dieser Form von Interaktion darum gehen, mit der Bejahung der ‹Praxis› auch als ‹Person› bejaht, geliebt oder anerkannt zu werden.

– Es kann, auf die ‹Sache› des Handelns selbst bezogen, Vorzüge geben, die diese spezielle ‹Praxis› besonders anziehungsfähig, begrüßenswert machen.

Ich kann mich nun des Eindrucks nicht erwehren, daß die ‹Praxis›, wie sie Eltern offensteht, in einer merkwürdigen Verwandtschaft mit der ihnen zugedachten ‹Poiesis› einen tragischen oder traurigen Unterton hat. Und dies betrifft sowohl die

Seite der persönlichen Anerkennung wie auch die Seite sachlicher Vorzüge.

Zunächst zu letzteren.

Erfüllte ‹Praxis› hat, so heißt es, ihren Zweck in sich selbst, man soll dabei ganz mit sich eins und im reinen sein. Das wird auch Eltern und Kindern beim Zusammenleben, beim Schmusen, Spielen, Reden, Werkeln oder Arbeiten gelingen.

Freilich: wenn das Kind gut leben soll, muß es überhaupt erstmal am Leben bleiben. Daß für Nahrung, Kleidung etc. gesorgt sein muß, ist selbstverständlich, wird aber aufgrund der heute vorherrschenden Trennung von Berufs- und Privatsphäre von Kindern erst mit der Zeit durchschaut. Ihre Art zu leben etabliert sich erst einmal jenseits dieses «Reiches der Notwendigkeit». Aber die Eltern sind durch jene flankierenden Maßnahmen, durch ihren Arbeitsalltag vom gemeinsamen Leben mit ihren Kindern mindestens abgelenkt, oft fast ganz abgehalten. Im schlimmsten Fall, wenn die Erwachsenen sich und die Kinder nur mit allergrößten Mühen überhaupt noch über Wasser halten, können sie für ihre Kinder allenfalls noch ‹das Nötigste› tun – und d.h. dann, daß für jene gemeinsame ‹Praxis› keine Zeit mehr bleibt. Dann trifft der Satz, man habe «zum Sterben zu viel und zum Leben zu wenig».

Wenn es Eltern doch zeitweise gelingt, sich von jenen äußeren Belastungen freizumachen, so können sie sich immerhin davon beeindrucken lassen, wie das Kind mit dem, worum es gerade geht, eins wird, wie es im Vollzug Erfüllung findet. Zuweilen versinkt das Kind geradezu in dem, was es beschäftigt – als würde es der Empfehlung Kants folgen, ein Mensch solle «auf eine solche Weise okkupieret sein, daß er mit dem Zwecke, den er vor Augen hat, in der Art erfüllt ist, daß er sich gar nicht mehr fühlt» (ÜP 77). Jean Paul zieht diesen Zweck in die Gegenwart hinein und meint: «Gerade weil das Kind nicht in die Zukunft sieht, geht es über jede hinaus».[21] Wenn ein Kind sich abends weigert, ins Bett zu gehen, so liegt darin der Einwand, daß es widersinnig sei, mit etwas aufzuhören, in dessen Vollzug man gerade aufgeht.

Das Kind ist, kurz gesagt, ein kleiner Meister der ‹Praxis›. Und die Eltern können sich von ihm – das ist ihre ‹praktische›

Chance – mitreißen lassen. In einer Umkehrung der ‹poietischen› Deutung von Elternschaft wird, freilich nur in diesem speziellen Sinne (vgl. aber Kap. 1, S. 36), das Kind zum «Lehrmeister» seiner Eltern. Sie können sich dadurch veranlaßt fühlen, den Sinn ihres Lebens nicht in einer Zukunft zu erblicken, auf welche sie entbehrungsreich zusteuern, sondern am Leitfaden der alltäglichen Bejahungen die Möglichkeiten zu nutzen, die sich in einer Zeit, einer Gegenwart, gerade bieten. Wenn man seinen Lebenssinn nicht allein aus dem in der Zukunft lokkenden Chefsessel oder Lehrstuhl ableitet, so bleiben doch auch noch andere Sitzgelegenheiten als die soziale Hängematte. Will man nicht, in Anlehnung an Hegel, die «Geschichte» seines Lebens als eine «Schlachtbank betrachten, auf welcher das Glück (...) zum Opfer gebracht» wird um eines «absoluten Endzwecks», eines «wahrhaften Resultats» willen, so muß die Alternative hierzu doch nicht heißen, «daß wir (...) zurück in unser Lebensgefühl, in die Gegenwart unserer Zwecke und Interessen, kurz in die Selbstsucht zurücktreten, welche am ruhigen Ufer steht und von da aus sicher des fernen Anblicks der verworrenen Trümmermasse genießt» (PhGesch 35).

Peter Handke läßt sich von seiner Tochter lehren, «mehr Zeit für die Farben draußen zu haben; genauer die Formen zu sehen; und in der Folge tiefer – nicht bloß in Stimmungen – den Ablauf der Jahreszeiten an einem sich entrollenden Farn, einem zunehmend ledrigen Baumblatt oder den wachsenden Ringes eines Schneckenhauses zu empfinden».[22] Das Schöne (und manchmal Schreckliche) an Kindern ist, daß es ihnen über lange Jahre hinweg herzlich egal ist, was Eltern – zu ihrem ‹Besten›, für ihre Zukunft – vorhaben. Während der Kranke zum Arzt eilt, damit dieser seine Gesundheit wiederherstellt, fordern Kinder nicht in gleicher Weise von ihren Eltern: «Nun macht uns mal erwachsen!» Über das, was – ‹poietisch› gefördert oder nicht – auf sie zukommt, machen sie sich während der ersten Jahre kaum Gedanken. Man weiß, wie Eltern ihren Kindern verzweifelt weiszumachen versuchen, sie lernten ja gar nicht ‹für die Schule›, sondern ‹für das Leben›. Regelmäßig meinen Eltern dann beleidigt: «Nun sieh alleine zu, wie du in der Schule zurechtkommst!» – und wissen doch, daß sie genau dies dem Kind nicht einfach selbst überlassen können, denn es gilt: «Mitgefangen, mitgehangen.»

Kinder verfügen über eine beneidenswerte Ignoranz der Zukunft, noch spät neigen sie dazu, sich auf Sachen zu stürzen, die ihnen, wenn sie groß sind, vergleichsweise wenig bringen – z. B. auf die Vervollkommnung ihrer Skateboard-Künste. Zukunft ist erstmal nur insofern interessant, als sich in ihr schöne Geschehnisse der Vergangenheit wiederholen sollen: daß man ‹noch einmal› das Puzzle spielt, daß man im nächsten Sommer ‹noch einmal› mit dem Wohnmobil verreist, daß man ‹noch einmal› (und möglichst mehrmals im Jahr) Geburtstag feiert usw. Kinder sind – bei aller Neugier – von Natur aus konservativ. Sie sind Fanatiker im Wiederholen dessen, was ihnen gefallen hat – mag es auch noch so viel anderes Schönes und Schöneres geben.

Wenn Eltern an diesem kindlichen Leben Anteil nehmen und es für sie selbst auch Ansporn wird, geschieht dies doch nicht ungebrochen. So verlockend der kindliche Genuß der ‹Praxis› ist, so ist Eltern der Mitvollzug doch erschwert. Sie neigen dazu, in Fürsorge befangen, darauf zu achten, daß z. B. der Schwarze Peter nicht zu oft beim Kind landet, der Tischtennisball nicht mit zu viel Spin in dessen Feld springt. Wenn sie derart Beihilfe für die kindliche Lebens-Bejahung leisten, so wird die ‹Praxis› von ihrer Seite also oft nur ‹fingiert›, von Hintergedanken, die dem Wohl des Kindes dienen sollen, eingekesselt. Und so bringen sich Eltern gerade um des Kindes willen darum, rückhaltlos ‹praktisch› mit ihm zusammenzusein. Vielleicht spüren Kinder sogar diese ‹Reserve› ihrer Eltern; denn woher käme es sonst, daß jene gemeinsam mit anderen Kindern oft am hingebungsvollsten spielen.

Aber Eltern sind nicht nur in Rücksicht auf die Gegenwart von Hintergedanken befangen, sondern auch im Vorblick auf die Zukunft. Sie wissen, daß ihre Kinder nicht damit durchkommen, ihr Leben im Sinne einer Hingabe an die ‹Praxis›, gar im gelingenden ‹Noch einmal› oder ‹Nun mal anders› des Spieles zuzubringen. Wenn die Interessen des Kindes sich zunächst entfalten in einer weltfernen Privatsphäre der Familie, dann kommt es schließlich darauf an, daß das Kind seine Interessen wahren, den Zweck seines Lebens erschließen und dann doch in der ‹weiten Welt›, in die es hineingerät, bestehen kann. Ohne daß Eltern die Erlebnisse mit ihren Kindern um irgendwelcher Ergebnisse willen abtun wollen, müssen sie ihnen doch die versteckten politischen und ökonomischen Voraussetzungen ihres gemeinsamen Lebens durchsichtig machen. Und sie müssen Kinder dazu heran-‹bilden›, sich in diesem sozialen Kontext zu behaupten. Die Probe aufs Exempel gewonnener kindlicher Selbständigkeit haben sie gar in der Pubertät selbst zu erdulden.

So bleibt den Eltern beim Teilen kindlicher ‹Praxis› wieder ein Rest von Traurigkeit, von Tragik: nicht nur daß ihnen Erfüllung nur im Grenzfall zugänglich ist – sie kommen auch nicht umhin, ihre Kinder aus deren kleiner Welt herauszuführen. Selbst wenn kindliches Leben also als Gewebe des Glücks erscheint, ist es von Leit-Fäden einer anderen, dumpferen Farbe ‹durchschossen› (die Weber-Sprache ist hier recht gewaltsam, aber gerade treffend). Traurig ist jene elterliche Pflicht, weil sie die kindliche ‹Praxis› nicht ungestört lassen kann, also in gewisser Weise ‹zerstören› muß. Allenfalls können Eltern dazu beitragen, daß dem Kind einst auch ohne ihren Schutz ein Leben möglich wird, in dem es die Glückssträhne der frühen Jahre – wenn sie denn nicht schon früh abgeschnitten worden war – festhalten kann.

Wie steht es nun aber – nach der ‹sachlichen› – mit der anderen, der ‹persönlichen› Seite einer ‹praktischen› Sicht auf Elternschaft, d. h. mit der Frage, ob und wie sie mit der Bejahung von ‹Praxis› auch Bejahung als Person erfahren?

Ich meine hier wohlgemerkt nicht allgemeine, öffentliche Bestätigung, sondern die Bejahung, die Eltern von ihren Kindern zuteil wird. Die Klagen praktizierender Väter und Mütter über mangelndes gesellschaftliches Ansehen geben aber vielleicht einen Hinweis darauf, daß den Eltern die Art von Anerkennung, die ihnen von ihren Kindern entgegengebracht wird, nicht genügt. So ist es ja auch schon gar nicht üblich, die Bestätigung, die Eltern von ihren Kindern zuteil wird, überhaupt als ‹Anerkennung› zu bezeichnen. Als ein entscheidendes Merkmal funktionierender Anerkennungsprozesse gilt die Gleichstellung, die

Symmetrie unter den Beteiligten. Berühmt ist die Dialektik Hegels, wonach dem «Herrn» die Anerkennung des «Knechts» nichts nützt, solange dieser unter ihm steht – und wie dieser sich dann doch jenem gegenüber zu emanzipieren vermag. So gesehen, scheint die kindliche Bejahung der Eltern nicht viel wert zu sein (wenn man von dem nachträglichen Lob des Kindes absieht, die Eltern hätten im großen und ganzen alles richtig gemacht).

Vor jenem abwertenden Verdacht ist kindliche Bejahung auch nicht geschützt, wenn man sie statt als ‹Anerkennung› als ‹Liebe› einstuft. Wenn dem «Herrn» die Ehrerbietung seines «Knechts» nicht viel bringt, so kann auch die blind ergebene – oder, wie es böse heißt, hündische – Liebe nicht viel taugen. Hegel, der hierfür wieder einschlägig ist, sagt: «Gleichheit ist die unnachläßliche Bedingung der Liebe».[23]

Was nützt dem Erwachsenen, so ist zu fragen, das Wohlwollen von Abhängigen, die Zuneigung, die ihm von einem minderjährigen Kinde entgegengebracht wird, wenn dieses doch dessen Leistungen und Eigenheiten noch gar nicht recht beurteilen kann? Sonst im Leben besteht immerhin ein Zusammenhang zwischen dem persönlichen Verhalten und der Wertschätzung, die man erfährt; wenn dieser gestört ist, wenn man etwa aufgrund politischer oder persönlicher Intrigen um den ‹Erfolg› gebracht wird, so kann man dafür doch Gründe namhaft machen. Im Vergleich dazu scheint die Zuneigung des Kindes, wenn man dies gar ein bißchen mißgünstig deutet, ziemlich wahllos zu sein. Sie kommt zwangsläufig denen zugute, die ihm bei seinen ersten Schritten ins eigene Leben helfen. Kindliche Liebe ist, so gesehen, *erstmal* leicht zu erringen. Wenn man ein Kind in dessen ersten Monaten füttert, bei Blähungen tröstet, in den Schlaf wiegt, entwickelt sich bei ihm eine überwältigende Zuneigung, die zwar gewissermaßen auf ‹Leistungen› der Eltern zurückgeht, sich aber dann völlig davon ablöst. Eltern werden, allem Anschein nach, nicht deshalb ‹anerkannt›, weil sie dies oder das *getan* haben, sondern vorbehaltlos ‹einfach so›. Manchmal muß man geradezu schmunzeln, wenn ein Kind seine Eltern gegenüber Dritten in Schutz nimmt, selbst wenn diese selbst schon längst eingesehen haben, daß sie etwas falsch gemacht haben.

Eltern haben einen postnatalen Vertrauensvorschuß – und dies scheint letztlich die Bestätigung zu beeinträchtigen, die Eltern dank ihrer Kinder erlangen. In der Tat sind in der Beziehung zum Kind bestimmte Erfahrungen verwehrt, die Erwachsenen untereinander, in symmetrischer gegenseitiger Zuneigung und Anerkennung, offenstehen. Wenn auch Elternschaft mit seiner Nähe zu Nächstenliebe und Fürsorge sehr «menschlich» wirkt, so ist es nicht zuletzt jenes Defizit, das dessen Heraushebung im Vergleich zu anderen Lebensformen wenig ratsam macht.

Wenn ein Kind seine Eltern zunächst bedingungslos, gewissermaßen ohne Ansehen der Person, liebt, so kann es sich später umgekehrt gleichermaßen bedingungslos von den Eltern abwenden – etwa in der Pubertät, in der sie ihm prinzipiell, mögen sie noch so ‹nett› sein, als Schranke seines Freiheitsdranges erscheinen. So erfahren die Eltern dann statt rückhaltloser Bejahung unvermutet Zurückweisung. Ihre Beschwerde aber, das hätten sie nicht verdient, weil sie doch so viel für ihr Kind getan hätten, verfehlt gerade das Wesentliche, daß es in diesem Fall in erster Linie gar nicht um die Bewertung von Taten, Verdiensten, eben ‹Praxis› geht.

Wenn man die Beziehung zwischen Eltern und Kindern als mindere Form der Anerkennung beschreibt, so muß man sich aber fragen lassen, ob sie mit diesem Übergang von praktischer ‹Bejahung› zu ‹Anerkennung› nicht unzulässig rationalisiert und subjektiviert wird. ‹Bejahung› kann ja auch andere Formen annehmen als den hegelschen Kampf auf Leben und Tod oder auch das aristotelische Gleichgewicht der Tugendhaften. Ein Lächeln des Kindes, ein selbstgemaltes Bild als Geschenk, eine Umarmung nach der Rückkehr von einer langen Reise – all diese kleinen Bejahungen haben ihre eigene Anziehungskraft gegenüber Erfahrungen in der ‹großen weiten Welt›. Jene sind sogar, folgt man Jean Paul,[24] auch Glücks-Gelegenheiten für vermeintliche ‹Poieten›:

> «Ich möchte die Geschäftsmänner fragen, welche Bildung der Seelen mehr auf der Stelle erfreuend belohne als die der unschuldigen, die dem Rosenholze ähnlich sind, das Blumenduft ausstreuet, wenn man es formt und zimmert. Oder was jetzo der fallenden Welt (...) noch übrig bleibe als Kinder, die Reinen, noch von keiner Zeit und Stadt Verfälschten.»

Besonders eigenartig sind dabei, so scheint es, für Eltern gerade die Erfahrungen mit einem kleinen Kind. Wenn ein Baby seine Mutter oder seinen Vater anlächelt, wenn ein Kind mit blutendem Knie sich nur von diesen beiden trösten läßt, so ist das für sie eine Erfahrung, die ihnen sonst im Leben nicht so leicht zuteil wird. Genau sie scheinen gefragt zu sein – und sonst keiner. Ohne darüber rechten zu wollen, wie groß der Verlust eines fähigen Managers für ein großes Unternehmen oder eines geliebten Menschen für einen Liebenden sein mag, steht doch außer Zweifel, daß für ein Kind der Verlust der Eltern eine besondere, existenzielle Bedrohung ist. Es wird in seiner Hilflosigkeit und Unfertigkeit im Stich gelassen. Im Unterschied zu der vielbeklagten Ersetzbarkeit im Berufsleben scheinen Eltern für ihre Kinder unabkömmlich. (Daß die Beziehung zum Kind für die Eltern etwas Besonderes ist, heißt übrigens nicht, die Eltern-Kind-Beziehung könne zur «Kompensation» von Defiziten in sonst gängigen Beziehungen eingesetzt werden; s.o. Kap. 1, S. 43 f. Jene Unersetzbarkeit ist eine Eigenart der Elternschaft, der man sich nicht entziehen, die man aber – gerade weil sie etwas *Eigenartiges* ist – *nicht* zum Ver- und Abgleich mit anderen Lebensformen benutzen kann. Wer die Unverbindlichkeit moderner Sozialstrukturen schlicht durch die Verbindlichkeit der Elternschaft *ersetzt,* halbiert die Spielräume des eigenen Lebens.)

Ontologisch gesagt: Es scheint so, als liebten die Kinder ihre Eltern nicht in deren ‹Was›, sondern in deren ‹Daß›. Sie lieben sie dafür, ‹daß› sie da sind, nicht für das, ‹was› sie sind. Die Spuren der pragmatischen Vorgeschichte sind im kindlichen (und oft auch im elterlichen) Gefühl völlig verwischt. Damit entspricht die kindliche Anerkennung – und das ist die Pointe – formal der höchsten Form der Anerkennung, wie sie unter Menschen möglich zu sein scheint: In dieser nämlich wird «der Befreundete» nicht deshalb «geschätzt», weil «er irgendein Gut oder eine Lust verschafft», sondern weil «er der ist, der er ist» (NE 1156 a 17).

Nun meint aber diese höchste Anerkennung, die quasi-ontologisch auftritt, die nicht dem Tun, sondern dem Sein des Anderen gilt, doch nicht eine qualitätslose nackte Existenz, sondern den Menschen, so wie man ihn schätzen oder lieben gelernt hat – mit all seinen Eigenarten. Diese Form der Anerkennung – mit dem Übergang von ‹Praxis› auf ‹Sein› – unterscheidet sich also doch gewaltig von der Anerkennung der Kinder gegenüber ihren Eltern. Diese besteht zunächst in einem hilflosen Vertrauen, ohne daß das Kind diejenigen, denen es sich hingibt, schon ‹wirklich› kennt. Hier steht also das ‹Daß› der Eltern am Anfang, und es kommt, umgekehrt als bei der reifen Gestalt von Anerkennung, erst noch darauf an, die Zuneigung vom ‹Sein› auf die ‹Praxis› zu verlagern: Werden Eltern zunächst dafür geliebt, ‹daß› sie da sind, so müssen sie sich doch erst noch in der Praxis bewähren. Gleicht jene rückhaltlose Liebe der Form nach höchster Anerkennung, so ist ihr ‹praktischer› Vorlauf doch viel ärmer, beruht auf der einfachen Zuwendung der ersten Monate. Sie bedarf noch nachträglich der Bestätigung, ohne die sie sonst, unter Erwachsenen, gar nicht erst zustandekommt. Eltern müssen sich der Zuneigung ihrer Kinder erst noch würdig erweisen.

Wenn aber Eltern ihre Kinder vernachlässigen, mißhandeln, mißbrauchen, so werden diese sich schließlich von ihnen abkehren. Sollte es denn in diesem Fall noch zu früher rückhaltloser Liebe gekommen sein, so wird dies allerdings zur Folge haben, daß die Kinder, genau aus quasi-ontologischen Gründen, schmerzlich lange für die Ablösung von ihren im Grunde nur noch verabscheuungswürdigen Eltern brauchen.

Im Glücksfall können Kinder, wenn sie erwachsen geworden sind, eine Zuneigung zu ihren Eltern empfinden, derer sie sich ‹praktisch› vergewissert haben. Das drückt sich dann z.B. in dem Bekenntnis des Kindes aus, es habe seinen Vater, «bei all seinen furchtbaren Macken», doch «irgendwie unheimlich gern».

Die bedingungslose Zuneigung der Kinder ist also für die Eltern der Traum von einer Sache, die nicht so einfach wirklich zu besitzen ist – eine Zuneigung, die noch tätig zu vereinnahmen ist, will man mit ihr glücklich werden. Jene Zuneigung läßt sich also nicht einfach, vom erwachsenen Selbstverständnis her, als mindere Form der Anerkennung disqualifizieren; was ihr aber bleibt, ist ein gewissermaßen verkehrter Beginn, mit dem man dann mühsam zurechtkommen muß.

Man kommt also – um die ‹praktische› Deutung der Elternschaft zu resümieren – ebenso wie bei der ‹poietischen› Deutung nicht um kleine Enttäuschungen, Ungereimtheiten herum. Nicht nur daß sich Eltern mit der ‹praktischen› Erfüllung schwertun, der Kinder fast leichtfertig frönen – auch die Bejahung, die sie von seiten der Kinder im praktischen Miteinander erfahren, bleibt eingeschränkt. Es scheint also bei der Frage, «wie Eltern tätig sind», insgesamt bei einem eher zwiespältigen Ergebnis zu bleiben.

Man könnte freilich noch zu einem letzten Versuch der Verteidigung ansetzen. Das Besondere an dieser Lebensform Elternschaft scheint doch zu sein, daß in ihr ‹poietische› und ‹praktische› Momente nebeneinander bestehen. So ließe sie sich vielleicht als eine Art anregender Kompromiß deuten, insofern man auf der einen Seite in ‹poietischer› Leistung das Erwachsenwerden eines Kindes befördere, sich auf der anderen Seite im ‹praktischen› Miteinander wohlfühle. Man könnte sogar sagen, daß Elternschaft damit eine besonders ‹komplette› Gestalt menschlichen Handelns darstelle. Schon Friedrich Schleiermacher[25] hat gemeint, Erziehung sei eine *«Lebenstätigkeit, die ihre Beziehung auf die Zukunft hat»* und die doch zugleich *«ihre Befriedigung in der Gegenwart haben»* muß: «Je mehr sich beides durchdringt, um so sittlich vollkommener ist die pädagogische Tätigkeit.» Elternschaft wäre, so gesehen, eine Art Integral von Tätigkeit, gäbe Sinn sowohl im Hervorbringen wie im Vollzug, in der Gegenwart wie in der Zukunft. Entgegen dem Einwand, ‹Praxis› und ‹Poiesis› träten nur in gebrochener Form auf, ließe sich also mutmaßen, der Reiz des Unternehmens Elternschaft liege gerade in seiner Vielfältigkeit oder gar Vollständigkeit. Die rhetorische Frage[26] dazu lautete im Jahre 1897:

> «Welcher Beruf der Welt erfordert denn so weiten Blick und so vollkommene Ausgeglichenheit, solche Persönlichkeit, solchen Atem und Gesichtskreis, solch tiefes Verständnis, so viel Philosophie wie dieser, der so leicht eingeschätzte Beruf der Mutter?»

So faszinierend diese Synthese zwischen ‹Praxis› und ‹Poiesis› erscheint, mit dem dann gar elterliches Leben besonders verlockend würde, so wenig entledigt man sich dabei doch der Probleme, auf die wir gestoßen sind. Offen bleibt unweigerlich die Frage, wie sich bei dieser Zwiefalt der Lesarten die Kräfteverteilung zwischen spielerischem Umgang und Förderung der Entwicklung regelt. Die Gefahr, daß sich die beiden Aspekte elterlichen Tuns eher blockieren als ergänzen, ist groß.

Wem es mehr um ‹Poiesis› geht, der wird sagen, im spielerischen Umgang mit dem Kind nehme man «das Kindische schon selbst als etwas, das an sich gelte» und unterschlage dessen «wahres eigenes besseres Bedürfnis», seine «Unfertigkeit» zu überwinden (Hegel, PhR § 175). Und wer die ‹Praxis› schützen will, wird gegen die Vertagung und Verplanung des Lebens um künstlich gesetzter Ziele willen Einspruch erheben. Es kann aber, wie ich zu zeigen versucht habe, nicht gelingen, elterliche Tätigkeit auf eine dieser beiden Deutungen zu fixieren. So ist man in jüngerer Zeit davon abgerückt, Erziehung als ein Herbeiführen, Heranzüchten bestimmter Eigenschaften zu verstehen. Die ‹poietisch› geforderte Überwindung der ‹Unfertigkeit› des Kindes soll nach diesem neuen Verständnis an der kindlichen ‹Praxis› selbst als unhintergehbarem Ausgangspunkt ansetzen. Erziehung hat, so gesehen, die Aufgabe, in der Entfaltung der eigenen ‹Praxis› das Kind immer handlungsfähiger, immer weltgewandter zu machen, es zum Verständnis über versteckte Voraussetzungen und zur Bewältigung höherer Erfordernisse des Lebens zu bewegen; das Kind soll schließlich, anders gesagt, in die Lage versetzt werden, sein Leben jenseits des familiären Schutzraums zu bestehen und zu genießen. Dem pädagogischen Erfindungsreichtum, mit dem am Leitfaden der ‹Praxis› aus Plantschen Schwimmen, aus Murmelspielen Rechnen und aus pubertärem Schmollen erwachsene Hartnäckigkeit wird, sind hier kaum Grenzen gesetzt.

Aber auch wenn man zum Wohl des Kindes die ‹poietischen› Erziehungsziele an die Entfaltung kindlicher ‹Praxis›[27] selbst anbindet, bietet dies noch nicht Gewähr für das Wohl der Eltern. Deren ‹Praxis›, deren Teilhaben am kindlichen Leben bleibt eine Gratwanderung, bei der man sich auf das Kind einlassen und es zugleich über sich hinaus bringen soll. Dies scheint es von sich aus zu erschweren, daß man, so tätig, ganz mit sich im reinen sein könnte, und damit sind nicht gerade glänzende Voraussetzungen für eine ungetrübte Glückserfahrung des Menschen gegeben.

Für die Frage nach dem ‹Glück› ist es aber vielleicht – und das könnte tröstlich wirken – gar nicht der richtige Ansatzpunkt, sich an die formale Unterscheidung von Tätigkeitsformen – wie z. B. ‹Praxis› gegen ‹Poiesis› – zu halten. Es gibt noch eine andere Möglichkeit, die auch schon hinter der aristotelischen Deutung der ‹Praxis›, hinter der Auszeichnung einer Tätigkeit, die nicht auf nachträgliche Erfüllung angewiesen ist, steckt. Hier geht es letztlich nämlich darum, in seinem Leben unabhängig von Äußerem, d. h. autark sein zu können. Die aristotelische Bevorzugung reinster ‹Praxis› ist, so gesehen, nur die *Konkretion* einer Ambition auf Unabhängigkeit; anders gesagt: in ihr verbirgt sich der Anspruch auf eine – freilich speziell gedeutete – ‹Freiheit›. Dieses Motiv, erfülltes Leben an Freiheit zu koppeln, wird dann mit der modernen Moralphilosophie ins Zentrum rücken: Nun schneiden nämlich – unabhängig von handlungstheoretischen Eigenarten, Zukunfts- oder Gegenwartsbezügen – prinzipiell die Tätigkeiten am besten ab, die ‹frei›, selbstbestimmt vollzogen werden. «Für die Frage nach dem wahren Glück», so resümiert Ernst Tugendhat den neuen Ansatz, «folgt dann, daß (. . .) nur das etwas wahrhaft Gewolltes ist, was ich wirklich will in dem Sinn, daß ich es frei wähle».[28] Welche Art von Tätigkeit bevorzugt wird, wie deren ‹glücksbringende› Wirkung beurteilt werden kann – dafür soll also nun entscheidend sein, ob sie unter Zwang oder aus eigenem Antrieb, ‹unfrei› oder ‹frei› ausgeübt wird. So müssen dann auch Eltern nicht allein schon wegen der Unstimmigkeiten in ihrem tätigen Selbstverständnis niedergeschlagen sein. Uns führt das, wollen wir den Status der «Lebensform» Elternschaft genauer bestimmen, als nächstes zu der Frage, ob Eltern frei sind.

IV.
Ob Eltern frei sind

Eltern sollen, so heißt es, ‹für ihre Kinder da sein›. Damit ist auch gleich gesagt, was ihnen verwehrt ist: nämlich, ‹einfach so› da zu sein (nicht *für* jemanden und auch nicht *gegen* jemanden). «Auf dem Wasser liegen und friedlich in den Himmel schauen, ‹sein, sonst nichts, ohne alle weitere Bestimmung und Erfüllung›» – diese hegelsch-adornosche Phantasie[1] ist nichts für Eltern. Nicht nur daß diese dann binnen kurzem von ihren Kindern überfallen und naßgespritzt werden; Eltern müssen sich, auch wenn sie unbeschadet aus dem Wasser klettern, damit abfinden, daß sie, als *Eltern,* nie ‹sind› und ‹sonst nichts›. Die unter Existenzialisten beliebte Erfahrung der ‹nackten Existenz› bleibt, wenn sie überhaupt möglich ist, Eltern jedenfalls verschlossen. Sie ‹sind›, indem sie sind, immer auch schon ‹für jemanden›, nämlich für ihre Kinder.

Eltern ziehen, wenn sie etwas tun, automatisch ihre Kinder in Mitleidenschaft, ändern, wenn sie ihr Leben ändern, zugleich das ihrer Kinder.[2] Umgekehrt wird durch die Elternpflichten ihr eigenes Leben, ihr eigener Spielraum beeinträchtigt – egal ob dies die Arbeits-, Feierabend- und Urlaubsgestaltung oder ‹existenzielle› Erfahrungen und Entscheidungen betrifft. Wer kinderlos oder, wie es in Amerika auch heißt,[3] «kinder-frei» ist, kündigt eine unerträglich gewordene Arbeit leichter als ein Familienvater oder eine Familienmutter. Man kann über die eigene Existenz nicht derart verfügen, wie dies anderen möglich ist. Wenn man immer auch noch für andere mitdenken muß, werden die Aufbruchsphantasien schwerfälliger – und auch die Fluchtgedanken: Kaum jemandem fällt der Freitod so schwer wie jungen Eltern (wenn sie sich aber tatsächlich das Leben nehmen, bringen sie oft genug zuvor noch ihre Kinder um).

Erkennbar ist also, daß Menschen nicht nur Eltern ‹sind›, sondern dies auch ‹zu sein haben›, daß sie auf diese Rolle festgelegt werden, die ihnen dann regelrecht ‹auf den Leib geschrieben ist›. Wenn man ein Kind hat, läßt sich dies nicht widerrufen, man kann nicht hinterher sagen, so hätte man das nicht gemeint (dagegen kann man etwa eine Beleidigung zurücknehmen, kann die Liebe erkalten usw.). Abgesehen vom Töten eines Menschen ist nichts so unwiderruflich wie einen Menschen in die Welt zu setzen. Für Kinder gibt es kein Rückgaberecht; allenfalls kann man sich von den Folgelasten dadurch freimachen, daß man sein Kind zur Adoption freigibt.

Wer sich für die Lebensform der Elternschaft entscheidet, zeigt sich bereit, sein Leben nach gewissen Notwendigkeiten zu richten, die durch das Kind gegeben sind. Man hat dann – so kann man sagen – keine Wahl mehr. Wenn nun «Freiheit» – nach einem vorläufigen Verständnis – darin besteht, daß man sich in Situationen *so oder so* verhalten kann, daß man sich verschiedene Optionen offenhalten und über sie selbstbestimmt urteilen kann, daß man nicht automatisch auf Handlungen festgelegt wird, dann kann es mit der «Freiheit» der Elternschaft nicht weit her sein.

Die Unfreiheit in der Elternschaft, die sich darin zeigt, daß man sich von ihr nicht lossagen kann, zieht eine ganze Kette von Tätigkeiten nach sich, die kaum weniger unausweichlich sind. Sich ihnen zu verweigern – das meint über kurz oder lang auch schon eine Absage an Elternschaft schlechthin. Es liegt nicht in der Freiheit von Eltern, sich um ihr krankes Kind nicht zu kümmern, es hungern zu lassen. Die selbstverständlich geforderte Bereitschaft der Eltern, für ihr Kind da zu sein, schiebt sich in der Hierarchie wichtiger Aufgaben und Vorhaben auf einen Schlag ganz weit nach vorne. Barbara Sichtermann[4] warnt:

> «Liebe Freundin, ich sage dir hier mit Schonungslosigkeit, daß du, wenn du ein Kind willst, auf Lebensjahre zusteuerst, in denen die Banalität von physiologischen Prozessen wie Essen, Verdauen, Ausscheiden, Würgen, Speien, Schlafen, Erwachen ... etc. einen vornehmen ersten Platz in der vordem so erregenden Arena deines Bewußtseins und deines Handlungsspielraums usurpieren.»

Es ist überhaupt nicht nötig, das Beispiel heranzuziehen, wonach ein behindertes Kind das Leben einer Familie umwirft; auch der ganz normale Alltag hält schon kleine Katastrophen bereit. Ob das Kind sich wegen Pseudo-Krupp bis knapp ans Ersticken heranhustet, ob es, später dann, ‹falsche Freunde› findet oder als trauriges Anhängsel an den Eltern kleben bleibt, ob es in der Pubertät drei Jahre lang zuhause kaum ein Wort sagt – außer auf die Frage, wie es in der Schule gewesen sei: «Gut!» (unabhängig davon, ob dies der Wahrheit entspricht): Eltern müssen damit leben, was ihre Kinder ihnen antun. Und sie erfahren dies als Zumutung von außen, auch wenn sie (s. o. Kap. 3) in dem, was ihnen entgegengebracht wird, ihr eigenes Wirken nicht verleugnen sollten.

Bei dem Desaster, das den Eltern in Sachen Freiheit zu drohen scheint, ist freilich eines äußerst merkwürdig: daß nämlich all jene Abhängigkeiten auf eine Entscheidung folgen, die die Menschen vergleichsweise selbstbestimmt fällen können. Kinder bekommt man heutzutage und hierzulande zumeist ‹freiwillig›. Es gibt (s. o. Kap. 1, S. 22) kaum eine andere lebensgeschichtliche Entscheidung vergleichbarer Tragweite, die derart ohne fremde Einreden getroffen werden kann.

Ist dann dies «Schöne» hier «nichts als des Schrecklichen Anfang» (Rilke, Erste Duineser Elegie)? Oder erlaubt diese Freiheit, die im Vorfeld – wenn denn die Kinderfrage *entschieden* werden kann – besteht, einen *anderen Blick* auf die Belastungen, denen Eltern im Ernstfall ausgesetzt sind?

Wenn das Zusammenleben mit Kindern von den Eltern «frei zu übernehmen ist» (Simone de Beauvoir[5]), so sind kraft dieser Wahl im Grund auch die Einschränkungen und Belastungen akzeptiert, die zur Elternschaft eben dazugehören. Wenn ein (Wunsch-)Kind unterwegs ist, erst recht wenn ein Adoptivkind angenommen wird, dann können die werdenden Eltern zwar nicht alles übersehen, was die nächsten langen Jahre für Anforderungen an sie stellen werden. Aber sie können im Vorblick auf eine Zukunft, die ja auch sonst öfter mal ziemlich undurchsichtig ist, dieses Vorhaben (oder «Projekt») – einschließlich der Mühsal – selbst wählen und bejahen. So müssen sie auch nicht stöhnen, wenn sie wenig später, nach erfolgter Geburt, nachts unzählige Male zum Aufstehen gezwungen werden; das ist erstmal auch nichts anderes, als wenn jemand sich frei dazu entschieden hat, sich stundenlang an einem Heimtrainer zu quälen; es ist klammheimlich und notgedrungen mitgemeint, wenn man sich ein Kind wünscht.

Die Chance zur eigenen, *freien* Bejahung des Zusammenlebens mit Kindern besteht aber nicht nur für diejenigen, die sich bewußt für ein Kind entscheiden und jenes Leben schon von vornherein, ohne es zu kennen, bejahen. Zu der Unberechenbarkeit der Lebensform Elternschaft gehört (s.o. Kap. 1), daß man sich nicht im voraus in sie hineinversetzen, daß die schönste Planung durchkreuzt werden kann. Umgekehrt heißt das: Fehlende Planung ist kein Garant des Mißlingens. Die Entscheidungsgrundlagen für die Frage, ob Menschen Eltern werden, stehen in überhaupt keinem Verhältnis zu dem Lebens-Wandel, der mit dem Kind ansteht. Sie sind so unzureichend, daß die Bejahung des Zusammenlebens mit Kindern überhaupt nur ernstgenommen werden sollte, wenn sie sich schon alltäglich bewährt. Es gilt der harte Spruch des Theognis (nach Aristoteles, Eudemische Ethik 1237b 15f.):

> «Denn erst dann ist klar, wes Sinnes Mann oder Weib ist,
> Wenn du sie ernstlich erprobst, wie einen Ochsen im Joch.»

Zum Bestehen dieser Probe, zum Gelingen der Bejahung hat auch Zugang, wer eher aus Versehen Vater oder Mutter geworden ist. Natürlich ist hier erstmal unklar, unsicher, ob man sich auf das neue Leben einstellen kann und will. Die Lebensverhältnisse der Menschen sind allzuoft so widrig, daß diese sich eigentlich nicht auch noch Kinder aufhalsen wollen. Es kann sein, daß Eltern sich den Ansprüchen des Kindes gar nicht gewachsen fühlen, es als Eindringling in ein Leben empfinden, mit dem sie doch selbst kaum zurechtkommen. Der Mißmut über unerwünschten Nachwuchs ist besonders bei Männern hartnäckig, die ihn freilich oft genug ihrer eigenen Nachlässigkeit verdanken.

Auszuschließen ist freilich nicht, daß Menschen, für die ihre Elternschaft selbst zunächst eine Überraschung ist, ihr neues

Leben bejahen. In diese Bejahung müßten dann konsequenterweise auch die Belastungen eingeschlossen sein, die auf die Eltern zukommen. Diese eignen sich – im Glücksfall – ihre Aufgabe an, identifizieren sich derart mit dem, was sie (für das Kind) tun, daß sie sich nicht nur gegen das Kind, sondern auch gegen sich selbst, gegen das eigene Vorhaben vergehen würden, wenn sie davon plötzlich nichts mehr wissen wollten. Darin gleichen sie durchaus Menschen, die ihr Leben anderen «Projekten» gewidmet haben:

> «‹Wenn Sie etwas tun, das Sie lieben, wo Sie Ihr Herzblut, Ihre Zeit und alles drin haben, dann ist das natürlich nicht etwas, was man so ohne weiteres aufgibt›, sagt er schmallippig»,

nämlich Carl H. Hahn, der Vorstandsvorsitzende von VW.[6]

Unwägbar ist freilich, ob die elterliche Bejahung Bestand hat, ob die Vorstellung des gemeinsamen Lebens mit dem Kind, das man bejaht und herbeigeführt hat, mit der Wirklichkeit halbwegs in Übereinstimmung bleibt. Nutzt sich im Alltag die irgendwann bekundete Bejahung des Lebens mit dem Kinde ab, so werden auch die Grenzen jener Freiheit in der Kinderfrage deutlich. Anders als den Heimtrainer, dessen man überdrüssig geworden ist, kann man sein Kind bekanntlich nicht im Keller verstauben lassen. Es kann immer nur *so getan* werden, *als ob* sich die Pflichten gegenüber dem Kind allein aus der frei gewählten Gestaltung eines Lebens ergäben. Das ‹Reich der Freiheit›, das sich mit der Bejahung der elterlichen Aufgabe über das ‹Reich der Notwendigkeit› wölbt, ist nur auf die Entschiedenheit gebaut, mit der man das auch will, was man sowieso muß. Denn natürlich bleiben die Pflichten gegenüber dem Kind auch dann unausweichlich, ungewollt (oder: nicht-mehr-gewollt) bestehen, wenn man jener selbstgewählten Lebensform – zeitweise oder endgültig – überdrüssig wird. Die Selbstverpflichtung, mit der man zu seiner Entscheidung für das Kind steht, kann Vater oder Mutter doch nicht in jeder Grenzsituation, in die sie mit dem Kind geraten, derart anfeuern, daß sie voller Hingabe alles, was da kommt, in Kauf nehmen – so als hätte man es sich geradewegs ausgesucht.

Es nützt also alles nichts: Die ‹Freiheit›, die Eltern bleibt, ist anfechtbar; was gefordert ist, kann zwar zur eigensten, selbstgewählten Aufgabe erklärt werden, aber nur dank einer Anstrengung, die auch erschöpfen kann. Die ursprüngliche Verantwortung der Eltern für ihr Kind besteht völlig unabhängig davon, ob sich die Eltern selbst freiwillig in die Pflicht nehmen; sie ist eine äußere Vorgabe.

Angesichts der Freiheit in der Kinderfrage verschafft diese nachträglich auftretende Unfreiheit der Eltern einen schalen Nachgeschmack. Unklar bleibt, warum Menschen, die gerade heutzutage doch auf ‹Freiheit› erpicht sind wie auf kaum etwas sonst, sich vorsätzlich in eine derart mißliche Lage bringen.

Unklar ist aber noch etwas anderes, viel Grundsätzlicheres (und hier zuerst zu Klärendes): woher nämlich diese unbedingte, selbstverständliche Pflicht kommt, wonach sich Eltern um ihre Kinder zu kümmern haben – eine Pflicht, die ja erst jener Unfreiheit zugrundeliegt, die Eltern offenbar zu erdulden haben.

Kant hat in der «Rechtslehre» der «Metaphysik der Sitten» eine geniale, unübertroffen kurze Antwort auf die Frage nach der Begründung elterlicher Pflicht gegeben (MS § 28, 112 f.).

«Aus der *Zeugung»* eines Kindes in der ehelichen Gemeinschaft folgt nach Kant «eine Pflicht der Erhaltung und Versorgung in Absicht auf ihr *Erzeugnis»,* d. h.

> «die Kinder, als Personen, haben hiemit zugleich ein ursprünglich-angebornes (nicht angeerbtes) Recht auf ihre Versorgung durch die Eltern, bis sie vermögend sind, sich selbst zu erhalten (. .): so ist es eine in *praktischer Hinsicht* ganz richtige und auch notwendige Idee, den Akt der Zeugung als einen solchen anzusehen, wodurch wir eine Person ohne ihre Einwilligung auf die Welt gesetzt, und eigenmächtig in sie herüber gebracht haben; für welche Tat auf den Eltern nun auch die Verbindlichkeit haftet, sie, so viel in ihren Kräften ist, mit diesem ihren Zustande zufrieden zu machen.»

Die Pflicht der Eltern wird hier auf eine Schuld zurückgeführt, die sie sich mit der Geburt aufbürden: Nachdem sie das Kind «eigenmächtig», gewissermaßen über dessen Kopf hinweg, auf die Welt gebracht haben, sollen sie es nachträglich davon überzeugen, daß es mit dem, was ihm da ohne seine Einwilligung widerfahren ist, doch ganz «zufrieden» sein kann. Das Kind soll nachträglich mit dem, was ihm zwangsweise widerfahren ist, versöhnt werden, nämlich mit dem Leben, seinem Leben. Bei Kant ergibt sich die elterliche Pflicht gewissermaßen aus einem zwischenmenschlichen Handel. Sie ist die Bringschuld nach einem zugefügten Schaden, ein im Grunde zivilrechtlich zu wertender Ausgleich, kein Befolgen allgemein geltender moralischer Prinzipien. Und das heißt übrigens auch: Diese elterliche «Pflicht» entspringt nicht dem Befolgen eines Moralgesetzes, dem sich der Mensch unterstellt, sie ist keine Selbstverpflichtung, in der sich ja nach Kant gerade nicht Unfreiheit, sondern Freiheit zeigen soll; vielmehr ist sie eine «Pflicht», die den Eltern fast wie eine Strafe auferlegt wird. Der Schadensfall ist schon eingetreten.

Kant läßt jenes Verhältnis also mit einem Verstoß von seiten der Eltern beginnen und versieht diese mit einem schlechten Gewissen, das sie erst dann «loswerden», wenn sie den Kindern ihr Dasein mit Erfolg schmackhaft gemacht haben (vgl. MS § 30, 116). Seine Reflexion erläutert faszinierend einfach einen ziemlich undurchsichtigen Sachverhalt. Denn es gilt zwar ‹irgendwie› als selbstverständlich, daß Eltern für die Kinder, die sie in die Welt gesetzt haben, Sorge tragen; aber woran dies nun genau liegt, ist so klar doch wieder nicht. Eltern sind sicher nicht deshalb um ihre Kinder bemüht, weil dies in § 1626 BGB so vorgeschrieben ist. Umgekehrt zögert man aber auch, ihr Tun einfach auf einen Ur-Instinkt zurückzuführen;[7] zuviel weiß man inzwischen über kulturelle und historische Wechselfälle, als daß man vorgebliche Naturkonstanten zeitlos gelten lassen könnte.

Kants Erklärung hat angesichts abstrakter rechtlicher Vorschriften einerseits und schwankender naturhafter Festlegungen andererseits etwas Verlockendes. Sie entdeckt, so scheint es, eine ‹moralische› Dimension in einer ‹natürlich› gegebenen Konstellation. Man könnte auch, moderner, davon reden, sie stoße auf Grundstrukturen der Eltern-Kind-Beziehung durch eine existenziale Analyse, sie erfülle gar die – ganz unkantische – Forderung von Hans Jonas,[8] die «Pflicht des Menschen jenseits des Wertsubjektivismus im Sein zu verankern».

Aber kann man wirklich im Zur-Welt-Bringen eines Menschen ein schuldhaftes Verhalten sehen? Mag es auch «ohne Einwilligung» (Kant), im Verstoß gegen den Freiheitsanspruch des kindlichen Menschen vonstatten gehen, so könnte dies doch nur dann verwerflich sein, wenn es auch anders ginge, wenn es einen Weg gäbe, dem Kind zum Leben zu verhelfen, ohne es bei der Entscheidungsfindung zu übergehen. Vorwürfe, Schuldzuweisungen haben nur Sinn, wenn der Getroffene auch anders hätte handeln können.[9] Setzt ein Arzt einem Ohnmächtigen die lebensrettende Spritze, wird dieser sich auch nicht hinterher beschweren, er hätte die Spritze nicht bekommen dürfen, ohne vorher gefragt zu werden. Wenn das Leben nicht anders zu haben ist, sollte man Eltern auch nicht vorwerfen, daß sie es nur so zustandebringen. Dies ist genauso sinnlos wie sich darüber zu beschweren, daß man beim Leben atmen und schlafen muß. (Es sei denn, man verbände damit ein negatives Urteil über das Leben überhaupt, man hielte es für einen Nachteil, geboren zu sein. Diese Konsequenz hat nicht zufällig auch ein Kantianer – freilich ein ziemlich unorthodoxer – gezogen: Arthur Schopenhauer[10] nämlich, der die «Schuld» der Eltern nicht darin sah, daß sie gegen die Freiheit ihrer Kinder verstoßen, sondern daß sie ihnen überhaupt zu leben zumuten: «Das Leben stellt sich dar als eine Aufgabe, ein Pensum zum Abarbeiten [. . .]. Jeder [. . .] thut das Leben ab, wie einen Frohndienst, welchen er schuldig war. Wer aber hat diese Schuld kontrahiert? – Sein Erzeuger, im Genuß der Wollust. Also dafür, daß der Eine diese genossen hat, muß der Andere leben, leiden und sterben.»)

Es ist – gegen den ersten Anschein – gerade nicht so, daß die elterliche Pflicht von Kant dem Gegebenen abgewonnen wird. Im Gegenteil: Indem an das Auf-die-Welt-Kommen der Maßstab der Freiheit angelegt wird, der hier doch gar nicht paßt, wird das Leben gerade nicht genommen, wie es gegeben ist. Vielmehr führt man den Freiheitsanspruch des Menschen ins Feld an einer Stelle, bei der er schlechterdings nicht paßt. Kant geht im Grunde nicht vom Leben aus, *wie es ist,* sondern vom

Leben, wie es *vielleicht* sein sollte (also vom Leben, *wie es nicht ist*). Bezeichnend ist hier auch, daß sich bei Kant als Pendant seiner Kritik an der Geburt in Unfreiheit die Phantasie einer zweiten Geburt in Freiheit findet, nach Gernot und Hartmut Böhme einer «Selbstzeugung» des Vernunftsubjekts», bei der, so Kant, die «Gründung» des Charakters eine «Art der Wiedergeburt» darstelle.[11]

Kants Gedanke ist, radikal verstanden, ein Lehrstück aus einer Philosophie des Absurden, d. h. einer Philosophie, die sich mit dem, was ist, nicht abfindet, die über die Grenzen des Lebbaren hinausspringt.

Dies muß man noch nicht schlimm finden. Es ist ja durchaus zulässig, sich nicht damit abfinden zu wollen, daß die Menschen ohne ihre Einwilligung zur Welt kommen – so wie man sich z. B. dagegen wehren kann, daß alle Menschen sterben müssen, ohne um ihre Zustimmung gefragt worden zu sein. Hier wie dort ist Protest gleichermaßen hoffnungslos – und doch nicht unzulässig.

Das Problem sehe ich weniger darin, daß Kant sich nicht mit dem Leben, wie es ist, arrangieren will, als darin, daß er aus seiner Konstruktion moralische, also dann doch für das Leben wieder einschlägige Konsequenzen zieht. So leitet er eben aus der These, daß die Geburt, wie sie ist, den Ansprüchen freien Menschseins nicht genügt, die Folgerung ab, daß Eltern, die diese Geburt ihrem Kinde ‹antun›, Schuld auf sich laden. Da diese Deutung aber dem Leben fremd bleibt, kann auch die moralische Konsequenz, die Kant zieht, das Leben nicht betreffen. Meines Erachtens scheitert der Erklärungsversuch Kants zur elterlichen Pflicht.[12] Und damit bleibt auch die Eingangsfrage noch ungeklärt, auf die ich gestoßen war: wie nämlich überhaupt die besonders zwingende Verpflichtung der Eltern zur Fürsorge zu begründen ist, die – vorläufig – als Grund der ‹Unfreiheit› der Eltern identifiziert worden war.

Mit dem Scheitern Kants ist aber auch der Weg verbaut, der zwischen zwei unbefriedigenden Erklärungen hindurchführen sollte: nämlich der Gründung elterlicher Pflicht entweder auf bloß ‹künstliche› Gesetzesbestimmungen oder auf bloß ‹natürliche› Instinkte.

Wie schnell man sich, ohne Kant, wieder mit diesen Unzulänglichkeiten herumzuschlagen hat, läßt sich gut studieren an Fichtes «Grundriß des Familienrechts» in seiner Schrift «Grundlage des Naturrechts» (GN), die fast zeitgleich zu Kants «Metaphysik der Sitten» 1796 erschienen ist.

Fichte bringt zunächst einen Einwand vor, der dem hier gegen Kant vorgebrachten ähnlich ist. Er wehrt sich gegen eine automatische Moralisierung des Eltern-Kind-Verhältnisses (GN § 41):

> «Man kann eben so wenig sagen, das Kind habe ein Recht, diese physische Erhaltung von der Mutter zu fordern, als man sagen kann, der Ast habe ein Recht, auf dem Baume zu wachsen; und eben so wenig, die Mutter habe die Zwangspflicht, ihr Kind zu erhalten, als man sagen kann, der Baum habe die Zwangspflicht, den Ast zu tragen.»

Daß Fichte das Zur-Welt-Bringen nicht als Eingriff in eine kindliche ‹Freiheit› deutet, hängt paradoxerweise damit zusammen, daß er die Freiheit noch radikaler hervorhebt als Kant. Nicht nur daß er sie als Eigenart des vernünftigen Menschseins ansieht (vgl. GN § 43), er spricht sie umgekehrt auch dem noch ‹natürlichen› Leben des Kindes ab – und wenn dem Kind die Freiheit noch abgeht, kann sie auch nicht durch den Akt geschmälert werden, durch den es auf die Welt kommt. So will Fichte auch die elterliche Pflicht gegenüber dem Kind nicht aus der kantischen Gebär-Schuld ableiten.

Daraufhin aber fällt er in das Schisma von Instinkt und Gesetz zurück. Die Sorge um das Kind leitet er ab aus einem «Mitleid» als der «Gestalt, unter welcher der Naturinstinkt der menschlichen Mutter für ihr Kind erscheint» – wohlgemerkt nur der «Mutter». Der «Vater» nämlich ist durch «gar kein physisches Band» an das Kind gebunden; die «Zeugung» kommt hierfür, weil sie «als Zeugung dieses bestimmten Individuum nicht zum Bewußtsein kommt», nicht in Frage. Demzufolge ist nach Fichte die Sorge des Vaters um das Kind nur indirekt motiviert, nämlich über dessen Zuneigung zur Mutter.

So kann man «nicht sagen, das Kind habe ein Zwangsrecht auf Erziehung: oder die Eltern eine Zwangspflicht dazu» (GN § 44).

Wenn Fichte die Eltern also nicht wie Kant von seiten des Kindes her in eine rechtlich verankerte «Pflicht» nimmt, wenn er hier auf den «Instinkt» setzt, so verzichtet er doch nicht auf eine gesetzliche Regelung. Diese gründet nun aber statt auf den Bedürfnissen des Kindes abstrakt auf den Interessen des Staates, der nämlich (s. o. Kap. 1, S. 17) an einer «ziemlich gleichmäßigen Fortdauer seiner Volksmenge» interessiert sei: «Wenn nun dieselbe durch die Sterblichkeit sich immerfort verminderte, so träfe» die staatliche «Berechnung», was geforderte Abgaben und erbrachte Leistungen betrifft, nicht mehr zu; «es entstünde Unordnung, und endlich, nachdem nur noch wenige übrig wären, hörte der Staat ganz auf». So ist die Sicherung von Fortpflanzung und Fürsorge aus Gründen der Staatsräson erforderlich. Erziehung wird zur «Zwangspflicht» – «nicht unmittelbar gegen das Kind, sondern gegen den Staat» (GN § 46).

Mit dem Nebeneinanderbestehen von «Naturinstinkt» und «Zwangspflicht» schafft Fichte genau die zwiespältige und aus heutiger Sicht befremdende Situation, die Kant mit seiner eleganten, aber leider zweifelhaften Lösung zu umgehen suchte. So bleibt die Frage weiter offen, wie man die Pflicht der Eltern zur Sorge für ihr Kind begründen kann.

Immerhin hilft Fichte vielleicht, wenn man sich kritisch gegen ihn wendet, auf einen gangbaren Weg. Er sagt (GN § 42):

> «Die Mutter, dürfte man meinen, kann dem Vater sagen: du bist die Ursache, daß ich ein Kind habe: darum nimm mir nun die Last der Erhaltung desselben ab. Darauf kann der Vater mit Recht antworten: weder ich noch du haben das beabsichtigt; dir hat die Natur das Kind gegeben, nicht mir; ertrage, was für dich erfolgt ist, so wie ich gleichfalls es würde haben tragen müssen, wenn etwas für mich erfolgt wäre.»

Fichte läßt den Vater hier so reden, als kämen die Kinder über die Mutter wie ein Gewitter, wie ein Naturereignis. Abgesehen davon, daß der Vater das, was er zur Entstehung des Kindes «gegeben» hat, hier elegant hinter der «Natur» versteckt, war es schon zu Fichtes Zeiten nicht mehr angemessen, die Fortpflanzung fern allen Handelns des Menschen zu diskutieren. Eltern sind beim Kinderkriegen nicht nur blind ausführende Organe in der Hand der «Natur». Daß man, mit Fichte, «ertrage(n)» muß, «was (...) erfolgt ist», meint im Falle der Elternschaft doch etwas anderes, als wenn es Mißernten oder Unwetter zu ertragen gälte. Kinder in die Welt zu setzen hat etwas von einem Geschehnis, das den Menschen widerfährt, es hat aber immer schon – und heute natürlich mehr denn je – etwas von einer Handlung, die man vollzieht.

Was die Verpflichtung zur Sorge für das Kind betrifft, so spielt es im übrigen kaum eine Rolle, ob Menschen nun vorsätzlich oder versehentlich Eltern werden: So wie man einen Menschen fahrlässig töten oder vorsätzlich ermorden kann, so kann eine Frau aus Versehen oder auf Wunsch schwanger und dann Mutter werden – und so kann auch ein Mann aus Versehen oder auf Wunsch Vater werden. So oder so aber werden Frau und Mann für die Konsequenz ihres Tuns, das ihnen doch zugerechnet wird, geradestehen müssen.

Diese Konsequenz ist im Falle werdender Eltern zunächst einmal nichts anderes als ein Kind. Und auch die Bedürfnisse, die dieses Kind haben wird, gehören mit zu den Folgen von deren Tun. Sie haben insofern auch automatisch einen Adressaten, jemanden, an den sie gerichtet sind: nämlich die Eltern. Diese sind, so wird jetzt deutlich, für die Pflege und Erziehung ihres Kindes nicht deshalb verantwortlich, weil sie ihm – mit Kant – bei der Geburt schon etwas antun, das sie hinterher wiedergutzumachen haben. Im Prinzip ist die Verpflichtung, für die Kinder zu sorgen, der handlungstheoretische und juristische Normalfall, daß man für die Folgen seines Tuns einzustehen hat. Das Besondere an diesem Normalfall ist allerdings, daß die Handlungsfolgen lebenslang und langwierig oder, nach dem schönen Wort Kants, «lebenswierig» sind (MS § 24, 107), wodurch die Verursacher, also die Eltern, in besonderer Weise gefordert sind. So dürfen sich Eltern der Hilfsbedürftigkeit des Neugeborenen, die sowieso schon fast unwiderstehlich ist, auch gar nicht verweigern.

Diese Erklärung ist befriedigend und unbefriedigend zugleich. Sie ist befriedigend, weil sie die Pflicht der Eltern zur Sorge erklärt, ohne daß diese deshalb Schuld auf sich laden müssen; sie ist unbefriedigend, weil sie ziemlich unspezifisch und pauschal ist. Kant z.B. kann begründen, daß es bei dieser Sorge nicht nur darum gehen darf, das Kind gerade mal so am Leben zu erhalten, sondern darum, daß es mit dem Leben, das es lebt, «zufrieden» sein kann. Diese Bejahung von seiten des Kindes gerät bei einer bloß handlungstheoretischen Begründung elterlicher Pflicht ins Hintertreffen. Weil man dabei allein auf den orientiert ist, von dem die Handlung ausgeht, fällt es auch schwerer, die Beziehung, die dadurch zwischen Eltern und Kind entsteht, inhaltlich zu füllen.

Aber vielleicht entpuppt sich dieser Mangel an Bestimmtheit als Vorzug. Es könnte sein, daß es gar nicht schlecht ist, den Automatismus der elterlichen Pflicht nicht für alles gelten zu lassen, was das Zusammenleben von Eltern und Kindern betrifft. Bei Kants Anordnung, wonach Eltern ihre Kinder mit deren Leben «zufrieden» machen sollen, wird Erziehung ja eine Art Pflichtprogramm zur Herbeiführung des Glücks – nicht gerade zum Nutzen von dessen Leichtigkeit und Unwillkürlichkeit. Eltern mit dem Anruf an ihr schlechtes Gewissen dazu zu bewegen, um ihre Kinder herzlich bemüht zu sein, die Fürsorge aus einer ‹Gebär-Schuld› abzuleiten, könnte elterliches Tun geradezu überschatten. Oder anders, mit Kant[13] gegen Kant gesagt:

> «Es ist ein Widerspruch, jemandem zu *gebieten*, daß er etwas nicht allein tue, sondern es auch *gern* tun solle.»

Die «Pflicht» auszudehnen auf das «Zufrieden»-Machen des Kindes, hat darüber hinaus den Nachteil, daß sich Eltern dabei ganz zurücknehmen müssen, daß sie diese Zufriedenheit zwar herbeiführen sollen, ihre eigene Teilhabe daran aber nicht der Erwähnung wert ist. Damit bleibt das Verursacher-Prinzip auch in Fragen des Wohlgefühls in Wirkung, bei dem es doch vor allem um das glückende Miteinander derer zu gehen hätte, die zusammen leben.

In Kants Modell liegt die Gefahr, die elterliche Fürsorge zum Dienst an einem anderen Leben zu erklären, bei dem den Eltern für eine ‹selbstbezogene› Deutung dieser ihrer Lebensform kein

Spielraum mehr bleibt. Beim Dienst für das Kind, in dem die Untat der Geburt abgegolten wird, nehmen die Eltern demnach genau die Haltung ein, die ihnen in der Geschichte immer wieder nahegelegt worden ist. Ihr Leben für die Kinder sei – so heißt es dann – lauterste Selbstaufgabe, Opfer am wachsenden Leben, Dienst an der Menschheit. So liest man in einem Ratgeber[14] vom Ende des 19. Jahrhunderts:

> «Es gibt verschiedene Geschäfte (...), welche die Hintansetzung eigener Wohlfahrt, die Unterdrückung eigener Neigungen und Ansichten verlangen, um auf diese Weise gewisse, höhere Ziele zu erreichen, welche namentlich auf das Wohl anderer Personen gerichtet sind.»

Dies gelte insbesondere für das ‹Berufsbild› der Eltern, die

> «weder zu hoher Ehre und zu äußerem Ansehen, noch zu Geld und Gut, noch auch zu einem gemächlichen, mühelosen Leben gelangen (...). Selbstverleugnung zieht sich (...) durch das ganze Leben hindurch. Immer haben es Eltern mit Unmündigen zu tun, zu denen sie sich herabneigen, mit Schwachen, denen sie mit unendlicher Nachsicht und Geduld helfend zur Seite gehen, mit Gebrechlichen, die sie aufopfernd tragen, und wohl auch mit Bösartigen, die sie mit Aufwendung aller ihrer Kraft heilen sollen. (...) Ihre Tätigkeit ist eine der aufreibendsten und zerstörendsten, das ist eine ausgemachte Tatsache. Damit nun die Eltern sich dessenungeachtet mit der Hingabe, von welcher einzig und allein ein Erfolg abhängt, ihrem schweren Beruf widmen, müssen sie das nötige Maß an Selbstverleugnung besitzen. Ohne dieses – keine Eltern.»

Zu deren Trost werden immerhin Gründe aufgeboten, die zu solcher Selbstverleugnung bewegen könnten. Die «Selbstverleugnung», die den Menschen im Grunde fremd sei, entspringe – so liest man – «der innigsten Liebe zur Menschheit und vornehmlich zum heranwachsenden Geschlecht»; die «Regelung der Triebe und Neigungen» sei am verläßlichsten in den «Grundsätzen einer höheren (...) Weltanschauung», nämlich des Christentums festgehalten.

Es mag zwar heutzutage, da die persönliche Freiheit hoch geschätzt wird, nicht besonders populär sein – aber denkbar ist immerhin, daß man aus «Liebe zur Menschheit» die Hintanstellung persönlicher Ziele in Kauf nimmt. Damit ist aber noch nicht gesagt, daß Elternschaft prinzipiell nur durch «Selbstverleugnung» zu höherem Sinn findet. Jenseits der Verantwortung, die auf Menschen, wenn sie Eltern werden, unausweichlich zukommt, kann doch die konkrete Gestaltung der Elternschaft durchaus verschiedene Formen annehmen; und es wäre auch denkbar, daß die Überhöhung der elterlichen Mühen zum Opfer auf dem Altar der Menschheit nur die trösten soll, denen die Lasten praktizierter Elternschaft über Gebühr zugeschoben werden.

Goethe z. B. mutet die Zwänge der Elternschaft ausschließlich *einem* Elternteil zu. Sein Loblied auf die Mutter ist zugleich ein Freispruch für den Vater, den er von aller Mühsal fernhält:

«Wohl ihr, wenn sie daran sich gewöhnt,
daß kein Weg ihr zu sauer
Wird, und die Stunden der Nacht
ihr sind wie die Stunden des Tages,
Daß ihr niemals die Arbeit zu klein
und die Nadel zu fein dünkt,
Daß sie sich ganz vergißt und leben mag nur in andern!
Denn als Mutter, fürwahr, bedarf sie der Tugenden alle,
Wenn der Säugling die Krankende weckt
und Nahrung begehret
Von der Schwachen, und so zu Schmerzen Sorgen sich häufen.
Zwanzig Männer verbunden
ertrügen nicht diese Beschwerde,
Und sie sollen es nicht; doch sollen sie dankbar es einsehn.»

«Was Goethe so schön von dem Beruf der Frauen gesagt hat», das setzt dann Mitte des 19. Jahrhunderts der konservative Kulturkritiker W. H. Riehl «den ächten deutschen Frauen zur Erbauung, den modernen Damen aber zum Trutz als den rechten Zimmermannsspruch» an das Ende seiner Ausführungen zu «Mann und Weib».[15]

Es ist eine weidlich bekannte und vielfach dargestellte Tatsache, daß in der Geschichte fast durchweg den Frauen die Pflichten praktizierter Elternschaft zugeteilt waren. Bekannt ist auch, daß die *Beschränkung* weiblicher Tätigkeit auf die Sorge um den Gatten und die Kinder eine vergleichsweise junge, an die bürgerliche Familie gebundene Erscheinung ist. Mit der Herausbildung der Privatsphäre übernimmt die Frau – durchaus einseitiger als zuvor – fast ausschließlich die Funktionen familiärer Fürsorge. Die zwiespältigen Folgen dieser Entwicklung, die Engels gar zur *«weltgeschichtliche(n) Niederlage des weiblichen Geschlechts»* dramatisiert hat, sind vielfach diskutiert worden. Simone de Beauvoir hat den heimischen Horror der Mutter, der auch zum Alptraum für das Kind werden kann, besonders drastisch beschrieben:[16]

> «Wer verstanden hat, in welchem Grade die heutige Situation der Frau ihre volle Entwicklung erschwert, wieviele Wünsche, Empörungen, Forderungen, Ansprüche dumpf in ihr wohnen, entsetzt sich darüber, daß ihr wehrlose Kinder überlassen werden. (...) Es wäre (...) im Interesse des Kindes wünschenswert, wenn eine Mutter eine ganze und keine verstümmelte Persönlichkeit, wenn sie eine Frau wäre, die in ihrer Arbeit, in ihren Beziehungen zur Allgemeinheit eine Vollendung ihrer selbst fände und diese nicht im Kind gewaltsam zu erreichen suchte.»

Mutterschaft wird hier in einer besonders extremen Form geschildert, nämlich als beherrschende, ausschließliche Lebensform, nicht als eine Betätigung und Bestätigung neben anderen, sondern in einer fast künstlichen Reinheit - und so künstlich dies wirkt, so ist es doch, auch für unzählige Frauen noch heute, etwas ganz Alltägliches, scheinbar Natürliches.

Eine vergleichbare Erfahrung auf männlicher Seite findet sich heutzutage noch selten, aber immerhin bei Peter Handke:[17]

> «Von seinen persönlichen Bräuchen abgeschnitten (die ihm nun in der Entferntheit sämtlich als schön erschienen), erfuhr er die fast ausschließlich aus Kindergeräuschen und Kindersachen bestehende, im Kinderzeitrhythmus ablaufende Tagtäglichkeit, arbeitslos, wie er zudem war, immer heftiger als brutales und sinnloses Verhängnis. Die Dinge standen schräg, böse und unwirklich wie sonst nur Waffen, die Zwischenräume ohne Luft wie in den entsprechenden Kammern; und im Kopf des da hinein Verbannten eine Verworrenheit, in deren Blickfeld wiederum nur feindseliges Durcheinander herrschen konnte.»

Freilich bleibt der Mann im Regelfall von den Lasten praktizierter Elternschaft verschont. Der Verantwortung, die der Vater sich mit der Zeugung der Kinder auflädt, wird er zumeist auch noch heute nur indirekt gerecht: nämlich durch die Bereitstellung finanzieller Mittel; die Mutter dagegen führt nach diesem Schema tatsächlich ein Leben, in dem sie weitgehend von sich absehen, sich selbst in anderen wiederfinden muß. Und wenn z. B. Arbeiter-Frauen notgedrungen schon immer stärker in die Arbeitswelt einbezogen waren, so brachte ihnen dies weniger ‹Doppelverwirklichung› als ‹Doppelbelastung›.

Wenn Frauen auch lange Zeit fast selbstverständlich in die Rolle praktizierter Elternschaft hineingerieten, so haben sie sich doch auch schon früh dagegen gesträubt.[18] Eines der berühmtesten Beispiele hierfür gibt Sofja Andrejewna Tolstaja, die Frau Leo Tolstojs. Sie verspürt eine «Sehnsucht nach individueller Freude, einem Privatleben, *eigener* Arbeit, und nicht der Arbeit an fremden Arbeiten, wie es mein Leben lang war». Sie kann, so klagt sie, «nicht lesen, nicht spielen, nicht nachdenken – und so war das immer. Ist das überhaupt ein Leben? (...) Eigentlich lebe ich gar nicht – je dure.» Und auch wenn Balzac in seinem Roman «Zwei Frauen» die Mutterschaft als wahre weibliche Lebensform einem leidenschaftlichen – und letztlich tödlichen – Liebesleben gegenüberstellt, so läßt er doch die Mutter sagen:

> «Ich bin Sklavin, (...) Sklavin Tag und Nacht! (...) Ich habe keine Zeit mehr, mich selbst zu pflegen!» – «Eine rechte Mutter ist nie frei (...). Ihre Hingabe ist in jeder Stunde lebendig.» – «Wenn ein Baby schreit, ein Kind sich beschmutzt, muß alles andere zurücktreten, die Mutter denkt nicht mehr an sich, sie ist völlig in Anspruch genommen (...). Inmitten dieser beständigen Pflege, der Feste und Mißgeschicke wird nur einer im Haus völlig vergessen, und das bin ich.»

Wenn auch heute noch auf den Frauen die Hauptlast der Erziehung lastet, so haben sie doch zumeist vorher einen Beruf ausgeübt, haben sich in ein anderes Leben eingelebt. Sind die äußeren Bedingungen ungünstig, kann die neue Lebensform der Mutterschaft das Leben, das sie zuvor geführt haben, völlig umwälzen und zerstören. Wenn die Frau als Mutter ihren Beruf aufgeben muß, erlebt sie den Zusammenbruch ihrer beruflichen Bindungen, das Veralten ihres fachlichen Wissens, das Ausbleiben öffentlicher Anerkennung, die ökonomische Abhängigkeit vom Mann. Sie tauscht das, was ihr verloren geht, mit anderen Erfahrungen: das Zusammenleben mit dem jungen, heranwachsenden Leben, das Reden mit anderen Müttern über Kinder, die Freisetzung aus strikt geregelten Arbeits- und Konkurrenzverhältnissen, die Ausrichtung des Lebens nach familiären Notwendigkeiten. Die Disco-Queen oder Fachfrau wird zur Mutter.

Mit der Gleichberechtigung der Frau,[19] die sich in der Gesellschaft durchzusetzen beginnt, wird diese einseitige Arbeitsteilung – und damit letztlich die Organisation des Lebens nach dem Modell der «bürgerlichen Familie» – langsam, aber sicher hinfällig. Frauen erheben heute den Anspruch auf Mitgestaltung der Lebensordnung und auf berufliche Betätigung mit nahezu derselben Entschlossenheit wie Männer. In krassem Gegensatz hierzu steht der Befund,[20] daß es fast durchweg Sache der Frauen bleibt, sich um die Kinder zu kümmern – was dann doch zumeist auf Kosten ihrer beruflichen Entwicklung geht.

Das Erfolgsprinzip der bürgerlichen Kleinfamilie (wenn sie denn Erfolg hatte) bestand darin, daß die verschiedenen Lasten – Arbeit und Erziehung, ‹draußen› und ‹drinnen› – auf verschiedenen Schultern lagen. Wenn die Frau die Last berufsmäßiger Arbeit gleichermaßen übernimmt, kann sie den Mann nicht mehr in alter Weise umsorgen und entlasten – und kann auch nicht mehr allein für die Kinder sorgen. Die individuelle, interne Regelung elterlicher Aufgaben gerät in eine Krise, die Last der Erziehung muß umverteilt werden.

Natürlich ist der Bestand von Kindertagesstätten und ähnlichen Einrichtungen, die hier Abhilfe schaffen können, katastrophal niedrig. Wenn man aber allein in diesem Bereich die Lösung sucht, wenn man bloß einen massiven Ausbau staatlicher Einrichtungen fordert, so ist dies wiederum ein Versuch, die geänderte Lage ‹intern›, also allein innerhalb des Erziehungsbereichs, in den Griff zu bekommen. Man würde also im Prinzip in einer alten Auftrennung verbleiben: Wenn früher die Frau noch zuhause war und die Kinder ‹privat› versorgte, so gewänne nun, nach dem neuen Modell, nur die Berufssphäre an Bedeutung – und würde die Privatsphäre weiter ausgedünnt. Das Zutrauen zu einer solchen staatlichen Abfederung wachsender Produktivität und schrumpfender Sozialität[21] der Menschen fällt allerdings schwer.

Es kann weder im Interesse von Eltern noch im Interesse von Sozialpolitikern – und erst recht nicht im Interesse der Kinder – sein, zu einer totalen Kollektivierung der Erziehung zu kommen, bei der die Aufgabe der Eltern sich auf das Aufwecken, Abliefern, Abholen und Zum-Schlafen-Bringen der Kinder beschränkt. Dies wirkte wie eine Verplanung der Intimität, wie eine Wiederbelebung jener Planwirtschaft im Sozialbereich, die doch in der Ökonomie so versagt hat. Mit der staatlichen Regelung der Kinderbetreuung würde eine Professionalisierung[22] des Lebens vorangetrieben, nach der letztlich alle Menschen – nach den Männern auch die Frauen – in einen Arbeitsprozeß eingespannt wären, der sich damit selbst seines Gegenparts entledigte. Das Gelingen des persönlichen Lebens fiele damit in Gleichschritt mit dem Funktionieren des ökonomischen Systems.

Wer sich dem verweigert, muß sich weniger um die Abwälzung elterlicher Lasten als um die Umgestaltung des Lebens mit den Kindern bemühen. Daß freilich die Bewältigung elterlicher, familiärer, sozialer Aufgaben mit dem Ende der schlichten familiären Rollenverteilung, mit der Emanzipation der Frau eher schwieriger wird, ist schon früh kritisch vermerkt worden; dies begleitet im Grunde die Geschichte der bürgerlichen Familie von Beginn an. So wurden auch schon eben zu der Zeit, als die bürgerliche Familie ihren Siegeszug antrat, Befürchtungen wach, daß mit dem Anspruch auf persönliche Entfaltung die Einbindung des Lebens in soziale Zusammenhänge gefährdet, gelockert oder gar zerrissen werde.

Rousseau[23] z. B. beklagt eine Abkehr des modernen Selbstgefühls von der «Familie»:

«Es genügt den Frauen nicht, ihre Kinder nicht mehr zu stillen, sie wollen überhaupt keine mehr (...). Sobald das Muttersein als Last empfunden wird, findet man die Mittel, sich seiner zu entledigen. Man will eine fruchtlose Ehe, in der man ungestört genießen kann. (...) Die ganze sittliche Ordnung gerät durcheinander. Die natürlichen Regungen erlöschen. Die Häuslichkeit erstarrt. Das rührende Schauspiel einer heranwachsenden Familie fesselt den Ehemann nicht mehr und flößt dem Fremden keine Ehrfurcht mehr ein. (. . .) Die Familie zerfällt. Gewohnheit stärkt keine Blutsbande mehr: es gibt keinen Vater, keine Mutter, keine Kinder, keine Brüder, keine Schwestern mehr. Man kennt sich kaum, wie sollte man sich lieben? Jeder denkt nur an sich.»

Als traditionalistischer Nachfahre Rousseaus verkündet dann Riehl[24] Mitte des 19. Jahrhunderts:

«Mit dem Hause und dem Hausregiment (. . .) fallen alle natürlichen Gruppierungen der Gesellschaft, und der erste Schöpfungstag, ein Chaos selbstsüchtiger Einzelwesen, wäre als höchster Triumph der Gesittung wiederhergestellt.» – «Wenn Tausende von Männern gegenwärtig aus dem socialen Geleise kommen, weil sie, in zärtlichster Besorgniß um sich selbst, die ‹rechte Existenz› und den ‹rechten Beruf› verfehlt zu haben wähnen: dann werden Tausende von Frauen irre an der natürlichen Stellung des Weibes, weil sie, bei gleicher Selbstverhätschelung, in den falschen Ehebund getreten zu sein glauben. Gerade für den Ernst der Ehe sind wir im Durchschnitt viel zu sentimental gegenüber unserem werthen Ich, zu zärtlich gegen uns selbst.» – «Man sagt, unsere Berufs- und Erwerbsverhältnisse sind so complicirt geworden, daß sich der Vater der häuslichen Erziehung seiner Kinder gar nicht mehr widmen kann. Damit wäre aber nur der Beweis geführt, daß unsere Erwerbsverhältnisse überspannt und maßlos geworden sind, daß wir in Vielthuerei und der Hetzjagd nach Geldgewinn uns selber verderben, nicht aber daß wir unsere Kinder der häuslichen Erziehung entreißen müssen. In unserer statistischen und finanz-politischen Zeit mißt man die Arbeit nur nach dem daraus hervorspringenden materiellen Erwerb. Das ist grundfalsch. Die häusliche Kindererziehung ist eine Arbeit, durch welche man gar nichts erwirbt – höchstens Gottes und seiner Kinder Segen – und dennoch sollte sie die vornehmste Arbeit eines jeden Staatsbürgers sein. Wer aber von vornherein keine Zeit hat, seine Kinder selbst zu erziehen, dem sollte auch das Heirathen von rechtswegen von vornherein verboten sein.»

Natürlich stellen vor allem die Verfechter der traditionellen Rollenverteilung die intakte Familie als Betätigungsfeld der Frau einer Welt gegenüber, in der es auf die individuelle Selbstbehauptung oder Selbstentfaltung des Mannes ankommt. Jenseits der Ideologie aber spiegelt dieses Modell zum Ausgleich des bürgerlichen Seelenhaushalts eine tiefe Zwiespältigkeit der modernen Sozialstrukturen: Der Auszug der Frau aus dem häuslichen Raum erscheint hier nur als Symptom einer Entwicklung, die das Zusammenleben der Menschen ganz neu in Frage stellt. Neben die Selbstbestimmung, wie sie der Frau zusteht, treten demnach Tendenzen, die das soziale Leben, das doch auch und gerade in Selbstbestimmung auszuleben sein soll, gefährden oder entleeren; gängig sind neben Riehls Polemik gegen die «zärtlichste Selbstbesorgnis» Vorwürfe gegen «Selbstsucht» oder «Egoismus». Zu bemerken ist eine merkwürdige Gegenläufigkeit, wonach zu derselben Zeit, da die bürgerliche Familie sich durchsetzte, auch eine Entwicklung begann, die von den Verfechtern jener Familie gewissermaßen als «a-sozial» gewertet wurde. Die Menschen gerieten in Verlegenheit über die Freiheit, die sich in Selbstbestimmung erweisen sollte, und über die Gemeinschaft, in die sie sich zugleich hineinwünschten.

Diese Gespaltenheit ist besonders in der Romantik zu einem bevorzugten Thema geworden. Im Mittelpunkt steht hier gern die Figur eines Menschen, der gefährlichen Verlockungen folgt und doch eine intakte Lebensordnung sucht. Typisch für diese romantische Variation des Freiheits-Themas ist eine merkwürdige Schizophrenie: Einerseits wird die Ordnung der «Abhängigkeit», in der der Einzelne sich doch wieder zurechtfinden soll, in einer Weise gezeichnet, daß Fluchtgedanken sich geradezu aufdrängen; andererseits tritt das Freiheitsstreben des Einzelnen als eine Extravaganz auf, die sich am Ende als Hingabe an geheimnisvolle Mächte selbst entkräftet. So ist in Ludwig Tiecks[25] «Runenberg» der Held Christian nicht zuletzt deshalb so anfällig für die Versuchungen der «Schönen», der «Gewaltigen» im unheimlichen Wald, weil das gewollte Gegenbild, das heimische Dorf und die traute Familie, das Gefühl der Platzangst weckt:

> «Alles ergriff ihn mit unbeschreiblich süßer Wehmut, alles rührte ihn so herzlich, daß er weinen mußte. Die engen Gärten, die kleinen Hütten mit ihren rauchenden Schornsteinen, die gerade abgeteilten Kornfelder erinnerten ihn an die Bedürftigkeit des armen Menschengeschlechts, an seine Abhängigkeit vom freundlichen Erdboden, dessen Milde es sich vertrauen muß».

Die klassische Formulierung dieser Gegenüberstellung zwischen einem geordneten, aber einengenden Leben der Familie und einem wilden, gefährlichen Leben freier Individuen gelang Kierkagaard in «Entweder-Oder» – freilich mit einem Votum gegen «Willkür», für die «Ehe». Umgekehrt verkündete kürzlich Matthias Horx[26] den Siegeszug der sogenannten «Netten Egozentriker», getragen von «Abenteuer und Verschwendung, Lebenslust und Nachtarbeit». Als Verlierer galten ihm die «freundlichen, toleranten, moralischen Ikea-Familien» mit ihren «Natur-, Harmonie- und Kuschel-Bedürfnissen». Kinder zu haben sei, so meint Horx, prinzipiell «mit den Bedürfnissen moderner Emanzipation nicht in Einklang zu bringen». Sein Kontrahent Peter Praschl[27] bringt jene Gegenüberstellung auf den Punkt, freilich um sich dann von ihr zu verabschieden:

> «Kinder, wußten wir, sind entsetzlich lästige Lebewesen, die unentwegt quengeln und aufs Parkett kotzen, die sich vollkacken (igitt!) und Erwachsenen den Sex und die Karriere vermiesen. Kinder, wußten wir, würden niemals zu unserem Lebensstil passen. (...) Kinder, sagten die Feministinnen, hindern die Frau an ihrer Selbstverwirklichung (...). Kinder, ätzten die Yuppies, halten dich vom Geldverdienen und vom Geldverpulvern ab. (...) Schlechthin alles, was ich über Kinder hörte oder las, besagte, daß Kinder entweder Terroristen, Kannibalen, Diktatoren oder Götzen sind. Kein Wunder, daß ich nie welche haben wollte.
>
> Heute, da ich gleich zwei habe, weiß ich, daß die meisten Menschen, die über Kinder sprechen, öfter an Verbaldurchfall leiden als meine beiden Kleinen an Dünnschiß.»

Im Sinne eines Vorschlags zur Güte könnte man sagen, daß hinter diesem Streit letztlich doch eine ziemlich friedliche Koexistenz von Lebensformen stecke – vielleicht auch ein Wechselspiel gegenseitigen Bedauerns und Beneidens. So dürften sich Kinderlose – gar bei einem späten Sonntagmorgen-Frühstück im Bett – schadenfroh daran ergötzen, wie Eltern sich mit der bloßen Bewältigung ihres Alltags abmühen. Diesen mag dagegen die Warnung einfallen, ohne Kinder drohe das Leben öd und leer dahinzugehen.

Aber auch wenn jene Horxsche Gegenüberstellung von Lebenslust und Spießertum nur die «Greuelpropaganda eines flinken Schreibers» (Praschl) sein mag, bleibt der Verdacht, daß Kinder den Weg in festgelegte, wenn nicht gar erstarrte Lebensverhältnisse ebnen. Natürlich kann man sich sagen, zu jenen verzwickten Abhängigkeiten des modernen Lebens wolle man sich nicht noch die Lasten der Elternschaft aufbürden – zumal diese ja einen Bereich beeinträchtigen, der «Freizeit» heißt. In der Tat sind Eltern in ihrer Lebensführung stärker ‹gebunden›. Zweifelhaft ist, ob Kinder *überhaupt* noch in ‹diese Zeit› passen, ob sie mit dem modernen freien Leben verträglich sind.

Es muß freilich nicht unbedingt gegen die Elternschaft sprechen, daß man mit ihr in Abhängigkeiten hineingerät. Sofern man sich nicht einredet, sein Leben schlechterdings zwanglos führen zu können, müssen Eltern, was die Freiheit betrifft, nicht hoffnungslos ins Hintertreffen geraten. Auch wer die Bindungen oder Ablenkungen, die ihm Kinder zumuten würden, als besonders unangenehm flieht, wird sich damit nicht schon Freiheit in allen Lebenslagen bescheinigen können. Der Gegensatz zwischen Freiheit einerseits, Familie andererseits ist zu schlicht angelegt. Das heißt aber auch: Bei der Freiheit, wie sie gegen Elternschaft ins Spiel gebracht wird, kann es sich nicht um einen *offenen* Begriff handeln. Es verstecken sich in ihm möglicherweise vorweg schon Einschränkungen, Festlegungen.

Wichtig scheint im Sinne einer solchen *speziellen* Freiheit erstens, daß man von der Einmischung in die eigenen inneren Angelegenheiten verschont bleiben will. Es geht darum, sich von äußeren Zwängen möglichst freizuhalten, sich Einreden zu verbitten, sich in seiner Art zu leben nicht dreinreden zu lassen. – Und wer sich dieses Bedürfnis erfüllen will, wird Kinder mit ihrer Aufdringlichkeit, ihrer rabiaten Nähe zu den eigenen Lebensangelegenheiten als Affront empfinden.

Neben diesen Anspruch auf *Intaktheit* der eigenen Identität tritt das Bedürfnis nach der *Mobilisierung* des eigenen Lebens. Wenn gilt: «Nur wer sich ändert, bleibt sich treu!», so ist es gerade im Sinne der eigenen *Identität* fatal, wenn man daran gehindert wird, *anders* zu werden. Sich selbst und dem eigenen Freiheitsanspruch wird man nur gerecht, wenn man sein Leben nicht nur so ablebt, wie man eine alte Wohnung abwohnt. Man will offen bleiben für die Versuchungen der Zukunft, für überraschende Herausforderungen, man will sich auf nichts festlegen, weil man für sich selbst nicht garantieren kann. Nun kann man zwar sagen, daß Kinder dazu angetan seien, ständig für neue Erfahrungen zu sorgen. Damit aber, so wird befürchtet, bindet man die eigene Kraft zur Veränderung an eine äußere Vorgabe. Die persönliche Freiheit als Mobilität scheint nicht unbedingt mit Kindern verträglich zu sein.

Im Doppeleffekt dieser beiden Tendenzen geht es – kurz gesagt – darum, Freiheit *von* allem und Freiheit *zu* allem zu verbinden. Man will sich *intakt* halten vor den Anfechtungen von außen und zugleich *mobil* bleiben, man will ungerührt und beweglich agieren können, sich nichts gefallen lassen und auf alles gefaßt sein.

Sich selbst entziehen oder aber einbringen zu können, gehört zu den Optionen, die ein freies Leben selbstverständlich für sich beansprucht. Mir scheint aber, daß diese Optionen sich in einem modernen Verständnis von Freiheit verabsolutieren. Damit wird dieser Begriff enger, als dies etwa klassische Definitionen – wie die Freiheit als Selbstgesetzgebung oder die Freiheit in der Urteilsfindung – vorsehen. Und erst in dieser Verengung taugt dann «Freiheit» besonders gut zum Machtwort gegen Elternschaft.

Es geht in diesem speziellen Sinne insbesondere um den Spielraum, der dem *Einzelnen* zugemessen sein soll, es geht um eine «individualistische» Freiheit. Wenn man Extremfiguren zu jener Freiheit als Intaktheit bzw. Mobilität sucht, ist für sie genau dieser Punkt, der *«Individualismus»,* kennzeichnend: «Mimose» und «Hans-Dampf» (in-allen-Gassen) sind sich einig in der Haltung des «Ich-gegen-den-Rest-der-Welt». Anstelle eines Streits im Geiste der «Freiheit» geht es bei der Polemik um Elternschaft, wie mir scheint, vor allem um die Unverträglichkeit zwischen verschiedenen Lebensformen, die Fremdheit zwischen einem «individualistischen» Leben und der Elternschaft. Unfreiheit ist zwar aus der Elternschaft durchaus nicht *wegzudenken,* aber ein bestimmter *Affekt* gegen diese Lebensform erklärt sich daraus, daß dabei ein Verständnis von Freiheit zugrundegelegt wird, das selbst verzerrt ist. Umgekehrt kann man dann fragen, ob sich das «individualistische» Leben nicht seinerseits Grenzen, Festlegungen fügen muß, die die ihm verheißene Freiheit anfechten.

Dieser Verdacht ist natürlich besonders greifbar, wenn das «individualistische» Leben in Gestalt einer Karikatur auftritt, etwa als der «Nette Egozentriker», dem nach Matthias Horx «Emanzipation» nur ohne Kinder winkt (s. o. S. 134).

Wer meint, souverän, aus einer Position der «Zentralität»[28] heraus, in der Welt auftreten zu können, aufgrund beruflichen Erfolgs, flexibler Handhabung von Kreditkarten und Partnerschaften Abhängigkeiten enthoben zu sein, macht sich – so scheint mir – blind für die Anfälligkeiten, die jenes scheinbar freie Leben nach wie vor enthält. Selbst wenn dem «Netten Egozentriker» das böse Erwachen erspart bleibt, daß er durch einen Börsenkrach oder einen Autounfall im «Fegefeuer der Eitelkeiten» (Tom Wolfe) untergeht, selbst wenn er sich in der modernen Gesellschaft ausdauernd wie ein Fisch im (unverölten) Wasser bewegt, bleibt er doch auf das Gelingen dieser Lebensgemeinschaft angewiesen – nicht so unmittelbar zwar wie ein Bauer auf das Zustandekommen einer guten Ernte, weniger offensichtlich auch als Eltern auf das Gelingen ihres Lebens mit dem Kind, aber nicht weniger dringend. Inmitten der modernen Optionen-Fülle, bei aller Distanz zu Vereinnahmungen, aller Offenheit für Neues ist der Einzelne auf das Funktionieren des wirtschaftlichen Systems, auf die Unterstützung der eigenen materiellen und sozialen Bedürftigkeit sogar in besonderem Maße angewiesen. Offensichtlich besteht ein krasses Mißverhältnis zwischen der Tatsache, daß Menschen im Zeitalter der «Individualisierung» alles selbst bestimmen wollen und dabei doch immer weniger im Griff haben.[29] Zu dem modernen Selbstverständnis, man wolle sein Leben selbst bestimmen und ohne fremde Einreden gestalten, gehört ein Leben, das mehr denn je auf Dritte angewiesen ist – angefangen bei der Nahrungsmittelversorgung in einer extrem arbeitsteiligen Gesellschaft über die Altersvorsorge in einer zunehmend familienlosen Zeit bis hin zur Friedenssicherung in einer extrem hochgerüsteten Welt und zum Umweltschutz auf einer kurz vor dem Kollaps stehenden Erde. Diese Abhängigkeiten sind – und deshalb gehören sie auch mitten in unser Thema – die Kehrseiten einer Freiheit, die von jenen scheinbar souveränen Individuen beansprucht wird.

Aber nicht nur deshalb bleibt am «individualistischen» Lebensmuster etwas Fadenscheiniges. Die Grenzen dieser speziellen Freiheit zeigen sich nicht erst an den stillschweigenden Voraussetzungen der persönlichen Lebensgestaltung, sondern schon an der Art und Weise selbst, wie diese eigenen Ambitionen ausgelebt werden. Mit dem Vorbehalt des Eigeninteresses, mit dem man sich doch Einreden enthoben wähnt, demonstriert man nämlich im Grunde nur den Sozialcharakter, der, paradox gesagt, im allgemeinen Interesse liegt. Der «Einzelne» als «Agent in eigener Sache» folgt eben damit dem Auftrag, alles, mit dem er zu tun hat – ob Menschen oder Sachen –, nach einer ‹solistischen› Sicht, nach einem ‹Eigen›-Interesse zu beurteilen, das selbst erst aus einer Isolierung des ‹Eigenen› von existenziellen Lebenszusammenhängen hervorgeht. Das genau macht diesen «Einzelnen» so schlagkräftig, so belastbar, so verwendungsfähig in einer «komplexen» Gesellschaft. In seine Freiheit schleicht sich eine Art geheime Vorsteuerung ein – beim Auto würde man sagen: eine Störung des Geradeauslaufs. Ulrich Beck:[30]

> «Die Menschen werden mit einer Gewalt, die sie selbst nicht begreifen und deren innerste Verkörperung sie bei aller Fremdheit, mit der sie über sie kommt, doch auch selbst sind, aus den Fassungen des Geschlechts, seinen ständischen Attributen und Vorgegebenheiten, herausgelöst oder doch bis ins Innerste der Seele hinein erschüttert.» – «In der individualisierten Gesellschaft muß der einzelne entsprechend bei Strafe seiner permanenten Benachteiligung lernen, sich selbst als Handlungszentrum, als Planungsbüro in bezug auf seinen eigenen Lebenslauf, seine Fähigkeiten, Orientierungen, Partnerschaften usw. zu begreifen. (...) Dies bedeutet, daß (...) für die Zwecke des eigenen Überlebens ein *ichzentriertes Weltbild* entwickelt werden muß, das das Verhältnis von Ich und Gesellschaft sozusagen auf den Kopf stellt».

Diese Fixierung auf sich selbst droht nicht nur dem Selbstbewußtsein des scheinbar souveränen Individualisten, bei dem man ja noch im Zweifel darüber sein kann, wie weit er aus dem Windschatten von Zeitgeist und Wall Street heraustreten wird. Eine solche Tendenz, das, was dann gerne ‹Selbst› heißt, aus den Lebenszusammenhängen, in denen sich ein Mensch ergeht, herauszutrennen, liegt auch – ganz alltäglich und unauffällig – dem um sich selbst besorgten Individuum nahe, das sich doch zur Anhänglichkeit an andere bekennt.

Einen Schritt neben sich zu treten – das kann im Selbst-*Verhältnis* wohltuende Distanz zum unmittelbaren Lebensvollzug schaffen; in der gesellschaftlich nahegelegten ‹solistischen› Perspektive aber wird diese Spannung kritischen Selbstbezugs gewissermaßen überdehnt, überzogen, bis daß sich schließlich das ‹Selbst› jenseits der Lebensvollzüge zu orten meint, auf die es freilich um des eigenen Wohlbefindens willen nach wie vor gerne zurückgreift. Im Zuge des Rückgangs zu diesem ‹Selbst› werden dann soziale Zusammenhänge nur mehr danach bewertet, wie sie zur ‹Selbst›-Erfahrung, ‹Selbst›-Bestätigung, ‹Selbst›-Verwirklichung des Einzelnen beitragen. Besonders deutlich wird dies in der scheinbar unverdächtigen Haltung, wonach man für alles, was geschieht, erklärtermaßen ‹offen› und von vielem auch ‹unheimlich betroffen› sei; gerade damit hat man dann letztlich vor allem mit sich selbst zu tun. Bei diesem ‹Selbst›, dem es um seine ‹Verwirklichung› geht, kann es sich nur um ein etwas obskures Wunschbild handeln, da sich das Individuum in Verlegenheit um das ihm zugängliche soziale Leben ausgemalt hat.

In die sozialen Beziehungen wird damit eine Art doppelter Boden eingeführt: Unter das Bekenntnis zu den sozialen Bedürfnissen, Belangen und Bezügen schiebt sich eine Haltung, die andere Menschen in den Dienst der eigenen Betroffenheit stellt. Wollte man es lieber pathetisch ausdrücken, so könnte man mit Schiller[31] darüber klagen, daß «mitten im Schoße der raffiniertesten Geselligkeit» die «stolze Selbstgenügsamkeit» Triumphe feiere. Dinge und Menschen rücken in eine Fremde, in die man doch nur dann alles abschieben könnte, wenn man sich tatsächlich selbst genügen würde. Es geht nicht mehr um die kritische ‹selbstbezogene› Beurteilung von «Lebensformen», in denen man mit anderen Menschen auf bestimmte Weise zusammenlebt, sondern um die ‹selbstbefangene› Beurteilung von (scheinbar) äußeren Effekten, die andere Menschen auf den Seelen-‹Haushalt› des Einzelnen haben (vgl. zu einem solchen ökonomistischen Deutungsmuster auch Kap. 1, S. 33 ff.).

Bei der neuerdings aufgelebten Debatte um die «Individualisierung» als Schlußfigur menschlicher Selbstfindung vergißt man allzu leicht die Tatsache, daß diese «Losreißung der Individualität von den (...) befriedigenden und gemütlichen Banden der Gruppe», diese «einseitige Herausarbeitung der Individualität» schon lange – nach Hegel vor allem von Karl Marx[32] – diagnostiziert worden sind. Das Problem heute besteht dann darin, wie jene Individuen sich in einem (neuen) sozialen Zusammenhang einfinden können. Marx[33] hatte im Blick auf die «Klasse» des Proletariats noch gemeint, an der «wahren Natur» der einzelnen Individualität «Interessen» entdecken zu können, die «selbst wieder gewissen gesellschaftlichen Gruppen gemeinsame und sie charakterisierende Interessen» sind. Dieser Schritt zu gemeinschaftlichen Interessen ist heute schwer geworden; an die Stelle der «Klasse» hat kein anderer wirkungsvoller Begriff treten können; «Gruppen»-Bildung und «Schichten»-Spezifik blieben Hilfskonstruktionen (vom Abweg der «Rasse» und dessen vernichtenden Folgen ganz zu schweigen).

Diese Schwierigkeiten der Gemeinschaftsfindung führen dann auch zur Überlastung und Verformung der engen persönlichen Beziehungen, auf die sich notgedrungen Ansprüche der Zuwendung, der Verantwortung, der Anerkennung konzentrieren, die anderswo, im weiteren sozialen Umfeld ungehört verhallen. So unsinnig es ist, das Leben vollends zu professionalisieren (s. o. S. 131), so absurd wäre es deshalb auch, wollte man Frauen um der bloßen Erhaltung eines sozialen Schutzraums willen weiter oder gar stärker als zuvor von der beruflichen Gleichberechtigung fernhalten. (Auf diese Konsequenz ist auch die ‹moderne› konservative Familienpolitik angelegt. Die Frauen nach Hause zurückzuführen oder zu Hause zu halten, das erscheint in diesem Sinne vor allem auf dem Gebiet der ehemaligen DDR als verdienstvolle Aufgabe. Man spart damit

Sozialausgaben, schönt die Arbeitslosenzahlen, entschärft die Diskussionen um die eheliche Rollenverteilung – und kann dabei noch behaupten, im Geiste einer wiedererstarkenden «Familie» zu handeln.[34])

Nachdem die traditionelle Familienstruktur fragwürdig geworden ist, tut man sich aber prinzipiell schwer, sich frei vom «solistischen» Vorbehalt gemeinschaftlich auszuleben.[35] Die beruflich und privat etablierte «individuelle» Reserviertheit wirkt sich auch unmittelbar auf die Frage aus, wie Menschen ‹auf ihre Art› gemeinsam mit ihren Kindern zu leben vermöchten. Einerseits unterliegt die Bewältigung elterlicher Aufgaben keiner klaren Regelung mehr, andererseits wird einem die neue Offenheit schon fast wieder verleidet, weil die Lebensgemeinschaft mit dem Kind doch nur als Gefährdung der eigensten «individuellen» Ansprüche verdächtigt wird.

Das gemeinsame Leben könnte freilich genießbar bleiben, wenn es Eltern gelänge, die Zuspitzung von Belastungen zu entschärfen. Es müßte dabei um die Unterscheidung gehen zwischen der – unverhandelbaren – Verantwortung, die Eltern prinzipiell tragen, und der – verhandelbaren – Aufteilung elterlicher Aufgaben im Alltag:[36] also auch um eine Unterscheidung zwischen *Unfreiheit* und *Freiheit* in der Elternschaft. Damit könnte sich auch die Übersteigerung der Mutterrolle zum Opfer für die Menschheit (s. o. S. 127) entkrampfen, die Elternschaft hätte bessere Chancen, als *eigene, selbstbezogene* Lebensmöglichkeit des Menschen, als ein besonderes, wenn auch vielleicht eigentümliches «Projekt» verstanden und anerkannt zu werden.

Mit der Umgestaltung des sozialen Lebens tut man sich nun freilich nicht nur subjektiv, in Sorge um die «eigensten» Ambitionen, schwer. Die neuen Spielräume, die bei diesem Prozeß zu entdecken wären, sind einstweilen äußerst eng, wenn die Anstrengungen auf den privaten Bereich des Lebens allein beschränkt bleiben. Der Verteilungskampf, der zwischen Mann und Frau zuhause tobt, kann nur geschlichtet werden, wenn er eben *nicht nur zuhause* geführt wird. Von der Umwälzung, die mit der Emanzipation der Frau verbunden ist, muß auch die Produktionssphäre betroffen sein. Bekanntlich stoßen hier aber schon die schlichtesten Versuche zur Veränderung auf große Schwierigkeiten. Teilzeitarbeit, wie schleppend eingeführt auch immer, ist bislang das Minimalprogramm, das vor allem Frauen angeboten wird, damit sie neben ihren häuslichen Pflichten ‹ein bißchen› beruflich aktiv bleiben oder werden können, sie ist auch der Weg, der Alleinerziehenden den schmalen Grat zwischen beruflichem und privatem Streß ein bißchen gangbarer macht.

Darüber hinaus wird Teilzeitarbeit inzwischen aber auch als eine Art freiwilliges Entlastungsmodell interessant, nach dem es insgesamt weniger zu arbeiten und mehr (mit Kindern) zu leben gelte. Von der Ausgeglichenheit, die damit zwischen Frau und Mann befördert wird, erhofft man sich, daß sie Zwänge lösen und Verteilungskämpfe befrieden könnte. Damit wäre auch der Neugestaltung elterlichen sozialen Lebens gedient.

Vorbehalten ist diese Form gemeinsamer, doppelter Teilzeitarbeit freilich fast ausschließlich Gutverdienenden (notorisch Lehrerehepaaren) – als eine Form von Luxus, der sich statt in Geld in Zeit auszahlt. Insofern hat jenes «Emanzipations»-Modell etwas Elitäres – und auch etwas Anpasserisches. Es bleibt letztlich derselben materiellen Sicherheit verpflichtet, die auch das «individualistische» Selbstgefühl der «Zentralität» stillschweigend voraussetzt. Der Wohlstandsgesellschaft verdanken auch jene Eltern, die weniger arbeiten *und* weniger verdienen, weiterhin ein behagliches Leben. Den Preis, der dafür zu zahlen ist, entrichten nicht sie, sondern die Umwelt, die Dritte Welt, die Vierte Welt.

Soll der Versuch, sich das Leben mit Kindern freizügiger einzurichten, jene Anhänglichkeit (oder Unfreiheit) abschütteln, so muß es einen Weg geben, die Umbestimmung der Vater- und Mutterrolle abzukoppeln von der Funktionsgarantie der Wohlstandsgesellschaft, deren Nutznießer, deren Komplizen die allermeisten einstweilen bleiben. Wie Elternschaft ohne jene Garantie anders zu leben sei, das ist immerhin eine Frage, die nicht nur für Aussteiger bedeutsam ist, sondern auch für all diejenigen, die dem Wohlstand nicht bedingungslos trauen.

Es ist nicht gerade unwahrscheinlich, daß wir auf eine Krise des gesellschaftlichen Lebens zugehen, die derart existenzielle Sorgen auslösen wird, daß demgegenüber die Bewegung in der Elternfrage zweitrangig werden muß. Allemal scheint aber der Versuch sinnvoll, nach Spielräumen zu suchen, in denen Umgestaltungen der Elternschaft jenseits jener Wohlstands-Garantie denkbar und lebbar sind. Es geht also um den Versuch, sein Selbstverständnis jetzt schon vom *Status quo* zu entpflichten.

Zweifelhaft ist insbesondere das Junktim, wonach elterliche Freizügigkeit in unmittelbarer Abhängigkeit des vom Wohlstand erwirtschafteten Zugewinns an Zeit stehen soll. Bloßer Zeit-Spielraum allein hilft nämlich auch nicht viel weiter, wenn das, was zu tun ist, auf derart umständliche und zeitraubende Weise geregelt ist, wie dies zur Zeit der Fall ist.

Befreiend für Eltern wäre z.B. die Einführung kooperativer Modelle, in denen die nach wie vor vor herrschende künstliche Vereinzelung der Erziehungsaufgaben aufgebrochen werden könnte. Das jahrelange Tête-à-tête der Mutter mit dem Kind – ein Kuriosum der Interaktion und eine enorme Verschwendung sozialer Energien – muß kein gesellschaftlicher Normalfall bleiben. Der Soziologe Ulrich Beck[37] meint:

> «Das soziale Zusammenleben der Menschen müßte neu ermöglicht werden. Die in ihren Sozialbeziehungen ausgedünnte Kleinfamilie stellt eine ungeheuere Arbeitsintensivierung dar. Vieles, was gemeinsam über mehrere Familien hinweg leicht(er) gelöst werden kann, wird, wenn man ihm allein gegenübersteht, zu einer Dauerüberforderung. Das beste Beispiel hierfür sind wohl die Aufgaben und Sorgen der Elternschaft. Doch mehrere Familien übergreifende Lebens- und Unterstützungszusammenhänge werden meist schon durch die *Wohnverhältnisse* ausgeschlossen. Die berufliche Mobilität und der Trend zum Single-Dasein sind bereits Beton geworden. Die Wohnungen werden kleiner. Sie bleiben ganz auf die individuelle Familienmobilität zugeschnitten. Daß mehrere Familien zusammenziehen und zusammen mobil sein wollen, bleibt (...) ausgeschlossen.»

Bei der Umverteilung elterlicher Aufgaben kommt es also zu Schwierigkeiten, weil sie die Vorgaben einer Lebensgestaltung sprengt, die aus der Perspektive des «Einzelnen» vorgenommen wird. Nach der Ansicht Becks geben «nicht nur Architektur,

Stadtplanung usw. (...) Individualisierung vor und schließen soziales Leben aus»; diese Bereiche sind für ihn «nur ein Beispiel» für den Siegeszug einer Individualisierung, die die Menschen zwar tatkräftig, aber ziemlich ratlos zurückläßt. Freilich sind Becks Vorschläge zu anderen Organisationsformen, die im Grunde Verwandtschaft zu Genossenschaftsmodellen aufweisen, in der Erziehung wohl ebenso schwer durchsetzbar wie in der Wirtschaft – erst recht zu Zeiten, da die Gesellschaft bei der Beantwortung der Wohnungsfrage auf den Kapitalismus setzt.

Es ergibt sich also die paradoxe Situation, daß die «Frei»-Räume, die durch Umgestaltung des elterlichen Lebens immerhin denkbar wären, versperrt sind durch ein «individualistisches» Modell, das doch selbst im Namen der Freiheit auftritt. Solange der «Einzelne» der ‹Lieblingsmensch› (s. o. Kap. 2, S. 54) der modernen Zivilisation bleibt, werden sich Eltern mit der Umgestaltung ihres Lebens schwertun.

Umgekehrt können sie ihrem Leben immerhin eine Pointe abgewinnen, mit der sie jenes «individualistische» Modell ins Leere laufen lassen können – und daraus ergibt sich dann auch in diesem Kapitel eine letzte Anmerkung in Sachen «Freiheit».

Die Eltern-Kind-Beziehung ist, über lange Jahre, geprägt von der Hilfsbedürftigkeit des Kindes und der Hilfsbereitschaft der Eltern. Was diesen dabei begegnet, ist ein Leben, das rettungslos auf andere angewiesen ist – mit zunächst noch überschaubaren, wenn auch im Einzelfall oft nur zu erahnenden Bedürfnissen. Mit der gehörigen Erfahrung werden Eltern Zahn- und Bauchschmerzen, Frieren, Hunger und Langeweile voneinander unterscheiden können; ihre Kunst wird dann darin liegen, die verschiedenen Bedürfnisse gerade passend zu erfüllen – und das gelingt ihnen, wenn sie sich bemühen, so selten nicht. Da das kindliche Leben von dem einen Bedürfnis, von dem es gerade umgetrieben wird, ganz ergriffen ist, kann es auch, wenn die Eltern das Richtige parat haben, dazu kommen, daß das Kind ganz erfüllt und ganz mit sich im reinen ist.

Diese einfache Bedürftigkeit und diese vollkommene Zufriedenheit des kleinen Kindes haben etwas Rührendes – und etwas Beneidenswertes.

Während nämlich die Bedürfnisse von Kindern – jedenfalls wenn Eltern sich ein bißchen anstrengen – direkt zu erfüllen sind, während dieses kindliche Leben so auch zeitweise ‹erfüllt› sein kann, müssen sich Eltern, was die Erfüllung ihrer eigenen menschlichen Bedürfnisse betrifft, eher mit wechselnden Aussichten abfinden. Daß sie selbst erwachsen sind, daß sie «sich selbst (...) führen» können (Kant ÜP 31), heißt ja noch nicht, daß sie keiner Hilfe mehr bedürften. Selbstbestimmung meint nicht auch, daß man seine Bedürfnisse allesamt selbst befriedigen könne. Das Leben mit dem Kind erinnert die Erwachsenen an eine Bedürftigkeit, eine Abhängigkeit, die auch sie selbst noch nicht überwunden haben und die sie überhaupt nicht überwinden können. Umgekehrt müssen sie neidvoll eingestehen, daß bei ihnen selbst, was die Erfüllung ihrer Wünsche betrifft, vergleichsweise ungünstige Aussichten bestehen.

Selbst wenn sich heutzutage Menschen über das, was sie wollen, klar sind (und das ist ja im Zeitalter künstlich geschürter Bedürfnisse schon eine Leistung), so werden doch mit der wachsenden Differenzierung der Wünsche die Wege verschlungener, auf denen sie sich erfüllen lassen. Und was noch schlimmer (freilich auch aufregender) ist: Es gibt niemanden mehr, der – so wie Eltern für ihre Kinder – für deren Erfüllung definitiv zuständig wäre.

Das ‹Glücken› der Abhängigkeit von anderen, d.h. die Erfüllung der Wünsche, die alleine nicht gelingt, ist ungleich unsicherer als beim Kind, für das eben die Eltern ‹da sind›. So kommt in die Hilfsbereitschaft der Eltern, als den Beglückenden, ein bißchen Melancholie herein: daß nämlich für sie selbst längst die Zeit gekommen ist – und für die Kinder einst auch kommen wird –, in der mit der Übersicht über die Welt auch die Undurchsichtigkeit der eigenen Lebensbewältigung wächst.

Immerhin können Eltern an ihren Kindern die Erfahrung machen, daß Abhängigkeit ‹glücken› kann. Die Zwangsläufigkeit, mit der Eltern und Kinder viele Jahre zusammenbleiben, ist etwas, was die Suche nach gelingender Gemeinschaftlichkeit besonders herausfordert. Während bei anderen Gelegenheiten vielleicht das schnelle Ende gesucht wird und die Beziehung zu

Menschen, die sich ‹daneben benommen› haben, einfach abgebrochen wird (mit der letzten Konsequenz ungestörter Verlassenheit), besteht zwischen Eltern und Kindern – notorisch auch zwischen Geschwistern – ein Zwang zur Versöhnung, zum Fortgang eines gemeinschaftlichen Lebens, das nicht in Nutzenerwägungen aufgeht. Diese «erpreßte Versöhnung» (Adorno) ist neurosenverdächtig, droht zum faulen Frieden, zum kalten Krieg zu werden. Sie kann in Vater oder Mutter auch den Wunsch wecken, sich doch endlich mal ganz auf sich kaprizieren zu können. Das ‹solistische› Leben liegt ihnen durchaus als Kehrseite mißglückter Lebensgemeinschaft, als Folge sozialer Überforderung ganz nah.

Man darf in jener Zwangsläufigkeit aber auch eine Chance sehen: So erbittert man sich streiten kann, so undenkbar es zeitweise, halbstundenweise, für Kinder sein mag, sich je wieder mit diesen ihren Eltern an einen Tisch zu setzen, so sehr Eltern über Untaten ihrer Kinder erbost sein können – ihnen allen ist es doch verwehrt, die anderen auf Abstand zu halten oder zu erübrigen. Daß man in der Elternschaft insofern ständig gegen das Gesetz jener «Individualisierung» verstößt, darf – ganz paradox – als *Befreiung* von einer Freiheit gedeutet werden, die sich in die Fixierung auf das scheinbar «Eigenste» verstiegen hat.[38]

Es geht dabei wohlgemerkt nicht um einen Überdruß an der Freiheit überhaupt, die im Sinne konservativer Ideologie zugunsten alter oder neuer Bindungen preisgegeben werden sollte, sondern es geht um eine Korrektur am Begriff der Freiheit selbst. Jenseits der «individualistischen» Verengung kann nur die Freiheit verlockend sein, die zu unserem Leben paßt. So wie es unsinnig ist, im Zustand des Glücks auf die Freiheit zu pochen, nun umgehend unglücklich sein zu dürfen,[39] führt es in die Irre, Freiheit in der ‹solistischen› Weltsicht an scheinbar eigenste Interessen festzumachen, mit denen man doch nur gegen die soziale Eigenart des Lebens verstößt. Gerade im Sinne der «Selbstliebe», der «amour de soi», die Rousseau[40] von der «Eigenliebe», der «amour propre» abgegrenzt hat, gilt, daß man an sich vorbeilebt, wenn man für sich lebt.

Es gibt einen Text, in dem diese Einsicht auf wunderschöne und erschütternde Weise ausgedrückt wird. Da er, wenn ich den Bibliographien trauen darf, noch nie auf deutsch veröffentlicht worden ist, erlaube ich mir, hier einen etwas längeren Auszug zu präsentieren. Es handelt sich um einen Brief, den der französische Philosoph und Revolutionär Condorcet[41] an seine fünfjährige Tochter geschrieben hat. Erschütternd ist dieser Brief wegen der Umstände der Niederschrift: Condorcet schreibt ihn im März 1794, als er sich, zum Tode verurteilt, versteckt hält; wenig später wird er als Girondist im Gefängnis umkommen. Er schreibt ihn, nach seinen eigenen Worten, in einer Situation, in der «ihm sein eigenes Schicksal gleichgültig geworden» und er nur noch «um das seiner Tochter und seiner Frau besorgt» ist.

Eingangs seines Briefes wünscht Condorcet seiner Tochter – in klassischer aufklärerischer Emphase – ein selbstbestimmtes Leben:

> «Wenn du nicht alleine bestehen kannst, wenn du anderer bedarfst, um der Langeweile zu entfliehen, wirst du dich notwendigerweise deren Geschmack, deren Willen unterworfen sehen, – all den Zufälligkeiten, mit denen dir die Mittel entzogen werden können, die Leere der Zeit auszufüllen, weil sie nämlich nicht mehr von dir selbst abhängen. (...) Nichts ist also notwendiger für dein Glück, als sich der Mittel zu vergewissern, über die allein du verfügen kannst, um die Leere der Zeit auszufüllen, die Langeweile zu vertreiben, die Unruhe zu stillen, dich von einem quälenden Gefühl abzulenken.»

Zugleich warnt Condorcet seine Tochter aber auch vor einer bestimmten Art von «Persönlichkeit», in der alles von Selbstbefangenheit beherrscht ist:

> «Ich spreche von einer Persönlichkeit, die uns in den Wechselfällen des Lebens alles auf die Interessen unserer Gesundheit, unserer Bequemlichkeit, unseres Geschmacks und unseres Wohlergehens beziehen läßt, – einer Persönlichkeit, bei der wir in gewisser Weise immer in der Gegenwart unserer selbst verharren; die sich von kleinen Opfern nährt, welche sie anderen auferlegt, ohne die Ungerechtigkeit zu spüren, ja, fast ohne davon zu wissen; die all das natürlich und gerecht findet, was ihr genehm ist, dagegen ungerecht und bizarr all das, was sie verletzt; die

über Tyrannei und Eigensinn wehklagt, wenn ein anderer sich im Umgang mit ihr auch noch ein bißchen um sich selbst kümmert.

Dieser Irrweg vertreibt die Freundlichkeit, läßt die Freundschaft verkümmern und erkalten. Man ist unzufrieden mit den anderen, deren Hintanstellung ihrer selbst nie vollständig genug sein kann. Man ist unzufrieden mit sich, weil eine vage und gegenstandslose Stimmung sich zu einem feststehenden und quälenden Gefühl entwickelt, von dem sich zu befreien man keine Kraft mehr hat.

Wenn du dieses Unglück vermeiden willst, so tue alles, damit das Gefühl der Gleichheit und das der Gerechtigkeit zu einer Gewohnheit deiner Seele werden. Erwarte, fordere von anderen immer nur ein bißchen weniger als das, was du für sie tun könntest. Wenn du ihnen Opfer bringst, so bewerte diese danach, was sie dich wirklich kosten, und nicht nach der Vorstellung, daß dies eben Opfer seien: suche Ausgleich für sie in deiner Vernunft, die dir deren Wechselseitigkeit bestätigen wird, und in deinem Herzen, das dir sagen wird, daß du jener schon gar nicht mehr bedarfst.

Du wirst so entdecken, daß es im alltäglichen gesellschaftlichen Leben erfreulicher, auch, wenn ich so sagen darf, süßer ist, wenn man für den anderen lebt, und daß man auch nur so wahrhaft für sich selbst lebt.»

Die Einsicht, im Leben für den Anderen für sich selbst zu leben, aufeinander angewiesen zu sein, gehört auch zu der Bereitschaft von Eltern, eben die Zuwendung ihren Kindern zu schenken, zu der sie – aus anderen Gründen (s. o. S. 118ff.) – im übrigen ja verpflichtet sind.

Die Gelegenheit zu jener Einsicht in die Bedürftigkeit des Lebens ist aber wohl kaum Verlockung genug, um Elternschaft sogleich zu einer besonders lohnenden Art zu leben zu erklären. Wer der Selbsttäuschung individualistischer Freiheit[42] nicht erliegt, muß gleichwohl natürlich nicht meinen, konsequenterweise solle er sich nun auch Kinder zulegen. Die Entscheidung *für* Kinder wird nicht *leichter*, höchstens *ehrlicher*. Daß im elterlichen Leben Abhängigkeiten auch zum Unglück führen können, ist unbestritten; daß diese Belastungen zuzeiten etwas Quälendes, Fesselndes haben, werden selbst begeisterte Eltern mehr oder minder willig bestätigen. Angesichts dieser Defizite in Sachen Freiheit bleibt unerklärlich, was an Elternschaft so hinreißend sein soll, warum gar diese Lebensform einen hervorragenden Zugang zum «Glück» eröffnen soll – wie etwa der Philosoph Bertrand Russell, der Schauspieler Yves Montand und sein Hollywood-Kollege Arnold Schwarzenegger, väterlicher Schwelgerei eher unverdächtig, behaupten.[43] Man kann Eltern leicht dabei ertappen, wie sie beim Blick auf ihr Kind dumm vor Glück dahinschmelzen – und in der Tat dabei oft ein bißchen dümmlich dreinschauen.

Dem Glück der Eltern ist das fünfte und letzte Kapitel dieses Buches gewidmet.

V.
Was das Glück der Eltern ist

Papageno: Pa-Pa-Pa-Pa-Pa-Pa-Papagena!
Papagena: Pa-Pa-Pa-Pa-Pa-Pa-Papageno!
Papageno: Bist du mir nun ganz gegeben?
Papagena: Nun bin ich dir ganz gegeben!
Papageno: Nun, so sei mein liebes Weibchen!
Papagena: Nun, so sei mein Herzenstäubchen!
Beide: Welche Freude wird das sein,
Wenn die Götter uns bedenken,
unsrer Liebe Kinder schenken,
so liebe kleine Kinderlein!
Papageno: Erst einen kleinen Papageno!
Papagena: Dann eine kleine Papagena!
Papageno: Dann wieder einen Papageno!
Papagena: Dann wieder eine Papagena!
Beide: Papagena! Papageno!
Papagena!
Es ist das höchste der Gefühle,
wenn viele, viele, viele, viele
Pa-Pa-Pa-Pa-geno,
Pa-Pa-Pa-Pa-gena
Der Eltern Segen werden sein.

Wenn auf die Vorfreude der Kindersegen folgt - was läßt sich von diesem Glück, diesem «höchsten der Gefühle» dann sagen?

Nach dem berühmten Satz Hegels sind die «Perioden des Glücks» die «leere(n) Blätter» im Buch der Weltgeschichte (PhGesch 42). Das heißt wohlgemerkt nicht, in der Geschichte gebe es kein Glück. Nur: wenn es da ist, schreibt keiner mit. Bloß die Zeit – so könnte man phantasieren – blättert dann stillschweigend (und vielleicht still vergnügt) die Seiten um, die mangels Schreibkraft leer bleiben.

Glück wird, hier ist Hegel zweifellos im Recht, nicht zugleich erfahren und erzählt. Um beschworen zu werden, darf es noch nicht angefangen haben – und um berichtet werden zu können, muß es aufgehört haben. So ist auch das Reden darüber schon verwoben mit Glücklosigkeit, vielleicht sogar mit Unglück. In gewissem Sinne bedarf demnach das Glück geradezu der Durchbrochenheit: Um als solches auffallen zu können, um kenntlich zu sein, muß man aus der reinen Unmittelbarkeit herausgeraten; um sich glücklich schätzen zu können, muß man einen Schritt neben sich treten. Zu dem Sprachspiel, das dem Glück vorbehalten ist, gehört Distanz.[1]

Wenn es nur leere Seiten sind, die vom Glück künden, so wird Hegel mit diesen Seiten nicht anders verfahren als gewöhnlich unsereins: Er wird sie ziemlich schnell überblättern. Deshalb kommt es darauf an, ob und wie auf den *beschriebenen* Seiten Rücksicht auf jenes ziemlich unauffällige Glück genommen wird. Hegel legt, im Gegensatz zu manchen unter uns, keinen gesteigerten Wert darauf, daß das Glück wenigstens indirekt angemessen vertreten sei. Hinter seiner Bemerkung zu den «leeren Seiten» versteckt sich auch eine Geste des Abwinkens: ihm gehe es um mehr als «nur» um «Glück» (PhGesch 51).[2] Die tätige Auseinandersetzung mit der Welt, immer begleitet von Widersprüchen, Spannungen, Unerfülltheiten und Ungewißheiten – das ist die Domäne des hegelschen Subjekts. Glück ist beim Bestehen und Gestalten Nebensache, ist für den Tatendurst nicht das rechte Elixier, gerät gar in den Verdacht faulen, flüchtigen Genusses.

Was Hegel nicht recht in Beziehung setzen will – Glück und Arbeit nämlich –, muß aber so strikt nicht gegeneinander ausgespielt werden.

Es liegt immerhin ziemlich nahe, beim Handeln Glück zu erfahren – wenn darüber dann auch keine großen Worte verloren werden. Ja, das Glück scheint gerade beim Handeln gut aufgehoben zu sein (vgl. Aristoteles, NE 1098a 5ff., 1176b 1ff.). Beim bloßen Ablauf des Lebens, beim Vor-sich-hin-Leben Glück zu verspüren, ist nicht unbedingt verlockend; es muß sich dabei schon etwas ‹tun›, das Leben will gelebt sein. Und wenn man sich auch nicht im Tatendurst bewußt dazu entschließen kann, glücklich zu sein, so stellt es sich doch zuweilen als Beigabe zum tätigen Leben ein. So gesehen darf man auch mit guten Gründen annehmen, daß Hegels Mensch bei seiner Tätigkeit zuzeiten glücklich ist. Nur hat er es darauf nicht angelegt. Und indem das Glück in die Fährnisse tätigen Lebens hineingerät, ergibt sich auch genau jener (erzählbare) Wechsel trauriger und glücklicher Lebenszeiten, der zum Sprachspiel des Glücks gehört. Es findet sich dann in Begebenheiten, in Geschichten, es wird, kurz gesagt, zum Gelegenheits-Glück.

Eine Hinwendung zum *tätigen* Glück kann Eltern, so scheint es, nur willkommen sein. Denn da sie ‹jede Menge zu tun haben›, da das Leben mit Kindern von Tätigkeit eher bestimmt ist als von Muße, liegt es nahe, daß sie auch in dieser Tätigkeit die Erfüllung, ihr Glück suchen müssen.

Genau dies aber erscheint als fast unlösbare Aufgabe.

Nicht nur, daß elterliche Tätigkeit in sich zerrissen, mit sich im unreinen, unstimmig und zwiespältig ist (s. o. Kapitel 3) – sie kann auch nicht für sich beanspruchen, in Freiheit ausgeübt und genossen zu werden (s. o. Kapitel 4). Vielleicht muß man sich mit dem «trivialen» Trost abfinden, daß sie zu den Tätigkeiten gehört, die «für eine begrenzte Zeit Spaß machen, als Dauerbeschäftigung aber ermüden, langweilen oder gar quälen».[3] Aber wäre es nicht merkwürdig, wenn sich das Glück der Eltern, das man für etwas Besonderes hält, so schnell abnützen würde? Zwar gibt es manche Gelegenheiten des Glücks, die von vornherein auf kurze Zeit, gar auf einen Augenblick, den «kairos» angelegt sind – ein Fest, ein Sonnenuntergang, ein Kuß. All dies soll auch nicht Tage oder Wochen dauern. Dagegen gehört Elternschaft zu den menschlichen Lebensformen, die an zeitliche Dauer, den Lauf des Lebens gebunden sind; und wenn es dabei für den Menschen Erfüllung geben soll, so müßte diese auch so angelegt sein, daß man nicht schon nach ein paar Stunden die Lust verliert und erholungsbedürftig wird.

Selbst wenn bei Eltern und Kindern eher die ‹Kür› als die ‹Pflicht› angesagt ist, wird es Eltern schwerfallen, dem gemeinsamen Tun, der *Tätigkeit* selbst das Glück abzugewinnen. Ich kann jedenfalls keinen besonderen Genuß darin sehen, mit einem Kind unaufhörlich Märchenquartett, Puppen-Modenschau oder ‹Game-boy› zu spielen. Mir fällt es auch noch schwer zu glauben, es sei schöner, Federball zu spielen mit einem Kind, das jeden zweiten Ball in den Sand setzt, als Squash zu spielen mit einem halbwegs gleichwertigen Partner.

Wenn bei Eltern Freude aufkommt, so kann dies zwar durchaus bei der Beschäftigung mit dem Kind, bei einem gemeinsamen Unternehmen geschehen. Sie entspringt dann aber, genau besehen, nicht dem praktischen Vollzug selbst, sondern eher der Freude an dem, wie sich das Kind verhält, oder dem Stolz auf das, was das Kind immerhin schon kann; d. h. aber: die Freude ergibt sich in diesem Fall nicht aus dem Genuß am gemeinsamen Tun, sondern aus einem besonderen Verhältnis zu dem jungen Menschen, mit dem man es ‹zu tun hat› und dem man ‹zugetan› ist.

Überspitzt gesagt: Das, was zu tun ist, nehmen Eltern wohl nur in Kauf um einer anderen Erfahrung willen, in der ihr Glück endlich einen Stammplatz hat. Man sollte sich also auf die Suche begeben nach etwas, was das Anstrengende, Ermüdende, Belastende, Unstimmige der Elternschaft überstrahlen könnte.

Wenn jenes Glück denn in der *Tätigkeit* nicht liegt, so sollte man sich zunächst an deren glattes Gegenteil halten: an die *Untätigkeit.* Glück könnte – so ist zu vermuten – mit einem untätigen Bezug zum Kind zu tun haben. Es könnte, anders gesagt, aufkommen, wenn Eltern sich *zurücklehnen.*

Was bleibt dann anstelle der Tätigkeit? Das *Betrachten,* der Blick auf das Kind. Neben dem Eingriff in das kindliche Leben gibt es die Gelegenheit, ihm bloß zuzuschauen.

Dieses Betrachten ist, wie ich im folgenden zu zeigen versuche, die wahre *occasion* elterlichen Glücks – und darin liegt auch, vorweg gesagt, der Grund seiner Einmaligkeit. Denn nirgends sonst in Beziehungen zwischen Menschen könnte man, wenn es ums Glück ginge, sich derart unbeteiligt zurücklehnen: Während bei der Liebe die tiefen Blicke in die Augen des Anderen erwidert sein wollen, oder es gar nur zum Vorspiel gehört, sich gegenseitig Blicke ‹zuzuwerfen›, nehmen Eltern sich in unvergleichlicher Weise zurück. Ihr Glück ‹funktioniert› völlig anders als andere naheliegende Glücksformen. Eltern halten sich eher an ein Zuschauen, das dem «Verweilen»[4] gleicht, wie es in der Ästhetik, im Betrachten der schönen Natur oder der schönen Kunst auftritt – aber eben mit dem einmaligen Unterschied, daß das, was betrachtet wird, ein lebendiger Mensch ist.

So tatenlos dieses Betrachten ist, sowenig lassen Eltern sich deshalb allerdings auf eine rein rezeptive, passive, neutrale Haltung festlegen. Interessengeleitet kann jener Blick allemal sein.

Bei Eltern ist es z. B. besonders beliebt, im Kinde sich selbst wiederzufinden. Eltern versuchen sich beim Blick, der auf das Kind fällt, weiszumachen, dieses böte nur das Spiegelbild des Betrachters. Das Kind eröffnet dem Erwachsenen dann die Chance für ein ganz besonderes Déjà-vu.

Wenn man sich selbst noch einmal sehen will, so muß dahinter das Bedürfnis stehen, die eigenen Grenzen zu überwinden. Und das heißt umgekehrt: Die Menschen müssen unzufrieden sein mit der Art und Weise, wie sie sind, wie sie leben. Diese Unzufriedenheit richtet sich, wenn man nach den Zeugnissen der Geschichte geht, besonders gerne gegen die Tatsache, daß Menschen sterblich sind. Sich wiederzusehen im Kinde – darin liegt für die Eltern zugleich der Ausblick auf ein Leben nach dem Tod.

Was Hölderlin im «Wanderer» sagt:

> «Nichts zu erzeugen ist ja und nichts zu pflegen in Liebe,
> Alternd im Kinde sich nicht wieder zu sehn, wie der Tod»

und was der amerikanische Dichter Thomas Campbell in «Hallowed Ground» behauptet:

> «To live in hearts we leave behind
> Is not to die»

– dieses Motiv durchzieht die Weltliteratur von Anfang an.

Das Leben wird, so meint Platon in den «Gesetzen», «wie eine Fackel von Geschlecht zu Geschlecht weitergegeben» (Nom. 776 b); man strebt «nach einem ewigen Dasein (...), indem man Kindeskinder hinterläßt und dadurch der Gottheit immer neue Diener statt seiner selbst übergibt» (Nom. 773 e). Platon sagt weiter (Nom. 721 c; Symp. 208 ab; vgl. Aristoteles, De anima 415 ab):

«Das Menschengeschlecht (...) ist mit der Gesamtheit der Zeit gleichsam zusammengewachsen (...), weil es immer Kinder von Kindern wieder da läßt, dabei selbst ewig das gleiche bleibt und durch das beständige Werden die Eigenschaft der Unsterblichkeit annimmt. Dessen nun sich selbst mit eigenem Willen zu berauben, ist jederzeit eine Sünde; aber mit bewußter Absicht tut dies jeder, der nicht an Weib und Kinder denkt.» – «Alles Sterbliche (erhält sich) nicht dadurch, daß es beständig und überall dasselbe bleibt, wie das Göttliche, sondern dadurch, daß das Abgehende und Veraltende stets ein anderes, Neues von derselben Art zurückläßt, wie es selber war. Durch dieses Mittel (...) hat das Sterbliche teil an der Unsterblichkeit (...). Wundere dich also nicht, wenn ein jedes von Natur seine Sprößlinge werthält; denn der Unsterblichkeit wegen haftet dieses eifrige Streben und diese Liebe an einem jeden.»

Bei Platon bettet sich der Mensch, indem er im Kinde fortlebt, ein in die unsterbliche Natur, die sich umschafft, erneuert und doch immer gleichbleibt. Freilich bleibt bei diesem ewigen Kreislauf das Einzelne, Vergängliche unverhohlen dem Untergang geweiht. So steht neben dieser naturhaften Unsterblichkeit bei Platon noch eine Ewigkeit als totale Zeitenthobenheit. Diese zweite Erfahrung eröffnet sich dem Menschen auf ganz anderen Wegen – in der reinen Schau, der «theoria».

Jenes naturhafte Werden und Vergehen wurde zwischenzeitlich, zumal aus neuplatonischer und christlicher Sicht, vollends abschätzig beurteilt: nämlich als einem natürlichen Prozeß Verfallensein, das die Begegnung mit Gott geradezu verhindert. Betroffen von dieser Abwertung ist insbesondere die geschlechtliche Liebe, in der sich jene Natürlichkeit auslebt. Eindrucksvoll ist hierzu eine Geschichte, die wenn schon nicht von einem *coitus interruptus*, so doch von einer *prima nox interrupta* erzählt. In den sogenannten «Thomasakten»[5] aus dem 3. Jahrhundert wird geschildert, wie der Apostel Thomas ein frischvermähltes Ehepaar segnet und ihnen den Beistand von Jesus Christus verspricht. Als der frischgebackene Bräutigam den

«Vorhang des Brautgemachs emporhebt«, findet er zu seiner Verwunderung tatsächlich Jesus vor, der mit seiner Braut plaudert. Jesus rät beiden dann, den «schmutzigen Verkehr» zu unterlassen, zu dem sie gerade ansetzen wollten. Sie mögen, so heißt es weiter, Tempeldiener werden, rein und frei von Anfechtungen, ohne «Sorgen für Leben und Kinder, deren Ende Verderben ist». Statt dessen winke ihnen ein «unbeschwertes Leben ohne Schmerz und Sorge», das «vom Zeitlichen befreit» sei. Die beiden danken Jesus für den ungebetenen Rat, mit dem er ihrem moralischen Verfall gerade noch rechtzeitig zuvorgekommen ist.

Abgesehen davon, daß der Brautvater ungehalten ist darüber, daß seine Tochter ihr Leben nun dem «wahrhaftigen Manne», nämlich Jesus, weiht, endet die Geschichte schließlich mit einem – aus heutiger Sicht befremdlichen – *happy end.*

In diesem Sinne empfiehlt auch Gregor von Nyssa (4.Jh. n.Chr.)[6] nicht nur den Frauen, sondern allen Menschen ein «jungfräuliches Leben»:

> «Die verständigen Menschen müssen ein solches Leben vorziehen, das stärker ist als die Herrschaft des Todes. Denn das körperliche Gebären – und werde keiner unwillig bei diesem Satz – ist für die Menschen nicht so sehr Beginn des Lebens als vielmehr des Todes. Denn von dem Werden nimmt das Vergehen seinen Ausgang; wer aber durch die Jungfräulichkeit mit der Zeugung aufhört, hat in sich die Begrenzung des Todes zum Stehen gebracht und durch sich selbst verhindert, daß der Tod weiter fortschreiten kann; er hat sich wie eine Grenze zwischen Tod und Leben gestellt und so den Tod in seinem weiteren Lauf aufgehalten. Wenn also der Tod an der Jungfräulichkeit nicht vorbeigehen kann, sondern in ihr seine Grenze findet und durch sie aufgelöst wird, ist klar bewiesen, daß die Jungfräulichkeit stärker ist als der Tod».

Letzlich geht es in dieser Empfehlung für die «Jungfräulichkeit» nicht nur um den Verzicht auf Kinder, sondern überhaupt darum, sich der Einmischung in die Welt, mit der man notgedrungen in die Wechselfälle des Lebens, in irdische Bindungen hineingerät, zu enthalten. Eine solche Vergeistigung und Mißgunst gegen das Weltliche kann sich in der Moderne als Lebensideal nicht halten – und so findet sich wieder verstärkt das

Motiv, nach dem die Eltern im Kind sich selbst wiederfinden und in ihm hienieden fortleben wollen. Das klassische Beispiel für eine solche diesseitige Deutung einer «gewissen sterblichen Unsterblichkeit» ist wohl der Brief des Gargantua an seinen Sohn Pantagruel, in dem er die «Fortpflanzung» zur «wunderbarsten und vortrefflichsten Gabe des Menschen» erklärt (Rabelais, Gargantua und Pantagruel, Buch II. 8). Diese elterliche Erfahrung soll helfen, ein vertrautes Ganzes wiederzugewinnen, in das der Mensch hineingehören darf – durchaus dann auch im Gegensatz zu der modernen Erfahrung der Zerrissenheit.

Herder meint in seiner Schrift zu «Liebe und Selbstheit»,[7]

> «daß die Natur Sorge getragen habe, den kurzen flüchtigen Genuß der Liebe mit einer Gabe zu ersetzen und zu belohnen, die sie unmittelbar aus ihrem Schoosse nahm, ja in der auch das geringste lebendige Geschöpf eines Funkens der Gottheit gewürdigt werden sollte; es ist die *Elternzärtlicheit,* die *väterliche* und *mütterliche* Liebe. Sie ist (...) *ewig* und *unendlich,* denn sie überwindet Liebe und Tod.»

Schlegels «Julius» schreibt an «Lucinde»,[8] die – welch' «heilige Freude» – «Mutter sein» wird:

> «Im endlosen Wechsel neuer Gestalten flicht die bildende Zeit den Kranz der Ewigkeit, und heilig ist der Mensch, den das Glück berührt, daß er Früchte trägt und gesund ist. Wir sind nicht etwa taube Blüten unter den Wesen, die Götter wollen uns nicht ausschließen aus der großen Verkettung aller wirkenden Dinge und geben uns deutliche Zeichen. So laß uns denn unsre Stelle in dieser schönen Welt verdienen, laß uns auch die unsterblichen Früchte tragen, die der Geist und die Willkür bildet, und laß uns eintreten in den Reigen der Menschheit.»

Das Motiv der dem Kinde abgewonnenen Entgrenzung des Lebens erscheint hier allerdings in einer neuen Variante. Ihr geht nämlich voraus eine besondere Erfahrung der Zweisamkeit:

> «Die Liebe ist nicht bloß das stille Verlangen nach dem Unendlichen; sie ist auch der heilige Genuß der schönen Gegenwart. (...) Es gibt eine reine Liebe, ein unteilbares und einfaches Gefühl ohne die leiseste Störung von unruhigem Streben. Jeder gibt dasselbe, was er nimmt, einer wie der andre, alles ist gleich und ganz und in sich vollendet wie der ewige Kuß der göttlichen Kinder.»

Diese neue Variante von «Ewigkeit», die zur gegenwärtigen Zweisamkeit, nicht zu deren zukunftsträchtigen Folgen gehört, findet sich deutlicher und radikaler als bei Schlegel beim jungen Hegel.

In seinen frühesten philosophischen Fragmenten über die «Liebe» vom Sommer 1797[9] (geschrieben übrigens 10 Jahre vor der Geburt eines unehelichen und 16 Jahre vor der Geburt eines ehelichen Sohnes) trifft Hegel eine Unterscheidung zwischen der Einigkeit der Liebenden und der Getrenntheit der Sterblichen. «In der Liebe (...) fühlt das Lebendige» sich – so sagt er – «nicht mehr als Getrenntes», sondern «als Einiges». «Unterscheiden» können sich nach Hegel die Liebenden «nur insofern (...), als sie sterblich sind». Diese Sterblichkeit bleibt also nur von Bedeutung, wenn die Liebenden nicht vollkommen ineinander aufgehen, wenn für sie noch andere «Gesetze» einer eigenen «Wirkungsart» die Macht haben. In einer «vollständigen Vereinigung» der Liebenden würde diese Macht hinfällig: «Die Liebe strebt (...) diese Unterscheidung» zwischen den Liebenden «aufzuheben und selbst das Sterbliche zu vereinigen, es unsterblich zu machen.» In einer gestrichenen Bemerkung heißt es dann sogar: «Um die Anschauung, in der noch das Getrennte ist, aufzuheben, berührt, befühlt» das Sterbliche «sich, dringt ineinander ein».

In der «vollständigen Vereinigung» wird also nach Hegel die Macht des Todes außer Kraft gesetzt. Erkennbar ist hier schon, daß die Abwehr der Sterblichkeit einer völlig anderen Strategie folgt als etwa dem Fortleben des Geschlechts über die Generationen hinweg. Es geht hier nicht um die Vorstellung eines *zeitlichen* Fortgangs, einer Überwindung der menschlichen Beschränkung durch unbegrenzte Dauer, sondern um eine besondere Ewigkeit, *Zeitlosigkeit* in der Begegnung der Liebenden.[10] Bei Hegel findet sich also wieder – wie bei Platon (s.o.S.155) – der Übergang von der zeitlichen Fortdauer zur reinen Ewigkeit.

Als eine Konkretion jener der Liebe abgewonnenen Unsterblichkeit erscheint dann erst der «Keim» des neuen Lebens, das sich dann aber von den Liebenden trennt:

«Das Eigenste vereinigt sich in der Berührung, in der Befühlung bis zur Bewußtlosigkeit, der Aufhebung aller Unterscheidung; das Sterbliche hat den Charakter der Trennbarkeit abgelegt und ein Keim der Unsterblichkeit, ein Keim des ewig sich aus sich Entwickelnden und Zeugenden, ein Lebendiges ist geworden. Das Vereinigte trennt sich nicht wieder; die Gottheit hat gewirkt, erschaffen – Dieses Vereinigte aber ist nur ein Punkt, der Keim (. . .); alles, wodurch es ein Mannigfaltiges sein, ein Dasein haben kann, muß das Neugezeugte selbst in sich gezogen (. . .) haben. Der Keim (. . .) beginnt, jede Stufe seiner Entwicklung ist eine Trennung, um wieder den ganzen Reichtum des Lebens selbst zu gewinnen.»

Man sieht, wie mit der zunehmenden Subjektivierung von Liebe und Zeugung auch das werdende Leben sich stärker von den Eltern ablöst, wie es sich «selbst zu gewinnen» trachtet und damit notwendigerweise auch in Widerspruch zu den Eltern gerät. Wenn Hegel vom «Keim der Unsterblichkeit» spricht, so meint das genauer: Die Liebenden machen eine Erfahrung von Ewigkeit oder Unsterblichkeit, aus der dann ein «Keim» hervorgeht, der aber selbst nur wieder in ein individuelles sterbliches Leben führt (dem sich dann vielleicht wieder eine eigene Möglichkeit zu einer vollkommenen Liebe eröffnet). Gewonnen wird also nicht – nach einem naheliegenden Mißverständnis – ein «Keim», aus dem sich «Unsterblichkeit» entfalten kann, sondern es gibt umgekehrt die Erfahrung einer «Unsterblichkeit», von der ein «Keim» bleibt. Im Kind dokumentiert sich nur nachträglich die besondere Einheit der Liebenden – womit diese dann aber schon einen Index des Vergangenen bekommt. Die Perspektiven auf die «Ewigkeit» haben sich sichtlich verschoben.

Als Irrweg, als Anknüpfung an der preisgegebenen Vorstellung eines Fortlebens der Eltern im Kinde erscheint dann, daß Hegel an dieser Stelle anfügt:

«Das Kind ist die Eltern selbst».

Das aber muß Hegel auch bemerkt haben. Denn er streicht diesen Satz wieder durch.[11] Die «vollkommene Vereinigung», die «Ewigkeit» der Liebenden läßt sich nicht in das Kind und erst recht nicht in einen elterlichen Umgang mit dem Kind hinüberretten.

Hegels extreme Reflexionen zu Liebe, Elternschaft und Ewigkeit scheinen von alltäglicher Elternschaft himmelweit entfernt zu sein; und doch entspringen sie einer uns vertrauten Erfahrung: daß wir nämlich unser eigenes Leben in seiner Zeit zu leben haben, und daß das Aufgehen in einer kosmischen Einheit oder in einem natürlichen Prozeß des Werdens und Vergehens zwar gewünscht werden kann, uns aber – jedenfalls sofern wir uns als Betroffene der Entzauberung der Welt fühlen – nicht aus jenem einzelnen Leben entläßt.

So bleibt von dem Fortleben in den Kindern vielleicht nur die Tatsache, daß manche Eigenarten oder Eigenschaften und nicht zuletzt das Eigentum auf die Kinder übergeht. Auszuschließen ist auch nicht, daß es bloß «Sorg' und Müh'» ist, was wir «jüngrer Kraft» anvertrauen, «während Wir/ Zum Grab entbürdet wanken» (Shakespeare, King Lear I.1). Daß ‹ich› dabei fortlebe – davon kann dann aber keine Rede mehr sein. Ich gehe dann auf (oder unter) in einem Prozeß, bei dem es nicht mehr um individuelle Erfahrungen, sondern um die Kontinuität von Haltungen, Verhaltensweisen oder Funktionen geht. Ein sterbliches Wesen dauert fort nicht «als es selbst», sondern «wie es selbst» (Aristoteles, De anima 415 b 6 f.).

So kann ich auch heutzutage noch denken, daß ‹irgendetwas› von mir in meinen Kindern fortleben wird. Zwar gerate ich nicht mit dem Generationengang in eine gelassene Unsterblichkeit, aber in dem Maße, wie die Welt etwas von mir hat, bin ich nicht mehr allein auf mich angewiesen. Die Einbildung, mit mir sei es irgendwann nicht einfach aus und vorbei, kann dadurch ein Stück denkbarer (freilich noch längst nicht lebbarer) werden. In der einfachsten Version heißt dies dann, daß man froh darüber ist, daß wenigstens der ‹Name›, den man trägt, fortlebt. Etwas hochgestochener könnte man sagen, beim ‹Betrachten› des Kindes träte man einen kleinen Schritt aus sich heraus, die (ästhetische) Erfahrung des ‹Betrachtens› hätte etwas von Ekstase. Diese Erfahrung *kaschiert* das Wissen um die eigene Endlichkeit, das freilich – dadurch jedenfalls – nicht in Zweifel zu ziehen ist. Tröstlich kann das nur sein, wenn wir uns so denken, als sei das, was uns ausmacht, irgendwie zu trennen von dem einzelnen Leben, das uns jeweils vergönnt ist. Von diesem Trost haben wir – hart gesagt – nur dann etwas, wenn «wir hübsch vor uns die Augen schließen» (Nietzsche KSA 13, 231).

Wenn etwas Besonderes am Kinderhaben darin gesehen worden ist, einen Zipfel der Unsterblichkeit zu erhaschen, so scheint mir eine solche Erfahrung heutzutage doch gewaltig erschwert zu sein. Als halbwegs gesicherte Quelle für das besondere Glück der Eltern, nach dem wir weiterhin auf der Suche sind, kann es jedenfalls nicht angesehen werden.

Bei der Fortsetzung dieser Suche scheint es also ratsam, das glückliche ‹Betrachten› des Kindes von elterlichen Bedürfnissen freizuhalten, die es leicht überfordern können. Halten wir uns jetzt erstmal nicht mehr an die, die sehen, sondern lieber an das, was man sieht: an das Kind. Wodurch zeichnet sich ein Kind aus – und was könnte den Ansatzpunkt für eine ganz besondere Glückserfahrung bieten?

Friedrich Schiller[12] sagt:

> «In dem Kinde ist die *Anlage* und *Bestimmung*, in uns ist die *Erfüllung* dargestellt, welche immer unendlich weit hinter jener zurückbleibt. (...) Es ist also keineswegs die Vorstellung seiner Bedürftigkeit und Schranken, es ist ganz im Gegentheil die Vorstellung seiner reinen und freyen Kraft, seiner Integrität, seiner Unendlichkeit, was uns rührt.» – «Unsre Kindheit ist die einzige unverstümmelte Natur, die wir in der kultivirten Menschheit noch antreffen.».

Und dem «Kind in der Wiege» dichtet er zu:

> «Glücklicher Säugling!
> dir ist ein unendlicher Raum noch die Wiege.
> Werde Mann, und dir wird eng die unendliche Welt.»

Bei diesem nostalgischen Blick auf die Kindheit ist natürlich das Risiko groß, daß sich doch wieder nur – ähnlich wie bei der Suche nach Unendlichkeit – Wünsche und Projektionen der Erwachsenen auf dieses derart unbestimmte und dadurch gerade besonders ausgezeichnete Kind richten. Schiller ist sich dieser Gefahr durchaus bewußt: Er nimmt die Kinder deshalb nur als Anlaß für eine Erfahrung, die dann höhere Weihen erhält. «Was wir in ihnen lieben», so weiß er, sind – jedenfalls beim sehnsüchtigen Rückblick – nicht sie selbst, sondern ist «eine durch sie dargestellte *Idee*». Die von den Erwachsenen gesuchte «Naivität» stellen Kinder gewissermaßen unfreiwillig dar – und von daher können sie irritierten Erwachsenen auch nicht als ungebrochen «natürliches» Gegenbild dienen, sondern nur als Ermutigung für ein Vorhaben, das diese auf eigene Weise umzusetzen haben:

> «Die Handlungen und Reden der Kinder geben uns daher auch nur solange den reinen Eindruk des Naiven, als wir uns ihres Unvermögens zur Kunst nicht erinnern, und überhaupt nur auf den Kontrast ihrer Natürlichkeit mit der Künstlichkeit in uns Rücksicht nehmen. (...) Eben deßwegen (kann das Naive) der wirklichen Kindheit in strengster Bedeutung nicht zugeschrieben werden.»

Das Kind kann gar nicht anders sein als so, wie es ist, und von daher ist es auch keine besondere Errungenschaft des Kindes, in Schillers Sinne «naiv» zu sein. Es handelt sich hier im Gegenteil nur um eine Vorstufe auf dem Weg zum Erwachsensein.

Immerhin aber ist auf dieser kindlichen Vorstufe noch etwas zu finden, was später verlorenzugehen scheint. «Kindheit» kann, in diesem Sinn, mindestens eine Erinnerung sein an etwas, was, auf andere Weise, von Erwachsenen gerne neu gesucht wird. So steht – wie zitiert – die zukünftige «Bestimmung» des Kindes, d.h. die unendlichen Möglichkeiten, die diesem noch offenstehen, gegen eine «Erfüllung» beim Erwachsenen, die in einer «engen» Welt weit hinter den unendlichen Erwartungen zurückbleibt. Kindheit erscheint so als Abwesenheit von Festlegungen, denen das Leben später unterliegt. Im Grunde gilt hier: Die Kindheit hat gegenüber einem Leben, in dem diverse Erwartungen sich nicht erfüllt haben, den Vorzug, daß es bei ihr bloß Erwartungen gibt, daß noch nichts hat fehlgehen können. So klagt Hölderlins «Hyperion»:

> «O hätt' ich doch nie gehandelt! um wie manche Hoffnung wär' ich reicher!»

Bei Benjamin Constants[13] «Adolphe» mischt sich die Nostalgie über die verpaßten Chancen mit dem Größenwahn des Untätigen, der sich nachträglich zu allem fähig fühlt:

> «Nicht eine Bahn des Glücks nur, nein alle denkbaren, weil ich keine versucht hatte, bedauerte ich verloren zu haben. Da ich meine Kräfte nie erprobt hatte, glaubte ich sie ohne Grenzen».
>
> («Ce n'était pas une carrière seule que je regrettais: comme je n'avais essayé d'aucune, je les regrettais toutes. N'ayant jamais employé mes forces, je les imaginais sans bornes».)

Solche Nostalgie lenkt freilich davon ab, daß es auch in der Kindheit Enttäuschungen und Erschütterungen gibt, daß der Lebensweg der Kinder nicht derart freier Gestaltung zugänglich ist, wie man das als festgelegter Erwachsener sich träumt. Im Grunde geht auch dieser Blick aufs Kind am Kind vorbei, ist von Projektionen, die es gerade zu vermeiden gilt, doch nicht frei. Die großen Perspektiven des Lebensentwurfs, die Träume, die in das Kind hineingelegt werden, bedürften, sollten sie verwirklicht werden, nicht des Kindes, sondern eines ‹anderen Erwachsenseins›. Man merkt, daß hier das Kind in der Tat nur als Anhaltspunkt für eine «Idee» (Schiller, s. o.) gebraucht wird, die allein dem Erwachsenen selbst etwas bringen kann. Weil beim Kind überhaupt noch etwas aussteht, weil es noch etwas ‹werden› kann, erinnert es den Erwachsenen an die Differenz zwischen denkbaren Erwartungen und dem *status quo,* daran also, daß das, was ist, vom Mangel durchdrungen ist. Was wie ein nostalgischer Rückblick in die Vergangenheit aussieht, funktioniert in Wahrheit wie ein Futur II, zugeschnitten auf die Gegenwart des Erwachsenen: ‹Das wird doch nicht alles gewesen sein!›

Wenn man die Erfüllung jener Erwartungen für sich selbst nicht mehr recht erwartet, so verwandelt sich dieses Futur II in ein Futur I, wird zum Vorblick auf bessere Zeiten, die zwar nicht man selbst, aber wenigstens das eigene Kind einst erleben wird. Das gegenwärtige Leben wird damit erträglich als Etappenziel auf dem Weg zum Menschheitsglück. So spricht der junge Hölderlin[14] schwärmerisch über die

«*Bildung, Besserung des Menschengeschlechts,* jenes Ziel das wir in unserm Erdenleben nur vielleicht unvollkommen erreichen, das aber doch um so leichter erreicht werden wird von der bessern Nachwelt, je mer auch wir in unserem Wirkungskreise vorbereitet haben» – «Ich liebe das Geschlecht der kommenden Jahrhunderte. Denn diß ist meine seeligste Hoffnung, der Glaube, der mich stark erhält und tätig, unsere Enkel werden besser sein als wir, die Freiheit muß einmal kommen, und die Tugend wird besser gedeihen in der Freiheit heiligem erwärmenden Lichte, als unter der eiskalten Zone des Despotismus.»

Egal ob man die Chancen glücklichen Lebens unmittelbar dem noch unbekümmerten und unverkümmerten Kind beilegt oder zukünftigen Zeiten, auf die dieses zulebt – die Erfahrung, die Eltern bei dieser Projektion machen, bleibt gebrochen. Zu ihrem Blick auf das Kind gehört unweigerlich ein bißchen Resignation, vielleicht sogar Neid: daß nämlich dieser junge Mensch noch keine Gelegenheit hatte, all das zu verpassen, was uns schon unwiderruflich entgangen ist; zudem drängt sich an die Glückserfahrung angesichts der Spontaneität des Kindes ein unangenehmer Nachbar heran: die Melancholie über das nahe Ende der eigenen Zukunft. Hans Jonas[15] hat auf diese Verschwisterung von Geburt des Kindes, Bewegung einerseits, Tod der Eltern, Erstarrung andererseits hingewiesen – und er hat damit auch eine Linie gezogen zwischen den zwei Projektionen auf das Kind, die uns hier beschäftigen: nämlich die Feier der Spontaneität oder Naivität des Kindes einerseits und die Hoffnung auf das Überschreiten der individuellen Existenz hin zu einem Prozeß des Lebens andererseits:

«Vielleicht ist eben dies die Weisheit in der harschen Fügung unserer Sterblichkeit: daß sie uns das ewig erneute Versprechen bietet, das in der Anfänglichkeit, der Unmittelbarkeit und dem Eifer der Jugend liegt, zusammen mit der stetigen Zufuhr von Andersheit als solcher. (. . .) Dies immer-wieder-Anfangen, das nur um den Preis des immer-wieder-Endens zu haben ist, kann sehr wohl die Hoffnung der Menschheit sein, ihr Schutz davor, in Langeweile und Routine zu versinken, ihre Chance, die Spontaneität des Lebens zu bewahren.»

Selbst wenn man sich – was ich bezweifle – im Generationenwechsel auf diese «Hoffnung» verlassen könnte, ist damit doch noch lange nicht erklärt, welche wohltuende, glücksbringende Wirkung die Kinder auf ihre Eltern ausüben können. Was in dieser Erklärung von vornherein zu kurz greift, ist die Tatsache, daß mit diesem Lob von Kindheit und Jugend gar nichts getroffen ist, was *exklusiv* Eltern zugute kommt. Die Zukunftsfreude der Kinder ist ja prinzipiell nicht nur Eltern zugänglich, sondern kann sich jedem aufgeschlossenen und bedürftigen Betrachter erschließen. Zu der Nostalgie, mit der die Unverbrauchtheit und Frische, die Spontaneität der Kinder betrachtet wird, lassen sich auch Nicht-Eltern verführen; so wie man in der eigenen Lebensgeschichte an Zeiten zurückdenkt, in denen man vielleicht noch tatenfroher in die Welt sah als heute, so fällt auch der Blick auf das Kind, dem das Leben scheinbar noch offensteht. Ein solches Kind muß natürlich überhaupt nicht das eigene sein. Die Erfahrung, die hier gemacht wird, ist von Verwandtschaftsverhältnissen völlig unabhängig. Und wenn man meint, dieser Erfahrung besonders dringend und beständig zu bedürfen, dann findet man auch Gelegenheit genug – von der Berufswahl über Besuche bei Freunden und Verwandten –, um sich mit Kindern zu umgeben. Barbara Sichtermann[16] hat für derart bedürftige Menschen eine fiktive Zeitungsannonce entworfen:

> «Berufstätiges Ehepaar, freiwillig und definitiv kinderlos, sucht Kontakt zu Familie mit Baby oder Kleinkind zwecks tätiger Patenschaft.»

Man wird aber den Verdacht nicht los, daß die Erfahrung, die diesem Ehepaar oder anderen kind-zugewandten Erwachsenen offenstünde, sich noch von der spezifischen Erfahrung elterlichen «Glücks» unterscheide (und vielleicht wird deshalb jene Annonce auch in Zukunft rar bleiben). Wenn es denn ein eigenes Glück der Eltern – und nur der Eltern – gibt, so muß man, über kindliche «Spontaneität» hinaus, weiter auf der Suche bleiben. Hierbei möchte ich freilich an der Vermutung festhalten, die am Beginn dieser Suche stand, nämlich daß sich das elterliche Glück weniger beim *Tätigsein* als beim *Betrachten* findet.

Peter Handke[17] beschreibt ein solches glückliches Betrachten. Ein Vater kommt zu einem Spielplatz, um das Kind, seine Tochter, abzuholen. Zunächst beobachtet er sie aber nur aus der Ferne:

«Es spielt für sich in einer Schar etwa Gleichaltriger, die wie es noch nicht gehen können. Dämmerungsstimmung, auch von dem Laubdach über den Kindern; eine laue und klare Luft, einzelne Gesichter und Hände darin besonders hell. Er beugt sich zu der Gestalt im roten Gewand. Sie erkennt ihn, und ohne daß sie lächelt, geht ein Glanz von ihr aus. Sie ist zwar nicht ungern unter den andern, aber sie gehört zu ihm.»

Das Betrachten des Kindes aus der Ferne – Handke beschreibt an anderer Stelle, wie er dem Kind bei einem von dessen weiten Ausflügen heimlich, fast wie ein genießerischer Voyeur, folgt – wird offenbar dadurch etwas Besonderes, daß es ein unsichtbares Band zwischen dem Betrachter und seinem Gegenstand gibt: Handke weiß, daß das Kind «zu ihm gehört».

Was hat man davon, als Betrachter dies zu wissen?

Die «Zugehörigkeit» des Kindes zu den Eltern meint eine Beziehung, in der es nicht mehr um Projektionen und Identifikationen geht, wie ich sie im Kontext der Suche nach Unsterblichkeit resp. Unverbrauchtheit geschildert habe.

Wenn man nicht versucht, sich in einer unguten Verwechslung im Kinde wiederzufinden, wenn man vom Kind nicht erwartet, daß es zum getreuen Nachfolger der eigenen ausgeübten Tätigkeiten oder aber der eigenen unausgelebten Wünsche heranwächst, wenn man es also weder mit dem, was man ist, noch mit dem, was man eigentlich hätte sein wollen, verfolgt und verwechselt, dann bleibt eine Tatsache: nämlich daß das Kind aus einem ‹Stück von mir› hervorgegangen ist, daß es in gewissem Sinne so auch noch immer ein ‹Stück von mir› ist.

In diesem Ausdruck liegt das ganz Ungefähre der Verbindung zwischen Eltern und Kind. Denn zum einen ist es ja schwer nachvollziehbar, daß ‹ich› mich in ‹Stücke› zerlegen und eines davon weitergeben soll. Selbst wenn man das Wörtchen ‹ich› nicht in einem subjektivistischen Sinn (als ‹Ich›), sondern als Hinweis auf den ‹ganzen› Menschen versteht, bleibt völlig unbestimmbar, *welches* Stück sich denn im Kinde wiederfindet. ‹Ganz› kann ich mich jedenfalls nicht fortpflanzen. Daran können auch die Beteuerungen wohlmeinender Freunde, das Neugeborene sei ‹ganz› die Mutter oder der Vater, nichts ändern.

Letztlich soll jenes laxe Wort, das Kind sei ein ‹Stück von mir›, wohl nur ausdrücken, daß es eben überhaupt nicht darum geht, *welchen* Anteil das Kind von Vater oder Mutter hat. (Und deshalb kann auch Adoptiveltern diese Erfahrung der Zugehörigkeit vergönnt sein). Es geht nur darum, daß es dort einen Menschen gibt, ein Kind, das zu mir gehört, «als wär's ein Stück von mir».

Die Zusammengehörigkeit, die Eltern und Kinder, jenseits von Projektionen und Identifikationen, empfinden, beruht nicht nur auf biologischen Fakten, sie entsteht vielmehr vor allem dadurch, daß Eltern und Kinder ihr Leben gemeinsam leben, miteinander teilen. Die Bejahung des gemeinsamen Lebens, die Kindern und Eltern naheliegt, scheint statt formaler Übereinkunft oder zeitweiser Gemeinschaft eine besondere Form von Zusammengehörigkeit, von Vertrautheit zu schaffen. Vater oder Mutter finden sich dann ‹ein Stück› auch in einem Anderen, im Kinde wieder (ohne daß das «Kind» – wie Hegel in seiner Selbstkorrektur bemerkte – mit den «Eltern selbst» identisch wäre). Ich bin – so darf man dann sagen - in Gestalt des Kindes doch auch «draußen» in der Welt, in der ich lebe. Es geht hier aber nicht mehr um den Traum vom Fortleben, sondern um eine Erfahrung zu Lebzeiten.

Dieses Ergebnis erlaubt nun einen überraschenden Vergleich zwischen der Lebensform Elternschaft und einem Grundzug moderner Naturbeherrschung. Und mit diesem Vergleich kann eine Art günstiger Nebenwirkung deutlich werden, die ihren Teil zur besonderen Glückserfahrung der Eltern beitragen kann.

Elternschaft eröffnet, so viel kann man festhalten, eine Möglichkeit, die Fremdheit der Welt en détail zu überwinden – eine Fremdheit, mit der von den frühesten Anfängen der Menschheitsgeschichte an auf verschiedenste Art und Weise umgegangen wurde. Die brüske Unerklärbarkeit bedrohlicher Geschehnisse auf der Erde, die zunächst vor allem mythologisch und theologisch *gedeutet* wurde, wollte die Moderne nicht mehr so hinnehmen: Ihr ging es darum, jene Unwägbarkeiten zu *beseitigen.* Der Siegeszug der Naturbeherrschung war nicht zuletzt der Versuch, der Bedrohungen Herr zu werden, mit denen man sich zuvor auf verschiedene Weise arrangiert und abgefunden hatte.

Der Mensch der Moderne «wähnt» jener Furcht vor dem Ungewissen, Bedrohlichen erst «ledig zu sein, wenn es nichts Unbekanntes mehr gibt. Das bestimmt die Bahn der Entmythologisierung, der Aufklärung (...). Aufklärung ist die radikal gewordene, mythische Angst. (...) Es darf überhaupt nichts mehr draußen sein, weil die bloße Vorstellung des Draußen die eigentliche Quelle der Angst ist» (Horkheimer/Adorno). Dem Unternehmen, das dann dieses «Draußen» in eine Spielwiese des Menschen verwandelt, das in der «Lust seiner Tätigkeit (...) nur mit sich selbst zu tun» haben will (Hegel), kann man dann nachsagen, es diene einem «kosmologischen Narzißmus».[18]

Der machtvolle Einsatz des modernen Menschen, mit dem die ganze Welt zum Spielraum subjektiven Zugriffs wurde, der eine Welt menschlich machen wollte, indem er sie sich untertan machte, hat die Unwägbarkeiten und Risiken für die Menschen weniger verringert als verlagert. Neben dem tief zwiespältigen Resümee der «Dialektik der Aufklärung» kann man nun – bezogen auf unser Thema – einen unauffälligeren, harmloseren Schluß ziehen. Wenn man nämlich als ein ursprüngliches Motiv jenes gewaltigen Machtstrebens des Menschen die Aufhebung der undurchdringlichen Fremdheit der Welt ansehen darf, so ist es auch zulässig, in der Elternschaft eine – ganz andere – Gelegenheit zu sehen, mit dem, was «draußen» ist, vertraut zu werden.

Mit den Kindern schafft man sich eine Umgebung, in die man auf besondere Weise hineingehört, die nicht fremd und «draußen» ist, weil man selbst sich in den Anderen wiederfindet. Wenn man sagen darf, in den Kindern sei in gewisser Weise ‹ein Stück› von mir, so ist man in der Welt, die man mit ihnen gemeinsam hat, ohne große Machtanstrengung heimisch geworden. Daß «draußen» jemand ist, der zu einem gehört, an dessen Existenzgründung man beteiligt war – auf diese Tatsache stützt sich das besondere Zugehörigkeitsgefühl der Eltern zu ihren Kindern.

Ihr gemeinschaftliches Leben kann sich dann auch deshalb bewähren, weil darin individuelle Interessen mit den Interessen anderer im Zusammenleben von selbst zusammenfallen. Der besonderen Zusammengehörigkeit von Eltern und Kindern hat man letztlich – ganz pragmatisch – zu verdanken, daß man immer noch eher darauf setzen kann, als alter Mensch von seinen Kindern besucht oder gar betreut zu werden als von Freunden, mit denen man jahrelang durch Kneipen oder durch die Lande gezogen ist. An Freunde wird man solche Erwartungen nur richten können, wenn die Intensität des miteinander geteilten Lebens der gleichkommt, die zwischen Eltern und Kindern besteht. Und da haben Freunde, so sehr sie aufeinander eingeschworen sein mögen, einen Startnachteil von vielen, vielen Jahren. (Womit nicht gesagt sei, daß sie diesen nie ausgleichen könnten.)

Oft bildet sich diese Vertrautheit von Eltern und Kindern auch aus zu einer Lebenseinstellung *diesseits* der Fremde, welche dann ‹drum herum› mehr oder weniger undurchdringlich weiter Bestand hat. Sie lebt sich in kleinen Alltäglichkeiten aus: etwa, wenn Eltern mit ihrem Kind eine Art Privatsprache entwickeln, die nur von ihnen selbst verstanden wird, von *niemandem sonst,* oder wenn Vater und Kind bei einer ganz normalen Fahrt im Schlafwagenabteil so tun, als hätten sie als verschworene Gefährten ein gefährliches Abenteuer zu bestehen. Das Besondere an diesen Inszenierungen liegt nicht darin, *was* getan wird, sondern *wie* es getan wird: nämlich so, als gehe es dabei nur um sie beide – und nicht um den Rest der Welt. Bei Peter Handke[19] überschlägt sich diese Denkfigur; er «verwünscht (...) die Geschichte (...) und schwört ihr für seine Person ab», zugleich «erschaut er erstmals sich allein mit dem Kind in der Nacht des Jahrhunderts und in der leeren Grufthalle des Kontinents».

Unübersehbar ist hier das Risiko, daß sich eine neue Abgrenzung, nämlich die zwischen einer (oft nur scheinbar) intakten Privatsphäre und einer (manchmal auch nur scheinbar) bedrohlichen Außenwelt, durchsetzt. In der Tat wurde ja in der Familie gern eine kleine heile Welt gesehen – so diente sie im 19. Jahrhundert als Schutzraum vor den Angriffen der Konkurrenzgesellschaft (s. o. Kapitel 4, S. 130). Das Ideologische an *dieser* Konstellation ist die Tatsache, daß man hier nur Harmonie in einem Bereich sucht, der als solcher überhaupt nicht selbständig ist, daß man also etwas in sich ordnet, was doch gar nicht auf sich allein gestellt Bestand hat. Die Allegorie auf dieses Familienmodell wird eben von den Familien allsommerlich an der deutschen Nordsee ausgelebt: Beim Sandburgenbau können sie alltäglich neu erproben, ob ihre mächtige Gemütlichkeit im Kampf mit einer fremden Macht, dem Wasser, untergeht oder sich behauptet. Doch die bürgerliche Familie ist gerade nicht ein ganz anderes Element als die Welt, die sie bedroht, sie gehört vielmehr im Innersten zu der Entwicklung, vor der zu schützen sie vorgibt. Man überfordert, neurotisiert die Familie, wenn man sie als «Hafen in herzloser Welt» (Ch. Lasch[20]) heimsucht. Es wäre irreführend, in der Eltern-Kind-Konstellation eine *Gegenwelt* zu jener Fremde zu sehen, die schier unüberwindlich «draußen» zu herrschen scheint. In dem Maße, wie die Welt «draußen» nicht von undurchdringlichen Naturgewalten, sondern von Menschenhand bestimmt wird, wäre es auch eine falsche Flucht, sich vor dieser Welt, die in gewisser Weise immer «menschlicher» wird (und die deshalb auch auf neue Weise «unmenschlich» werden kann), zurückzuziehen.

Zu stellen hat man sich vielmehr einem Nebeneinander (manchmal auch Durcheinander) verschiedener Erfahrungen: So wie es die Möglichkeit gibt, sich in Entscheidungsprozesse und Handlungskontexte einzuschalten, bei denen letztlich die eigene Existenz auf dem Spiel steht, so kann man auch nach Umständen suchen, die es erlauben, sich ohne kämpferische Abgrenzung der Welt auszusetzen, altmodisch gesagt: sich in ihr heimisch zu fühlen.[21] Richard Sennett hat – ganz unerwartet – in der modernen Stadt Chancen für eine solche unbedrohliche «Selbstpreisgabe» entdeckt. Und gerade wenn man Sennetts Kritik am «Kult des ‹trauten Heims›», auch an Ruskin, Saint-Simon und Tönnies teilt, kann man im Verhältnis von Eltern und Kindern eine Chance zu solch einer anderen Lebenshaltung entdecken.

Es geht dabei dann genau nicht mehr um eine Familie, bei der alle Mitglieder zu *einer* Person zusammenfallen (vgl. z. B. Hegel PhR § 162). Das Zusammenleben von Eltern und Kindern ist in diesem neuen Sinne weniger ein Hort der Identität als ein Tummelplatz der Unterschiede. Im Miteinander der Generationen wird man identische Lebensstile ebenso vergeblich suchen wie identische Leibgerichte. Faszinierend an einem Kind ist nicht zuletzt, wie dieses auf verschlungene Weise ein Eigen-Leben entwickelt – und dabei doch z. B. von elterlichen Vorgaben ausgeht. So verschränken sich Abweichung und Anknüpfung zur Eigenart eines Lebens von Menschen, das sich gerade darin als gemeinsames erweist. Das Zugehörigkeitsgefühl derer, die zusammen leben, legt einen Umgang nahe, in dem sich im Sinne Sennetts – ohne künstliche Harmonisierung, aber auch ohne falsche Feindschaft – Unterschiede *wie auch* Entsprechungen ausleben lassen könnten. Die «Erfahrung der Sympathie», die hierzu gehörte, dürfte, modern ausgedrückt, der Lebensqualität von Eltern zuträglich sein. Sie könnte, anders gesagt, glücklich machen.

An dem elterlichen ‹Betrachten› gibt es nun aber noch ein weiteres Motiv, das mit jenem besonderen vertrauten Bezug zur Welt noch nicht abgedeckt ist. Das Betrachten des Kindes, das zu einem gehört, hat seine Pointe nicht ausschließlich darin, daß man sich damit auf besondere Weise auf die Welt einlassen kann; so unmittelbar selbstbezogen ist dieses Betrachten im Grunde gar nicht.

Egal ob es sich um den Vater von Boris Becker oder um Peter Handke handelt: deren Betrachten ist – wie man beim einen der Fernsehübertragung aus Wimbledon und beim andern seiner «Kindergeschichte» entnehmen kann – im Glücksfall eine *stolze* Kontemplation, ein Kompliment an das Kind. Das elterliche Betrachten ist ein zurückhaltendes Miterleben, eine stille Freude daran, daß das Kind da ist und lebt – eine Freude, die keine egozentrische Selbstgefälligkeit, aber umgekehrt auch keine altruistische Selbstaufgabe ist.

In dem Kapitel zu der Frage, «wie Eltern tätig sind», habe ich zu klären versucht, ob Eltern sich als Schöpfer ihrer Kinder fühlen können. Wenn nun hier davon die Rede ist, im Kind sei irgendwie ‹ein Stück› von mir, so wird damit auch ein Ergebnis aus jenem Kapitel aufgegriffen: Demnach führen Eltern ihre

Kinder ins Leben hinein, ohne daß dies als souveräner Schöpfungsakt oder auch nur als verantwortliche ‹Produktion› angesehen werden dürfte. Verantwortung tragen sie zunächst in einem unbestimmten Sinn dafür, daß überhaupt ein neuer Mensch auf die Welt kommt; danach sind sie, ohne daß die dabei einsetzenden Prozesse bis ins Letzte zu durchschauen wären, beim Erwachsenwerden des Kindes an entscheidender Stelle beteiligt.

Eltern wissen, so viel kann man sagen, daß dieses ihr Kind ohne sie jedenfalls nicht auf der Welt wäre. Sie wirken mit am Gedeihen des Lebens. Nachdem sie das Kind, wie es so schön heißt, ‹zur Welt gebracht› haben, vollziehen sie auch mit, wie es sich in diese Welt einlebt, wie es sie auf ihre Stärken und Schwächen abklopft, auf bestimmte Dinge versessen ist und andere verwirft. Eltern haben teil an einer jahrelangen, umständlichen Initiation des Kindes ins Leben. Tagtäglich wird es in Geheimnisse eingeweiht: Wie man aus der Tasse trinkt, daß der Ball vom Sofa rollt, wie Erdbeeren schmecken, daß der Ofen heiß ist, wie man Fahrrad fährt, daß eins und eins zwei ist, wie der Kuß des Nachbarmädchens schmeckt und so weiter.

Die Teilhabe der Eltern am werdenden und wachsenden Leben ist etwas Besonderes, sie ist ‹glücksverdächtig›; jedenfalls unterscheidet sie sich von Erfahrungen, die anderen ‹Tatbeteiligten› vergönnt sind. Worin genau liegt der Unterschied – etwa, wenn man dies mit Erfahrungen vergleicht, die ein Lehrer mit Schulkindern macht?

Wenn das Kind – im Glücksfall – in der Schule für das Leben lernt, so nehmen Eltern – und das ist eine viel undurchsichtigere und ursprünglichere Angelegenheit – daran Anteil, wie ihr Kind ‹überhaupt› leben lernt. Die Zuständigkeit der Eltern ist also viel umfänglicher als die der Lehrer. Während Lehrer – soziales Lernen hin oder her – für die Vermittlung bestimmter Kenntnisse in bestimmten Gebieten zuständig sind, ist die Zuständigkeit von Eltern überhaupt nicht einzugrenzen: Da geht es um das Leben schlechthin. So sind umgekehrt Eltern auch ‹ganz› gefragt: Eine Glückserfahrung für Eltern kann deshalb auch darin liegen, daß das Kind keine – arbeitsteilig – festgelegten Erwartungen an sie hat, daß sie «als Menschen» gefragt sind.[22] Es gibt keine festgelegte Zuständigkeit. Eltern sollen ebenso beim Gewitter trösten wie beim Schaukeln anstoßen – und wenn es nach den Kindern ginge, so müßten sie auch noch den Regen beenden können. Daß Kinder die Kompetenz der Eltern hoffnungsfroh überschätzen, ist für diese, die doch ‹nur› Menschen sind, schon fast eine Schmeichelei. Was den Umgang mit dem Kind auszeichnet, ist nicht eine innere Qualität der diversen elterlichen Tätigkeiten selbst, sondern eine besondere Beziehung der Eltern zum Kind: die Tatsache, daß sie es hier mit einem «Leben» zu tun haben, das zu ihnen gehört.

Eltern unterscheiden sich von Lehrern – um bei diesem Vergleich zu bleiben – nicht nur durch ihre umfassendere Zuständigkeit. Während Lehrer für ein Kind zuständig sind, das schon eine gute Weile auf der Welt ist, sind Eltern bekanntlich schon dafür zuständig, daß es überhaupt auf die Welt kommt. Wenn dann das Kind leben lernt, erwachsen wird, und wenn auch hierfür vor allem die Eltern zuständig sind, so strahlt dies, darauf kommt es mir nun an, auch auf deren vorausgegangenen Einsatz (das Zur-Welt-Bringen des Kindes) zurück. Letztlich liegt in der Bewältigung des gemeinsamen Lebens mit dem Kind auch eine nachträgliche Gutheißung dessen, daß dem Kind überhaupt das Leben ‹geschenkt› wurde: Es hat damit, so darf man dann resümieren, etwas anfangen können.

Wir begegnen an dieser Stelle in einem merkwürdigen Perspektivenwechsel einer Argumentation Kants, die ich im vorherigen Kapitel zur Frage, «ob Eltern frei sind» kritisiert habe: nämlich der These, daß Eltern sich die Schuld aufladen, ihr Kind ohne dessen Einwilligung in die Welt zu setzen – und daß sie von daher verpflichtet sind, das Kind wenigstens nachträglich mit diesem Leben zu versöhnen. Ich habe an jener Stelle diese Argumentation kritisiert, weil mir es nicht plausibel erschien, Eltern für etwas zur Verantwortung zu ziehen, bei dem sie überhaupt keine Freiheit gehabt hätten, anders zu handeln: Wenn Kinder eben nur so auf die Welt zu bringen sind, dann kann man daraus, so meinte ich, keinen Vorwurf ableiten (s.o. Kapitel 4, S. 120).

Nun stoßen wir in einem anderen Zusammenhang, nämlich dem des Glücks statt dem von Freiheit und Verantwortung, auf eine Denkfigur, die an Kant erinnert: Eltern, so hieß es gerade, könnten daraus einen Genuß ziehen, daß ihr Kind auf der Welt ist und mit dem Leben etwas anfangen kann. Ähnlich wie in der kantischen Argumentation geht es also um die Bedeutung des Gelingens kindlichen Lebens für die Eltern.

Ich glaube – um keine Mißverständnisse aufkommen zu lassen – nach wie vor, daß Kants Argumentation nicht zutrifft. Aber die faszinierende Einfachheit, durch die sie sich auszeichnet, könnte möglicherweise damit zu tun haben, daß sie – wenn man die moralische Überformung Kants beiseite läßt – in ganz anderem Zusammenhang etwas Wichtiges trifft: nämlich nicht eine Verpflichtung gegenüber den Kindern (die anders abzuleiten ist; s. o. Kapitel 4), sondern den Versuch der *Eltern selbst,* sich mit dem Leben anzufreunden.

Aristoteles hat davon gesprochen, daß es dem Menschen darauf ankomme, mit seinem Leben «befreundet» zu sein, «in dauernder Lebensgemeinschaft mit sich selbst zu sein, denn er verwirklicht sie mit Freude» (vgl. NE 1166 a 24). Vielleicht darf man sagen, daß auch Elternschaft zu dieser Freundschaft mit sich selbst beitragen kann – und zwar in einer Weise, die einen weiteren Aspekt ihres besonderen ‹Glücks› deutlich macht.

Ich hatte anläßlich der Auseinandersetzung mit Kant zu zeigen versucht, daß Kant von einer Fiktion ausgeht, daß er nämlich unterstellen muß, im Leben sei eine ursprüngliche Entscheidungssituation über dieses Leben selbst herstellbar. Eine solche Entscheidung über den Vor- oder Nachteil, geboren zu sein,[23] hat aber immer schon eine Schlagseite: daß man nämlich erstmal leben muß, um sich für oder gegen das Leben zu entscheiden. Dem Leben fehlt die Alternative. Es geht bei der Entscheidung für oder gegen das Leben nicht zu wie bei der Entscheidung über eine Neuanschaffung, bei der man als unbeteiligter, aber interessierter Beobachter unter verschiedenen Modellen auswählen kann. Wenn «Gott» einst meinte zu sehen, daß das Leben, das er geschenkt hatte, «gut war» (Gen. 1,31), so können *wir* das *nicht* sehen. Uns fehlt für diese Aussicht der Hochsitz. In Lebens-Dingen sind wir unausgewogen, befangen, man könnte sagen: ‹lebenslastig›. Der Entscheidung *für* das Leben – also auch dem aristotelischen Ansatz, mit dem Leben befreundet zu sein – fehlt die letzte Überzeugungskraft. Eine solche Bejahung des Lebens muß ähnlich verhalten bleiben, wie wir dies bei einer anderen Bejahung kennengelernt haben, bei der nämlich, mit der sich das Kind zu dem gemeinsamen Leben mit den Eltern bekennt (s. o Kapitel 3, S. 100f.). So wie dort dem Kind letztlich die Alternative fehlte, wie es gar nicht anders konnte, als sich für die Eltern zu entscheiden, so ist auch bei der Entscheidung über das Leben, die Kant im Prinzip fordert, die Bejahung desselben ein nachträglicher Behelf. Karl Kraus[24] treibt ein böses Spiel mit dieser Einsicht, wenn er sagt:

> «Das Leben ist eine Anstrengung, die einer besseren Sache würdig wäre.»

Umgekehrt heißt das aber: Uns allen ist es letztlich verwehrt, eine neutrale Entscheidungssituation über das «Ja» oder «Nein» zu unserem Leben herzustellen.

Danach sich zu sehnen, ist vielleicht aber auch gar nicht sinnvoll, jene höchste Überzeugungskraft muß man gar nicht fordern. Wittgenstein würde solche Forderungen jedenfalls unter diejenigen Versuche rechnen, bei denen man sich im «Anrennen an die Grenzen der Sprache» – und das heißt für Wittgenstein: des *Lebens* – nur «Beulen» holen kann (Philosophische Untersuchungen § 119). Im Sinne Wittgensteins müßte man jene vergebliche Spekulation auf *transzendente* Lebensbejahung sein lassen. Wir leben nun mal – und versuchen, das Beste daraus zu machen. Sollte jemand fragen, mit welchem Recht, mit welcher Begründung ich von der Güte des Lebens ausginge, wäre die – man könnte sagen: *immanente* – Antwort: «Frag doch nicht so dumm! Wenn ich nichts davon hielte, würde ich es doch lassen!»

(D. h. umgekehrt: Es ist auch nicht *prinzipiell* ausgeschlossen, daß ein Mensch nichts von seinem Leben hält, daß es ihm sinnvoll erscheint, aus dem Leben zu scheiden. Das Recht, dies zu tun, kann man ihm nicht bestreiten. Pumpt man einem Selbstmörder die Schlaftabletten aus dem Magen, so liegt die Berechtigung hierzu meines Erachtens nur darin, daß man ihn zu fragen hat, ob er sein unwiderrufliches Tun nicht nochmal überdenken wolle, ob sich nicht manches an dem, was ihm das Leben verleidet hat, ändern lasse. Man handelt nicht aus der Gewißheit, jener habe schlechterdings falsch entschieden, sondern – nach Wittgenstein[25] – um ihn vor einer «Überrumpelung» seiner selbst zu schützen.)

Mir scheint nun, daß Eltern über eine Möglichkeit verfügen, die Bejahung des Lebens, mit der man sich – argumentativ – so schwertut, im *immanenten* Sinne in eine denkbar starke Form zu bringen: Wenn sie sich nämlich auch nicht hinter ihr eigenes Leben zurückversetzen können, so können sie doch ihrer *Bejahung* Ausdruck verleihen in Gestalt eines anderen Lebens, dem ihres Kindes. Sie können über ihr eigenes Leben hinausgehen, das doch nur nachträglich und behelfsmäßig gutzuheißen ist. In Gestalt des Kindes können sie das Leben ganz unbeeinträchtigt willkommen heißen. Freilich sind sie für die Bejahung *dieses* Lebens eigentlich nicht zuständig, sie wird, genaugenommen, unter falschem Namen, mit einem anderen Absender ausgesprochen; das Kind, dem sie zusteht, vollzieht sie dann doch wieder nur nachträglich, schon im Leben befangen.

Wenn Eltern ein Kind zur Welt bringen, so liegt darin die *nicht wirklich begründete* Unterstellung, daß dies einen Sinn gebe, daß das Kind und auch die Eltern von dem, was sie tun, etwas haben. Es geht dabei nicht um die abstrakte Bejahung, mit der man dem Leben schlechthin ein Gütesiegel verpaßt (s. o. Kapitel 1, S. 30), die Bejahung des Lebens stützt sich nicht auf irgendeinen «Blick aus dem Nirgendwo», eine neutrale Beobachterposition, sondern auf eine Bekräftigung im Vollzug, eine Bestätigung im ‹Noch-einmal›. Wie es ein unübertreffliches Anzeichen für das Gelingen einer Liebesnacht ist, daß man sich erneut verabredet (das wortgewaltigste Schwelgen hinterher klänge wie Hohn, wollte man zugleich ein weiteres Treffen vermeiden), so ist es auch eine starke Bestätigung für das Leben, wenn man ein neues in die Welt setzt, oder: wenn man nicht nur sich selbst am Leben läßt, sondern auch noch einem anderen

Menschen beim Einleben ins Leben hilft. Das gelingt Menschen, indem sie Eltern werden.

Als Eltern sind Menschen beteiligt an einem Geschehen des Lebens, das sie selbst nicht bis ins Letzte durchdringen können; sie ergreift ein wohliges und zugleich ein bißchen unheimliches Gefühl – ähnlich dem kleinen Kind, das einen Ring in scheinbar harmloses Wasser taucht, hindurchbläst und dann staunend den schillernden Seifenblasen nachschaut. Sie dürfen mitwirken an einem Prozeß, über den sie sich nicht erheben können, der etwas Undurchschaubares und Ehrwürdiges, etwas «Mystisches»[26] hat. Es ist, als weihe man jemanden in ein Geheimnis ein, das man doch selbst nicht kennt, als vollführe man einen Zaubertrick, den man doch nie gelernt hat.

So kann man vielleicht auch verstehen, daß das Glück junger Eltern das Elend, in dem sie möglicherweise gerade leben, momentweise überstrahlen kann: das neue Leben ist für sie ein denkbar starkes *positives* Zeichen. Wenn sie einem Kind zum Dasein verhelfen, geht es nicht nur um die Bejahung von dessen speziellem Leben, dessen Persönlichkeit, die sich ja erst noch langsam entwickelt; es liegt darin ein Signal *für das Leben schlechthin.*

Umgekehrt gibt es kaum erschütterndere Begegnungen als die mit einem Kind, das, wie man dann sagen muß, *keine Zukunft* haben wird, dem das Leben, das es vielleicht leben könnte, gewaltsam zerstört wird. Daß dies noch erschütternder sein kann als eine Begegnung mit einem Erwachsenen, der gleichermaßen leidet, hängt wohl damit zusammen, daß uns im Kind in einer eigentümlichen Verallgemeinerung das Leben selbst begegnet, nicht schon dieses bestimmte Leben, diese einzelne Persönlichkeit. Es ist dann auch jener klammheimliche Gedanke unzulässig, wonach etwa dieser bestimmte Mensch für seine miese Lage selbst mitverantwortlich sei. Vielmehr wird es eben als ein Affront gegen das Leben überhaupt empfunden, wenn ein kindliches Leben zerstört wird.

Daß Eltern dem Leben ihres Kindes so zugetan sind, hat nun auch noch eine andere besondere Pointe. Kant[27] hat in seinem «praktischen Imperativ» vorgeschrieben, «daß du die Menschheit (...) jederzeit zugleich als Zweck, niemals bloß als Mittel brauchest.»

Darin liegt die Warnung, einen anderen Menschen nicht für eigene Interessen zu mißbrauchen, ihn in seiner Eigenständigkeit, in der er sich selbst Ziele setzt, zu achten. Diese Forderung, die als Grundrecht eines jeden Menschen so schwer durchzusetzen ist, wird beim Umgang von Eltern mit ihrem Neugeborenen auf fast kuriose Art wenigstens zur Hälfte erfüllt: Da nämlich dieses Kind einfach zu nichts zu gebrauchen, zu nichts ‹gut›[28] (oder tauglich) ist, fällt es auch als «Mittel» aus. Für eigene Unternehmungen wird man es zunächst nicht nutzbringend heranziehen oder ausbeuten können. Wenn man von versteckten emotionalen Überfrachtungen absieht, denen kleinste Kinder ausgesetzt sein können (und an denen sie später zu leiden haben), kann es Eltern insofern auch nicht allzu schwerfallen, den zweiten Schritt zu tun und sie so zu behandeln, wie es überhaupt alle Menschen zu behandeln gilt: daß man sie nämlich in ihrem Eigen-Leben respektiert. Kinder sind freilich in ihrer Schwäche nicht davor geschützt, daß Eltern ihnen mit Gewalt und Selbstgefälligkeit begegnen, gerade weil sie von ihnen Gegenwehr nicht zu befürchten haben.

Eltern bejahen im Glücksfall nicht nur, *daß* ihr Kind da ist; in ihrer Art der Liebe wird erstmal *auf Verdacht* die ganze Eigentümlichkeit dieses wachsenden Lebens *toleriert.* Es handelt sich also nicht um eine Bejahung des bloßen Lebens, der «Faktizität» (s. o. Kapitel 3, S. 108 f.), sondern um eine Bejahung, die auch Schwächen und Fehler des Kindes erstmal einschließt. Menschen, die Eltern werden, können eine besondere Erfahrung machen, gerade weil sie *nicht* auf ‹Nummer sicher› gehen wie Demokrit (fr. 277):

«Wer den Wunsch hat, einen Sohn zu haben, erreicht dies besser durch Annahme eines Kindes von Freunden. Dann wird er einen Sohn haben, wie er ihn sich wünscht. Denn er kann sich einen auswählen, wie er ihn haben möchte. (...) Wenn man ihn sich aber selber erzeugt, dann sind viele Gefahren damit verbunden. Denn dann muß man sich mit dem, der einem nun einmal geboren ist, abfinden.»

Daß Eltern ihrem Kind von vornherein so großzügig – man könnte auch böse sagen: undifferenziert, pauschal – zugetan sind, mag heute auch damit zusammenhängen, daß sie sich versprechen, mit einem eigenen Kind – anders als Demokrit – besser auszukommen als mit irgendeinem ‹wildfremden›. Dafür gibt es aber keine Garantie: Eltern wie Kindern kann in ihrem gemeinsamen Leben noch einiges – und nicht nur Schönes – blühen. Das heißt auch, daß Eltern nicht davor gefeit sind, trotz einer ursprünglichen Bejahung des Lebens in tiefe Irritationen über die eigene Rolle zu geraten. So kann es auch passieren, daß man mit dem Menschen schlicht ‹nichts mehr anfangen› kann, für dessen Lebens-Anfang man verantwortlich ist. Eltern sind der Angst nicht von vornherein enthoben, daß das eigene Kind in späteren Jahren zum überzeugten Faschisten wird. Oft bestrafen Menschen auch umgekehrt ihr Kind als wehrlosen Sündenbock dafür, daß sie ihr elterliches Leben, dessen sie überdrüssig geworden sind, weiter zu führen haben. Entfremdung zwischen Eltern und Kindern, Krisen in dieser besonderen Beziehung sind unausweichlich.

Aristoteles weiß um diese Risiken, wenn er meint, die Kinderlosigkeit sei dem Leben mit «ganz schlechten Kindern» vorzuziehen (NE 1099b 5f., s.o. Kapitel 1, S. 14). Als wäre es ein Einspruch gegen Aristoteles, läßt Lessing den «zärtlichen Vater» Sir William in «Miss Sara Sampson» (I. 1) sagen: «Ich würde doch lieber von einer lasterhaften Tochter als von keiner geliebt sein wollen.»

Letztlich kann das Kind nur ein schöner (und bei verwehrter Bejahung ein schrecklicher) Anhaltspunkt sein für eine Erfahrung, in der man sich einem anderen Leben zuwendet; ob man sich an diesen Anhaltspunkt hält oder ihn übersieht, hängt von einer Lebenshaltung ab, die – leider – kein Kind und – zum Glück – kein Philosoph den Eltern vorschreiben kann.

Überhaupt ist Eltern kein besonderer Vorsprung einzuräumen, was das ‹Bekenntnis zum Leben› in einem weiteren Sinne angeht. Natürlich darf man aus der Tatsache, daß ein Mensch Kinder hat, nicht automatisch schließen, daß er für die Bejahung, Bewahrung und Entfaltung des Lebens in jeder Hinsicht

– inklusive Friedensliebe und Umweltschutz – eher einstehe als ein Kinderloser. Die Chancen, die sich in der Elternschaft bieten, sollten – darauf habe ich bereits hingewiesen – nicht dazu verleiten, sie im Gegenzug zu anderen Idealisierungen des Menschseins zu einer besonders ausgezeichneten Lebensform zu erklären. Sie eröffnet, wie andere Lebensformen auch, besondere Möglichkeiten, zieht zugleich, wie mehrfach angemerkt, beträchtliche Belastungen, Einschränkungen nach sich und hat in bestimmten Bereichen – z.B. was den gleichgestellten Umgang zwischen Menschen angeht – regelrecht Defizite.

Natürlich machen auch Kinderlose die Erfahrung, auf andere angewiesen zu sein, für andere einzustehen, sich mit anderen auszuleben – eine Erfahrung, die dem Verantwortungsgefühl für die Gemeinschaft und letztlich für die Erde zugrundeliegt. Kinderlose sind zur Fürsorge nicht unentwegt gezwungen – d.h., daß sie sich ihr vielleicht leichter verschließen können. Umgekehrt könnte man aber auch sagen, daß sie sich anderen ungezwungener öffnen können. Eltern sind zur Hilfestellung für das Kind genötigt – und d.h. dann auch, daß sie sie als bloßen Zwang ansehen und sich dagegen, des vermeintlichen Altruismus überdrüssig, sträuben können (s.o. Kapitel 4, S. 146). Hier wie dort besteht also die Option, sich *gegen* das Leben mit seinen gemeinschaftlichen Aspekten zu wenden.

Fern von irgendeinem Vorsprung in Sachen Humanität darf man immerhin festhalten, daß es Eltern vergönnt sein *kann*, eine eigenartige und durchaus einmalige Erfahrung mit dem Leben zu machen, in der ihnen Glück zuteil wird. Dieses Glück wird erlebt im Blick auf das neue Leben, dem sie in die Welt helfen. Im Heranwachsen des Kindes kann eine alltäglich wiederkehrende Bestätigung jener Entscheidung ‹für das Leben› liegen, kulinarisch gesprochen: ein Genuß in vielen kleinen Gängen. Am Ende praktizierter Elternschaft steht, wenn es ‹gut geht›, ein Glück, das, von allen tätigen Pflichten befreit, nur noch dem Betrachten eines Lebens gewidmet ist, das eigene Wege geht.

Mir ist kaum eine fürchterlichere Vernichtung elterlicher Lebensbejahung bekannt als die, von der Ödön von Horváth in seinen «Geschichten aus dem Wienerwald» erzählt. Horváth schildert, wie der «grandiose Schuft» und «Hallodri» Alfred die arme Marianne verführt. Sie wird von ihm schwanger, eine Abtreibung, die Alfred durchsetzt, obwohl sich Marianne «direkt fanatisch dagegen sträubt», scheitert, und so leben sie schließlich zu dritt in einem Zimmer, das eher ein «feuchtes Loch» ist. Alfred bringt Leopold, das Kind, gegen Mariannes Willen in die Wachau zu seiner Großmutter, wo «die Sonne scheint». Die Großmutter, die Alfred, der doch noch so «jung und schön» ist, eine «gute Partie» verschaffen will, macht ihm deutlich, die Sache mit dem Kind würde sie schon regeln. «Für manche wärs schon besser, wenns hin wären!», sagt sie und schiebt «das Betterl mit dem kleinen Leopold» nachts in die kalte Zugluft. «Das Kind hat sich nur etwas erkältet», schreibt sie wenig später der entsetzten Mutter, «und dann ist es sehr schnell dahingegangen.»

Alfred, der Vater, verwendet die «vierundachtzig Schilling», die er gerade auf der Rennbahn gewonnen hat, für «einen schönen Grabstein» und meint:

> «Ich bin sehr traurig. Wirklich. Ich habe jetzt grad so gedacht – so ohne Kinder hört man eigentlich auf. Man setzt sich nicht fort und stirbt aus. Schad!»

Mariannes Elend nutzt der Fleischhauer Oskar, der vergeblich um sie geworben hat und den sie eigentlich für einen «Idioten» hält. Sie sagt: «Ich kann nicht mehr. Jetzt kann ich nicht mehr»; er sagt: «Dann komm», und

> «in der Luft ist ein Klingen und Singen, als spielte ein himmlisches Streichorchester die ‹Geschichten aus dem Wiener Wald› von Johann Strauß.»

Ende des Stücks.

So schwer sich gegen diese alltägliche Tragödie etwas aufbieten läßt, so wenig kann man sich doch davon abbringen lassen, daß es nicht immer so sei. Im Glücksfall kann in die Lebensgeschichte des Kindes, an der die Eltern alltäglich teilhaben, auch etwas von dem Glanz jener frühen Erfahrung der Bejahung des Lebens hineingerettet werden. Die fortlaufende Aneignung des

Lebens, die kleinen Freuden des Alltags lassen sich so als immer wiederkehrende kleine Bestätigungen jener großen Bejahung genießen, für die die Geburt des Kindes steht. Sie bieten zugleich den Eltern die Gelegenheit, an dem Heranwachsen des Kindes die eigene Geschichte zu erschließen – das, was ihnen widerfahren ist, das, was zur Entdeckung einer Welt gehört, in der es sich leben läßt.

So scheint es mir letztlich ratsam, von den Kindern nicht die Überwindung des Todes, sondern die Bejahung des Lebens zu erhoffen.

Sachdienliche Hinweise

Auf einige häufig zitierte Werke wird im Text mit folgenden Kürzeln hingewiesen:

ÜP	I. Kant: Über Pädagogik. Werke (Hg. Weischedel). Wissenschaftliche Buchgesellschaft, Darmstadt 1983, Bd. X (Seitenzählung der 1. Auflage 1803)
MS	I. Kant: Die Metaphysik der Sitten. Erster Theil. Metaphysische Anfangsgründe der Rechtslehre. Werke, a. a. O., Bd. VII (Seitenzählung der 1. Auflage 1797)
GN	J. G. Fichte: Grundriß des Familienrechts (als erster Anhang des Naturrechts). In: ders.: Grundlage des Naturrechts. Meiner, Hamburg 1960
PhG	G. W. F. Hegel: Phänomenologie des Geistes. Werke (Hg. Moldenhauer/Michel). Suhrkamp, Frankfurt 1971, Bd. 3
PhR	G. W. F. Hegel: Grundlinien der Philosophie des Rechts. Werke, a. a. O., Bd. 7
PhGesch	G. W. F. Hegel: Vorlesungen über die Philosophie der Geschichte. Werke, a. a. O., Bd. 12
KSA	F. Nietzsche: Kritische Studienausgabe (Hg. Colli/Montinari). dtv, München/De Gruyter, Berlin/New York 1980
AsZ	F. Nietzsche: Also sprach Zarathustra. Kritische Studienausgabe, a. a. O., Bd. 4
SZ	M. Heidegger: Sein und Zeit. Niemeyer, Tübingen ^{8}1957

Die Werke von Platon und Aristoteles werden im Text mit den üblichen Kürzeln und der gängigen Zählung zitiert (z. B. NE für «Nikomachische Ethik»). Als Übersetzungen wurden herangezogen bei Platon Schleiermacher, Teuffel/Wiegand, Susemihl, Eyth, bei Aristoteles Dirlmeier, Rolfes, Gigon (NE), Siegfried, Susemihl (Pol.).
Die Hervorhebungen in Zitaten sind immer original.

Zum Vorwort

1 Vgl. Platon, Theait. 155 d, Aristoteles, Met. 982 b 19.
2 A. Schopenhauer: Die Welt als Wille und Vorstellung II. Werke. Diogenes, Zürich 1977, Bd. IV, S. 623.
3 Es gibt in der Soziologie ähnliche Begriffsbildungen, so die «soziale Elternschaft» und die «aktive Elternschaft» (S. Metz-Göckel/ U. Müller: Der Mann. Die BRIGITTE-Studie. Beltz, Weinheim/Basel 1986, S. 19; E. Beck-Gernsheim: Die Kinderfrage. Beck, München 1988, S. 90; J. A. Schülein: Die Geburt der Eltern. Westdeutscher Verlag, Opladen 1990, S. 214).
4 P. Handke: Kindergeschichte. Suhrkamp, Frankfurt 1981, S. 50.
5 R. Musil: Der Mann ohne Eigenschaften. Rowohlt, Reinbek 1978, Bd. 1, S. 255 f.

Zum ersten Kapitel

1 «Kinderkriegen gehört zu den letzten noch eingehbaren subjektiven Risiken.» (B. Sichtermann: Zum neuen deutschen Mütter-Ekel. Freibeuter 21, 1984, S. 139) – Vgl. zur Mütter-Sterblichkeit, von der immer viel weniger die Rede war als von der Säuglingssterblichkeit, J.-L. Flandrin: Familien. Ullstein, Frankfurt/Berlin/Wien 1978, S. 249.
2 (Pseudo-)Aristoteles: Ökonomik I.3, 1343 b; zit. nach M. Foucault: Sexualität und Wahrheit, Bd. 2: Der Gebrauch der Lüste. Suhrkamp, Frankfurt 1986, S. 223.
3 Wenn ich diese Druckmittel schildere, so unterstelle ich damit übrigens nicht, sie seien in Platons und Aristoteles' Sinne mit Erfolg angewandt worden. Zur Fortdauer der Probleme vgl. A. Boak: Manpower Shortage and the Fall of the Roman Empire in the West. Greenwood, Westport 1974; J.-L. Flandrin: Familien, a. a. O., S. 244 ff. (zu Frankreich im 17. und 18. Jh.). – Zum folgenden, insbesondere zur Langlebigkeit der Gleichung Ehe=Elternschaft, vgl. D. Lenzen: Mythologie der Kindheit. Rowohlt, Reinbek 1985, S. 95 ff.: «In einem Lebenslaufmodell des 19. Jahrhunderts wäre die Differenzierung zwischen einer Phase der Ehe und einer nachgeordneten der Zeugung gar nicht möglich gewesen, denn die Entscheidung zur Ehe war noch weitgehend identisch mit der Entscheidung zum Kind. Das ist heute anders.»

4 Im Gegensatz zu Platon und Aristoteles meint der Kyniker, bei seinem Nachdenken über die Menschheit dürfe er sich nicht von alltäglichen Sorgen, der «Krankenwartung», der «Besorgung des notdürftigen Auskommens» für die Kinder abhalten lassen; vgl. hierzu Epiktet: Gespräche III.22, 45–82; Foucault: Sexualität und Wahrheit, Bd. 3: Die Sorge um sich. Suhrkamp, Frankfurt 1986, S. 206 f. Ein Nachfahre jener Kyniker ist bekanntlich Nietzsche: «Ungereimt erscheint es, wenn Der, welcher die allgemeinste Erkenntnis und die Abschätzung des gesamten Daseins zu seiner Aufgabe erkoren hat, sich mit persönlichen Rücksichten auf eine Familie, auf Ernährung, Sicherheit, Acht von Weib und Kind, belastet (...). So komme auch ich zu dem Satze, dass in den Angelegenheiten der höchsten philosophischen Art alle Verheiratheten verdächtig sind» (KSA 2, 284).

5 Th. R. Malthus: Das Bevölkerungsgesetz [1. Auflage]. dtv, München 1977, S. 20 ff.; ders.: Das Bevölkerungsgesetz [6. Auflage], hier zit. n. G. Heinsohn u. a.: Menschenproduktion. Suhrkamp, Frankfurt 1979, S. 104.

6 Condorcet: Entwurf einer historischen Darstellung der Fortschritte des menschlichen Geistes. Suhrkamp, Frankfurt 1976, S. 207 f.

7 Zur Verkennung und zur Entdeckung der Kindheit als eigener Lebensphase vgl. z. B. Ph. Ariès: Geschichte der Kindheit. dtv, München 1978, S. 46, 93, 209, 559 f. u. ö.; J. A. Schülein: Die Geburt der Eltern, a. a. O., S. 35 ff.; M. Segalen: Die Familie. Campus, Frankfurt 1990, S. 213 ff. – Zur Bevölkerungsentwicklung vgl. z. B. W. H. Hubbard: Familiengeschichte. Beck, München 1983; P. Marschalck: Bevölkerungsgeschichte Deutschlands im 19. und 20. Jahrhundert. Suhrkamp, Frankfurt 1984.

8 «Innerhalb einer Generation geht es [das Proletariat] von einem Geschlechtsleben, das der physiologisch möglichen Fruchtbarkeit sehr nahe kommt, über zu einer willentlichen und alternativlosen Sterilität.» (Ph. Ariès nach M. Segalen: Die Familie, a. a. O., S. 231)

9 Besorgt um die «Herrenvölker» und die wachsende Geburts-Unlust zeigt sich L. Brentano: Die Malthussche Lehre und die Bevölkerungsbewegung der letzten Dezennien. Abhandlungen der Historischen Klasse der Königlich Bayerischen Akademie der Wissenschaften. XXIV. Band, III. Abt., 1909, S. 565–625, bes. S. 620, 623. – Zur Familienpolitik heißt es in «Mein Kampf»: «Der Staat muß (...) als Wahrer einer tausendjährigen Zukunft auftreten, der gegenüber der Wunsch und die Eigensucht des einzelnen als nichts erscheinen und sich zu beugen haben. (...) Er hat (...) dafür zu sorgen, daß die

Fruchtbarkeit des gesunden Weibes nicht beschränkt wird durch die finanzielle Luderwirtschaft eines Staatsregiments, das den Kindersegen zu einem Fluch für die Eltern gestaltet. Er hat mit jener faulen, ja verbrecherischen Gleichgültigkeit, mit der man heute die sozialen Voraussetzungen einer kinderreichen Familie behandelt, aufzuräumen und muß sich an Stelle dessen als oberster Schirmherr dieses köstlichsten Segens eines Volkes fühlen. (...) Der völkische Staat hat hier die ungeheuerste Erziehungsarbeit zu leisten» (A. Hitler: Mein Kampf. Zentralverlag der NSDAP, München 1936 [183./184. Aufl.], S. 446 ff.; zu den die Propaganda kontrastierenden Geburtenzahlen vgl. W. H. Hubbard: Familiengeschichte, a. a. O., S. 93; P. Marschalck: Bevölkerungsgeschichte, a. a. O., S. 75 ff.).

10 Nach L. Cahen: Condorcet inédit, hier zit. nach Flandrin: Familien, a. a. O., S. 263.

11 A. Schopenhauer: Parerga und Paralipomena § 156. Werke, a. a. O., Bd. IX, S. 326.

12 S. Freud: Die Sexualität in der Ätiologie der Neurosen (1898). Gesammelte Werke, Bd. I. Fischer, Frankfurt [2]1964, S. 507; vgl. D. Lenzen: Mythologie der Kindheit, a. a. O., S. 118.

13 Vgl. dazu im Anschluß an Tenbruck R. Eckert: Sozialer Wandel und das Verhältnis der Generationen. In: H. Bertram u. a. (Hg.): Blickpunkt Jugend und Familie. DJI Verlag, München 1989, S. 46.

14 Vgl. D. Lenzen: Mythologie der Kindheit, a. a. O., S. 99. – Man kannte zwar bekanntlich schon im Mittelalter die Verhütung, aber angesichts deren mangelnder Sicherheit und der ökonomischen Zwänge konnte sie höchstens zu einer Begrenzung des Nachwuchses führen (vgl. J.-L. Flandrin: Familien, a. a. O., Kap. 4; M. Segalen: Die Familie, a. a. O., S. 212 ff.). – Auf katholischer Seite führt diese Entkoppelung von Sexualität und Fortpflanzung zu Problemen. W. Korff übt zwar sogar Kritik am päpstlichen Junktim von Sexualität und Fortpflanzung, bemerkt eine «Entflechtung von Sexualität als existenziell bestimmtem partnerschaftlichen Erfahrungswert und Sexualität als sozialrelevanter auf Nachkommenschaft zielender Disposition». Obwohl damit die Kinderfrage *offen* wird, nimmt Korff aber nach wie vor einen «Willen zum Kind» als gegeben an, der nur «aus seinen rein naturhaft waltenden Voraussetzungen gelöst und stärker als je zuvor in die grundsätzliche moralische Verantwortung der Partner gestellt» ist. Damit bleibt er auf halbem Weg stehen (W. Korff: Wie kann der Mensch glücken? Piper, München 1985, S. 126 f., vgl. 140–149). Vgl. auch R. Spaemann: Glück und Wohlwol-

len. Klett-Cotta, Stuttgart 1989, S. 216: «Ob die Fortexistenz der menschlichen Gattung langfristig gesichert ist, wenn sie von der sexuellen Triebbefriedigung abgekoppelt wird, kann im Augenblick noch niemand sagen. Mir erscheint es als unwahrscheinlich. (...) Die systematische Ablösung des sexuellen Lustgewinns von dem natürlichen Funktionszusammenhang der Weitergabe menschlichen Lebens würde (...) die Liebe zwischen den Geschlechtern der spezifisch humanen Dimension berauben.»

15 U. Beck/E. Beck-Gernsheim: Das ganz normale Chaos der Liebe. Suhrkamp, Frankfurt 1990, S. 257.

16 S. Freud: Die Sexualität in der Ätiologie der Neurosen, a. a. O., S. 507 f.

17 Dies ist von Moheau, dem militanten Katholiken, freilich kritisch gemeint; vgl. J.-L. Flandrin: Familien, a. a. O., S. 244.

18 Vgl. M. Segalen: Die Familie, a. a. O., S. 219 ff.

19 Vgl. die Trendgeschichten von SPIEGEL («Dauerhaft ist nur die Trennung», 7. 1. 1991) und «Nouvel Observateur» («Le guide de la vie en solo», 18. 4. 1991) über «Singles».

20 Lidia Ravera: Mein liebes Kind; zit. nach E. Beck-Gernsheim: Die Kinderfrage, a. a. O., S. 106. Vgl. das eindrucksvolle Zeugnis aus dem Interview mit einer älteren verheirateten Frau, nach K. Ley: Von der Normal- zur Wahlbiographie? In: M. Kohli/G. Robert (Hg.): Biographie und soziale Wirklichkeit. Metzler, Stuttgart 1984, S. 244: «Ich sage oft, ich habe meine Kinder so unbewußt auf die Welt gestellt, weil es einfach dazu gehört hat. Wenn ich heute die jungen Frauen, die ich kenne, höre, wie sie sich das überlegen, und manch eine sagt, nein, ich will keine Kinder, dann muß ich sagen, ich begreife das. Ich will damit nicht sagen, ich hätte meine Kinder nicht gewollt. Das stimmt nicht. Aber ich frage mich ab und zu, ob ich, wenn ich heute entscheiden könnte, so unbedingt das Gefühl hätte, ich müsse Kinder haben. Ich bin da nicht so sicher.» – Zum bewußten «Nein», aber auch bewußten «Ja» zu Kindern, zum «eigenen Leben» der Mutter und zur neuen Verlegenheit um die «Gründe» fürs Kinderkriegen vgl. E. Beck-Gernsheim: Die Kinderfrage, a. a. O., S. 113; M. Segalen: Die Familie, a. a. O., S. 219. Ich halte es freilich für eine Übertreibung, wenn Segalen die «Nichtempfängnis» zu einem «Normalzustand» erklärt, neben dem dann «Empfängnis» und Elternschaft fast schon als Abweichung erscheinen.

21 Zu «NON» vgl. L. D. Scanzoni/J. Scanzoni: Men, Women & Change. MacGraw-Hill, New York u. a. ^{2}1981, S. 504; zu B. Friedan vgl.

E. Beck-Gernsheim: Die Kinderfrage, a. a. O., S. 8; zur «Falle» der Mutterschaft auch J. A. Schülein: Die Geburt der Eltern, a. a. O., S. 90.

22 S. de Beauvoir: Das andere Geschlecht. Rowohlt, Reinbek 1968, S. 505 f. (Übersetzung revidiert).

23 «Das Leben ist nicht mehr (. . .) eine ‹Wunderbare Gabe Gottes›, sondern (. . .) wird zur selbst zu gestaltenden Aufgabe, zum individuellen Projekt.» (M. Kohli: Gesellschaftszeit und Lebenszeit. Der Lebenslauf im Strukturwandel der Moderne. In: J. Berger [Hg.]: Die Moderne – Kontinuität und Zäsuren. Schwartz, Göttingen 1986, S. 185; vgl. E. Beck-Gernsheim: Die Kinderfrage, a. a. O., S. 14); «Eltern-Kind-Beziehungen (werden) gegenwärtig (. . .) im Umfeld subjektiver Lebensplanung und Erwartungen konstituiert. Kinder sind (. . .) eher ein Luxus als eine Notwendigkeit, keine unvermeidbare Folge sexueller Beziehungen, sondern eher ein persönliches Projekt» (J. A. Schülein: Die Geburt der Eltern, a. a. O., S. 193). Schülein trifft eine interessante Unterscheidung zwischen drei verschiedenen «Exposés» der Elternschaft – dem «traditionalistischen», dem «modernen» und dem «avantgardistischen» – und sieht aufgrund empirischer Daten den Schwerpunkt bei «der zweiten Gruppe» (a. a. O., S. 87 f., 124 ff., 166 ff.). Darin sehe ich eine wichtige Bestätigung für die These von der Offenheit der Kinderfrage.

24 Zur Radikalisierung des Urteils über bestimmte Lebensmöglichkeiten als Frage nach dem «Ja» oder «Nein» zum Leben selbst vgl. E. Tugendhat: Selbstbewußtsein und Selbstbestimmung. Suhrkamp, Frankfurt 1979, S. 36 f., 160 f. u. ö.

25 «Als Roswitha Rueff, die als Alleinerziehende Geld verdienen muß, in einer Diskussion von ihren Betreuungssorgen sprach, da wurde sie von einer anderen Frau zurechtgewiesen: ‹Konnten Sie vor der Schwangerschaft keine selbstverantwortlichen Überlegungen anstellen? Oder wollten Sie zwei nicht zu vereinende Dinge, nämlich Kinder und sogenannte Selbstverwirklichung, vereinen?›» (M. Weber-Nau: Wohin mit den Kindern? STERN 13. 12. 1990, S. 92)

26 Es handelt sich um den «Amatorius» Plutarchs und die «Amores» eines Pseudo-Lukian; zum folgenden vgl. M. Foucault: Sexualität und Wahrheit, Bd. 3: Die Sorge um sich, a. a. O., S. 243–291.

27 Vgl. z. B. P. Brown: The Body and Society. Faber & Faber, London/Boston 1989.

28 Gegen theoretische Einseitigkeiten in dieser Frage vgl. H. Hastedt: Das Leib-Seele-Problem. Zwischen Naturwissenschaft des Geistes und kultureller Eindimensionalität. Suhrkamp, Frankfurt 1988.

29 Zu diesem Ausdruck vgl. A. Leist: Eine Frage des Lebens. Campus, Frankfurt/New York 1990.

30 Die Rede ist sowohl von einer *Verpflichtung* des Menschen zur Fortpflanzung, wie auch – abgeschwächt – von der dringenden *Empfehlung*, gefälligst Kinder zu bekommen. Die *härtere* Version erscheint mir angesichts der derzeitigen Bevölkerungsentwicklung reichlich wirklichkeitsfremd. Philosophisch wurde sie bislang vor allem im Zusammenhang eines etwas unheimlichen Gedankenspiels verhandelt: was nämlich *wäre, wenn* die Menschen, kraft allgemeiner Entscheidung zur Kinderlosigkeit, sich als Gattung ein Ende setzten. So verneint z.B. der Philosoph Hans Jonas das «Recht der Menschheit zum Selbstmord», zögert aber, eine allgemeine Pflicht auch jedem Einzelnen aufzuerlegen oder gar irgendwelche ‹Rechtsmittel› zu nennen, die man einsetzen könnte, wenn es im Zweifelsfall auf den Einzelnen und dessen Haltung zur Kinderfrage ankäme; vgl. H. Jonas: Das Prinzip Verantwortung. Insel, Frankfurt 1979, S. 80, 86. Zur Kontroverse um diese Frage vgl. z.B. U. Steinvorth: Klassische und moderne Ethik. Rowohlt, Reinbek 1989, S. 40ff., 156ff., 174ff.; H. Ebeling: Vernunft und Widerstand. Alber, Freiburg/München 1986, S. 43–54; R. I. Sikora/B. Barry (Hg.): Obligations to future generations. Temple University Press, Philadelphia 1978 (darin bes. R. I. Sikora: Is It Wrong to Prevent the Existence of Future Generations?); D. Parfit: Reasons and Persons. Clarendon, Oxford 1984 (Part Four: Future Generations); ders.: Later Selves and Moral Principles. In: A. Montefiore (Hg.): Philosophy and Personal Relations. Routledge & Kegan Paul, London 1973; M. Brumlik: Über die Ansprüche Ungeborener und Unmündiger. In: W. Kuhlmann (Hg.): Moralität und Sittlichkeit. Suhrkamp, Frankfurt 1986.

31 Vgl. I. Kant: Das Ende aller Dinge. Werke, a. a. O., Bd. IX, S. 177, vgl. 180. – Wer dem Kinderkriegen als lebenspendende Wohl-Tat eine Ausnahmestellung zuschreibt, liegt ebenso falsch wie umgekehrt der Kyniker, den Epiktet rhetorisch fragen läßt (Gespräche III.22, 77): «Um Himmels willen, erweisen sich denn diejenigen als die größeren Wohltäter für die Menschen, die an ihrer Statt zwei oder drei Wechselbälge in die Welt setzen, als die, welche nach allem ihrem Vermögen Aufsicht über alle Menschen haben, was sie tun, wie sie ihr Leben führen, wessen sie sich befleißigen, was sie an ihrer Pflicht verabsäumen?»

32 Thales von Milet soll – so heißt es in einer berühmten Anekdote nach Diogenes Laertius (I.26) – «auf die Frage, warum er auf den

Kindersegen verzichte, (...) erwidert haben: ‹Aus Liebe zu den Kindern.›»

33 So – nicht ohne Ironie – in dem wunderbaren Artikel von P. Praschl: Boom, Baby, Boom. STERN 23. 5. 1990, S. 34.

34 L. Brentano: Die Malthussche Lehre, a. a. O., S. 606; vgl. auch G. Heinsohn u. a.: Menschenproduktion, a. a. O., S. 119 ff.

35 D. Lenzen: Mythologie der Kindheit, a. a. O., S. 119 ff.

36 L. D. Scanzoni/J. Scanzoni: Men, Women & Change, a. a. O., S. 503 ff. Vgl. auch The Boston Women's Health Book Collective: Unsere Kinder – unser Leben. Rowohlt, Reinbek 1981, S. 36, 40 u. ö.: Für die «bewußte Entscheidung» über das Kind solle man, so heißt es, «auf jeden Fall vorher alle Für und Wider (...) bedenken» – eine m. E. übermenschliche, wenn nicht gar unmenschliche Aufgabe.

37 Ich benutze den Begriff «Lebensform» mit dem philosophischen Ernst, den er durch Ludwig Wittgenstein bekommen hat – nämlich als eine mit der Sprache verstrickte Form geregelten Lebens, welche nicht einfach zu überschreiten ist. – Zur modernen «Destandardisierung im ‹privaten› Bereich von Partnerschaft und Elternschaft» vgl. M. Kohli: Gesellschaftszeit und Lebenszeit, a. a. O., S. 203.

38 Diese Tendenz der Pädagogik entstand als – in der historischen Situation äußerst wohltuende – Gegenreaktion gegen die «Schwarze Pädagogik«. Prominenteste Vertreterinnen jener Richtung waren sicherlich Maria Montessori, die den Eltern eine Ur-Schuld auflastete, welche sie nur durch bedingungslose Hingabe an das Kind wieder gutmachen konnten, und Ellen Key, die vom Kind als «Hoheit», als «Majestät» sprach, vor der die Eltern «ihre Stirne (...) in den Staub beugen» sollten (vgl. M. Montessori: Kinder sind anders. dtv, München 1987, S. 21, 188 u. ö.; zu Key vgl. D. Lenzen: Mythologie der Kindheit, a. a. O., S. 347). – Neuerdings hat dieses Grundmotiv Alice Miller wieder ins Spiel gebracht, dabei ihre Vorgängerinnen freilich großzügig übergangen. – Auch Barbara Sichtermann plädiert für die Aufgabe eigener Interessen um des Kindes willen, erklärt dieses zum «Chef» im mütterlichen Leben. Sie rechtfertigt dies aber vor allem mit der Möglichkeit positiver Erfahrungen in der Elternschaft (B. Sichtermann: Vorsicht Kind. Wagenbach, Berlin 1982, S. 65, gg. A. Miller ebd., S. 189 f.). Zu dieser «Identifikation der Eltern» mit den Interessen des Kindes vgl. kritisch J. A. Schülein: Die Geburt der Eltern, a. a. O., S. 142.

39 Thomas Steinfeld danke ich besonders dafür, mich auf diesen Aspekt aufmerksam gemacht zu haben.

40 Novalis: Schriften (Hg. Kluckhohn/Samuel), Bd. 3. Kohlhammer, Stuttgart [2]1968, S. 253 («Das Allgemeine Brouillon» Nr. 79).

41 F. Schlegel: Lucinde. Kritische Ausgabe, Bd. 5. Schöningh, Paderborn 1962, S. 12. – Die Pointe gegen Schlegel aus dem Unterhaltungsroman von J. Duché: Drei unter einem Dach. Rowohlt, Reinbek 1955, S. 5.

42 Zit. bei J. A. Schülein: Die Geburt der Eltern, a. a. O., S. 94.

43 K. Struck: Die Mutter. Suhrkamp, Frankfurt 1975, S. 94.

44 P. Handke: Kindergeschichte, a. a. O., S. 48. Zur Elternschaft als *«Ereignis»* vgl. auch B. Sichtermann: Zum neuen deutschen Mütter-Ekel, a. a. O., S. 138 f. – Zur Kritik an Struck vgl. P. Handke: Das Ende des Flanierens. Suhrkamp, Frankfurt 1980, S. 49-55.

45 E. Beck-Gernsheim: Mutterwerden – der Sprung in ein anderes Leben. Fischer, Frankfurt 1989, S. 30; dies.: Die Kinderfrage, a. a. O., S. 140; D. Richter: Das fremde Kind. Fischer, Frankfurt 1987, S. 27. – S. de Beauvoir zitiert aus W. Stekels Buch «Die Geschlechtskälte der Frau»: «Kinder sind nicht Liebesersatz, Kinder sind nicht Ersatz für ein zerbrochenes Lebensziel, Kinder sind nicht Füllmaterial für die Leere unseres Lebens. Kinder sind eine Verantwortung und eine schwere Aufgabe.» (S. de Beauvoir: Das andere Geschlecht, a. a. O., S. 506) Stekel scheut sich freilich, die Konsequenz aus dieser Feststellung zu ziehen: «Eigentlich müsste ich den Grundsatz vertreten, dass nur glückliche Menschen das Recht haben, Kinder in die Welt zu setzen. Aber würde man strenge an dieser Regel festhalten, so würde die Menschheit bald auf den Aussterbeetat gesetzt werden.» (W. Stekel: Erziehung der Eltern. Weidmann & Co, Wien u. a. 1934, S. 8, vgl. S. 66)

46 P. Handke: Kindergeschichte, a. a. O., S. 12. – Die Soziologen sprechen von einem «Biographiewechsel» (E. Beck-Gernsheim: Mutterwerden – der Sprung in ein anderes Leben, a. a. O., S. 12, 101), einem «change in self» (C. S. Russell nach L. D. Scanzoni/J. Scanzoni, a. a. O., S. 565); «Elternwerden heißt (. . .), ein neuer Mensch zu werden» (J. A. Schülein: Die Geburt der Eltern, a. a. O., S. 195).

47 Hinweise von D. Lenzen: Mythologie der Kindheit, a. a. O., S. 95, 119.

48 J. A. Schülein: Die Geburt der Eltern, a. a. O., S. 92 (dort empirische Belege aus Deutschland und Amerika). – Ich habe deshalb Zweifel an der These, die Kinder von heute seien «Kopfgeburten» (so aber E. Beck-Gernsheim: Die Kinderfrage, a. a. O., S. 158 ff., bes. S. 163).

49 Ich entwende die Wendung von einer «gewissen», aber zugleich «unbestimmten» Möglichkeit der Todesdeutung in Heideggers «Sein und Zeit» (§ 52), ohne daß ich eine inhaltliche Entsprechung unterstelle.

Zum zweiten Kapitel

1 Während ich in «Noras» Ausbruch (Hinweis von U. Beck/E. Beck-Gernsheim: Das ganz normale Chaos der Liebe, a. a. O., S. 84) eine polemische Rede vom «Menschen» sehe, versteht R. Marten – mit ganz ähnlichen Belegstellen aus Tschechow – diesen Ansatz als «Appell allein an theoretische Humanität», dem die «Kraft» fehlt, «die praktischer Inhumanität auch wirklich Paroli bieten könnte». Ich denke dagegen, daß durchaus erstmal jene Polemik «praktisch» weiterbringen kann, und daß man es erst in einem zweiten Schritt, «praktisch geurteilt, ungleich menschlicher» finden kann, «die Eigenheit der Frau, des Kindes und des Fremden zu vertreten, (...) als im Rundumschlag mit dem Begriff des Menschen zu operieren». (R. Marten: Der menschliche Mensch. Schöningh, Paderborn u. a. 1988, S. 61 f., vgl. 68). Im Sinne meiner polemischen Deutung ist der Appell an den «Menschen» sinnvoll, solange damit keine Wesensbestimmung reinen Menschseins beansprucht wird. Wenn man sich der Gefahr dieses Anspruchs bewußt bleibt, kann man auch gegen Marten – vorsichtig – Rousseaus Profilierung des «Menschen» gegen «Schüler, Soldat, Priester oder Anwalt» folgen (J.-J. Rousseau: Emil oder über die Erziehung. Schöningh, Paderborn 1971, S. 14). Hölderlins berühmter Brief «So kam ich unter die Deutschen» aus dem «Hyperion» ist dann auch eine Antwort auf Rousseau: «Handwerker siehst du, aber keine Menschen, Denker, aber keine Menschen, Priester, aber keine Menschen, Herrn und Knechte, Jungen und gesetzte Leute, aber keine Menschen – ist das nicht, wie ein Schlachtfeld, wo Hände und Arme und alle Glieder zerstückelt untereinander liegen, indessen das vergoßne Lebensblut im Sande zerrinnt?»

2 A. Schopenhauer: Parerga und Paralipomena II, § 369, 363 f. Werke, a. a. O., S. 675, 668. Er hat jüngst Unterstützung gefunden: Während auf S. 1 des «Kursbuch» Nr. 17 vom Juni 1969 zu «Frau, Familie, Gesellschaft» noch stand, «daß heute (...) innerhalb der monopolkapitalistischen Länder (...) auch die Frauen ihre prinzipielle Entmenschung zu erkennen beginnen», stand auf S. 1 der Nr. 76 vom Juni 1984 zum Thema «Mütter»: «Arthur [Schopenhauer] hat recht; Frauen sind keine Menschen».

3 G. Simmel: Philosophische Kultur. Wagenbach, Berlin 1983, S. 65, 73, 221, 229 («Das Relative und das Absolute im Geschlechterproblem»; «Weibliche Kultur»); vgl. auch L. A. Coser: Georg Simmels vernachlässigter Beitrag zur Soziologie der Frau. In: H.-

J. Dahme/O. Rammstedt (Hg.): Georg Simmel und die Moderne. Suhrkamp, Frankfurt 1984, S. 80–90. – M. Scheler: Vom Umsturz der Werte. Francke, Bern [4]1955, S. 195, 203.

4 Mill steht hier übrigens gegen die Position John Ruskins, der – ähnlich wie Simmel und Scheler – die eigene «Natur» der Frau heraushebt; vgl. J. St. Mill/H. T. Mill/H. Taylor: Die Hörigkeit der Frau. Syndikat, Frankfurt 1976.

5 F. Schlegel: Lucinde, a. a. O., S. 12 f.

6 «Die Idee, im Menschen einen Teil für das Ganze auszugeben, führt zur Idee des repräsentativen Menschen» (R. Marten: Der menschliche Mensch. Schöningh, Paderborn u. a. 1988, S. 102). Ohne Martens Kritik an dieser Idee wäre die Argumentation dieses Kapitels nicht denkbar.

7 O. Höffe: Praktische Philosophie. Pustet, München/Salzburg 1971, S. 47; zum Gegenbild höchster Autarkie a. a. O., S. 57.

8 Zur «Gleichheit» in der «koinonia» vgl. J.-P. Vernant: Die Entstehung des griechischen Denkens. Suhrkamp, Frankfurt 1982, S. 56 f., 76.

9 Th. Nagel: Aristotle on *Eudaimonia.* In: A. O. Rorty (Hg.): Essays on Aristotle's Ethics. University of California Press, Berkeley u. a. 1980, S. 8; ähnlich auch schon J. L. Austin: Gesammelte philosophische Aufsätze. Reclam, Stuttgart 1986, S. 31; für die These der Inkonsistenz bei Aristoteles jetzt auch M. C. Nussbaum: The fragility of goodness. Cambridge University Press. Cambridge u. a. 1986, S. 373 ff. – Für die Gegenposition A. O. Rorty: The Place of Contemplation in Aristotle's *Nicomachean Ethics.* In: dies. (Hg.): Essays on Aristotle's Ethics, a. a. O.; G. Bien: Die Grundlegung der politischen Philosophie bei Aristoteles. Alber, Freiburg/München 1972.

10 Vgl. hierzu R. Marten: Der menschliche Mensch, a. a. O., S. 95.

11 A. Kojève: Introduction à la lecture de Hegel. Gallimard, Paris [2]1972, S. 101.

12 Zur folgenden Hegel-Deutung vgl. auch S. Avineri: Hegels Theorie des modernen Staates. Suhrkamp, Frankfurt 1976, Kap. 4, 9, 12; M. Riedel (Hg.): Materialien zu Hegels Rechtsphilosophie. Suhrkamp, Frankfurt 1974 (darin bes. Blasche und Horstmann). Zum Menschen in der Familie als «Schatten» seiner selbst kritisch schon M. Horkheimer: Autorität und Familie [1936]. Gesammelte Schriften, Bd. 3. Fischer, Frankfurt 1988, bes. S. 405. Zu Hegels Verhältnis zu Napoleon vgl. L. Niethammer: Posthistoire. Rowohlt, Reinbek 1989, S. 73 ff.; J. D'Hondt: Hegel et Napoléon. In: H.-Ch. Lucas/

O. Pöggeler (Hg.): Hegels Rechtsphilosophie im Zusammenhang der europäischen Verfassungsgeschichte. Frommann-Holzboog, Stuttgart 1986. Zur wachsenden Distanz zum «großen Individuum» A. Gethmann-Siefert: Die geschichtliche Funktion der «Mythologie der Vernunft» und die Bestimmung des Kunstwerks in der «Ästhetik». In: Ch. Jamme/H. Schneider (Hg.): Mythologie der Vernunft. Suhrkamp, Frankfurt 1984, S. 239f. Zum Monarchen als widersprüchlicher «Inkarnation» des Weltgeists J.-L. Nancy: La juridiction du monarque hégélien. In: Rejouer le politique. Galilée, Paris 1981.

13 Zu «Lebensform» vgl. R. Reuber: Ästhetische Lebensformen bei Nietzsche. Fink, München 1988; G. Abel: Nietzsche. Die Dynamik der Willen zur Macht und die ewige Wiederkehr. De Gruyter, Berlin/New York 1984.

14 Vgl. G. Wohlfart: Der Augenblick. Alber, Freiburg/München 1982, S. 94ff.

15 Vgl. B. Lypp: Vom Nutzen und Nachteil der Kunst für das Leben. Nietzsches Kunst-Programm. In: ders.: Die Erschütterung des Alltäglichen. Hanser, München 1991, S. 134.

16 In seiner Aversion gegen «Gewohnheit» ist Nietzsche übrigens *Kantianer* (vgl. ÜP 56). Während aber Kant die transzendentale Beurteilung von «Angewohnheiten» betreibt, geht es Nietzsche um die praktische Überwindung derselben.

17 K. Marx: Der achtzehnte Brumaire des Louis Bonaparte. In: Marx/Engels: Werke, Bd. 8. Dietz, Berlin ^{4}1973, S. 115.

18 Dieses «Vollzugs»-Denken bringt in die denkbar stärkste Form G. Abel: Nietzsche, a. a. O.

19 Den Hinweis auf diese Stelle verdanke ich G. Gamm: Wahrheit und Differenz. Athenäum, Frankfurt 1986, S. 298.

20 Vgl. zur «Bejahung» z. B. G. Deleuze: Nietzsche und die Philosophie. Syndikat, Frankfurt 1985, S. 190–204.

21 Die folgenden Zitate aus: M. Heidegger/K. Jaspers: Briefwechsel 1920–1963. Klostermann/Piper, Frankfurt/München 1990, S. 46 (Brief vom 17. 4. 1924); M. Heidegger/E. Blochmann: Briefwechsel 1918–1969. Marbach 1989, S. 21 (Brief vom 21. 10. 1927). – Eine ausführliche Heidegger-Kritik in D. Thomä: Die Zeit des Selbst und die Zeit danach. Zur Kritik der Textgeschichte Martin Heideggers 1910–1976. Suhrkamp, Frankfurt 1990, S. 241–465.

22 Zur «Neutralität» vgl. M. Heidegger: Metaphysische Anfangsgründe der Logik im Ausgang von Leibniz. Gesamtausgabe, Bd. 26. Klo-

stermann, Frankfurt 1978, S. 172 ff. Zur stark widersprüchlichen Verwendung des Begriffs «Konkretion» vgl. ebd., S. 173 gg. SZ 43.

23 Zur «Geburtsvergessenheit» vgl. M. Sommer: Identität im Übergang: Kant. Suhrkamp, Frankfurt 1988, S. 64 (mit Verweis auf B. Merker); D. Thomä: Die Zeit des Selbst und die Zeit danach, a. a. O., S. 329 f. (mit Verweis auf G. Anders und R. Marten). Bekanntlich hat H. Arendt versucht, die «Geburt» als philosophisches Thema (auch gegen Heidegger) zu rehabilitieren. Das Pathetische bei Arendt findet sich unangenehm verstärkt bei P. Bowen- Moore: Hannah Arendt's Philosophy of Natality. St. Martin's Press, New York 1989.

24 M. Heidegger: Metyphysische Anfangsgründe, a. a. O., S. 172.

25 M. Heidegger: Arbeitsdienst. In: G. Schneeberger, Nachlese zu Heidegger. Bern 1962, S. 63.

26 Schiller in einem Brief an Goethe vom 8. 7. 1796; Novalis: Schriften. Bd. 3, a. a. O., S. 646 («Fragmente und Studien 1799–1800», Nr. 536).

27 E. M. Cioran: Vom Nachteil, geboren zu sein. Europa, Wien 1977, S. 140.

28 H. Jonas: Das Prinzip Verantwortung, a. a. O., S. 189, vgl. 184 ff.

29 Gerade an dieser Stelle kommt freilich die Gespaltenheit des Aristoteles besonders deutlich heraus: Denn das Verb «anthropeuesthai» dient hier als Bezeichnung menschlich-allzumenschlicher Handlungsvielfalt, meint gerade nicht die Ausübung der höchsten «eigentümlichen Tätigkeit», auf die Aristoteles den Menschen festlegen will.

30 Th. W. Adorno: Minima Moralia (Nr. 100). Gesammelte Schriften, Bd. 4. Suhrkamp, Frankfurt 1980, S. 175.

31 F. Nietzsche KSA 9, 532. Ihm geht es freilich um die «Ideal-Menschen (. . .), welche alle 5 Jahre aus sich ein neues Ideal formen».

32 R. Musil: Der Mann ohne Eigenschaften, a. a. O., Bd. 1, S. 254, 251.

Zum dritten Kapitel

1 U. Beck/E. Beck-Gernsheim: Das ganz normale Chaos der Liebe, a. a. O., S. 171 f. Diese Pädagogik ist freilich nur eine verunsicherte Nachfolgerin jener Pädagogik der frühen Aufklärung, die sich zutraute, binnen «zwanzig Jahren» neue Menschen und damit auch gleich «eine neue Welt» zu schaffen; vgl. K. Rutschky (Hg.): Schwarze Pädagogik. Ullstein, Frankfurt/Berlin 1977, S. 58 f., Dokumente dort in Kap. IV u. VI; s. u. Anm. 12.

2 A. Smith: An Inquiry into the Nature and Causes of the Wealth of

Nations. Clarendon, Oxford 1976, Bd. 1, S. 98. Die dt. Fassung von H. C. Recktenwald (Der Wohlstand der Nationen. dtv, München 1978, S. 69 f.) übersetzt unzulässig entschärfend «demand for men» mit «Nachfrage nach Arbeitskräften» und «production of men» mit «Wachstum der Bevölkerung». Vgl. dagegen G. Heinsohn u. a.: Menschenproduktion, a. a. O., S. 97. – K. Marx: Das Kapital I. Marx/Engels: Werke, Bd. 23. Dietz, Berlin 1962, S. 185 f., auszugsweise auch bei G. Heinsohn u. a., a. a. O., S. 124. – F. Engels: Brief an Kautsky vom 1. 2. 1881, hier zitiert nach G. Heinsohn u. a., a. a. O., S. 188. – O. Negt/A. Kluge: Öffentlichkeit und Erfahrung. Suhrkamp, Frankfurt 1972, S. 50; dies.: Geschichte und Eigensinn. Zweitausendeins, Frankfurt 1981, S. 310 f. – Wie Ironie klingt dazu das Gejammer über die verkannte mütterliche Produktivität bei K. Struck: Die Mutter, a. a. O., S. 94, 106, 163, 171.

3 Hierzu und zum folgenden vgl. M. Sommer: Identität im Übergang: Kant, a. a. O., S. 26, 29 f. («Wer erzieht, übt Handlungen aus, deren Ziel es ist, nicht mehr nötig zu sein.»).

4 H. v. Kleist: Sämtliche Werke und Briefe (Hg. Sembdner). Hanser, München [2]1961, Bd. 2, S. 683 (Brief an Wilhelmine von Zenge am 15. 8. 1801). Vgl. Seneca: «tamdiu discendum est, quemadmodum vivas, quamdiu vivas» (Ep. ad Luc. 76,3).

5 J. W. Goethe: Die Leiden des jungen Werther. Werke (Hamburger Ausgabe), Wegner, Hamburg [3]1959 ff., Bd. 6, S. 30 f. Vgl. J. Dewey: Die Erneuerung der Philosophie, Kap. 7.

6 B. Brecht: Gesammelte Werke. Suhrkamp, Frankfurt 1967, Bd. 8, S. 267 («Aus einem Lesebuch für Städtebewohner»).

7 G. Flaubert: Briefe. Diogenes, Zürich 1977, S. 645 (Brief an George Sand vom Dezember 1875).

8 Wie Hegel auch schon Aristoteles: «Die Eltern lieben ihre Kinder als einen Teil ihres eigenen Wesens, die Kinder ihre Eltern als ein Teil aus deren Wesen. Die Eltern haben aber ein tieferes Bewußtsein von dem Zusammenhang mit ihren Kindern als umgekehrt die Kinder von dem Zusammenhang mit ihren Eltern. Und stärker ist das Band der Zugehörigkeit zwischen Verursachendem und Erzeugtem als zwischen dem Gewordenen und seiner Ursache.» (NE 1161 b 19 ff.; vgl. 1167 b 34 ff.) Vgl. die Anknüpfung hieran bei M. de Montaigne: Essais. Manesse, Zürich 1953, S. 371.

9 M. de Montaigne: Essais, a. a. O., S. 380 f., 383 (Übersetzung leicht verändert); ders.: Œuvres complètes. Gallimard, Paris 1962 (Pléiade), S. 380, 383.

10 S. de Beauvoir: Das andere Geschlecht, a.a.O., S.71 f., vgl. S.482, 507. – Zum Fortbestand eines produktionistischen Tätigkeitsbegriffs in der Tradition von Hegel und Marx vgl. C. Castoriadis: Durchs Labyrinth. Europäische Verlagsanstalt, Frankfurt 1981, S.196ff.; ders.: Gesellschaft als imaginäre Institution. Suhrkamp, Frankfurt 1984, S.336ff.; A. Sohn-Rethel: Soziologische Theorie der Erkenntnis. Suhrkamp, Frankfurt 1985. Vgl. kritisch E.M. Lange: Das Prinzip Arbeit. Ullstein, Frankfurt/Berlin/Wien 1980, S.38ff.; auch schon H. Arendt: Vita activa oder Vom tätigen Leben. Piper, München 1981, S.241 ff. u. ö.

11 Für die Wendung zur «Interaktion» konnte Habermas bekanntlich mit Hegel gegen Hegel denken; vgl. J. Habermas: Arbeit und Interaktion. In: ders.: Technik und Wissenschaft als ‹Ideologie›. Suhrkamp, Frankfurt 1968; dann ders.: Theorie des kommunikativen Handelns. Suhrkamp, Frankfurt 1981. – Zur negativen Fixierung auf «Produktion» vgl. die disparaten Positionen von M. Segalen: Die Familie, a.a.O., S.314; R. Spaemann: Glück und Wohlwollen, a.a.O., S.162f.

12 Das Spannungsverhältnis zwischen Erziehungs-Technik und dem Bildungsideal der Selbstbestimmung bleibt m.E. bei Platon unaufgelöst (vgl. z.B. Gorg. 501 d, Rep. 522 b, Soph. 229 a); auf die breite Diskussion zu diesem Thema kann ich hier nur hinweisen. – Das platonische Erziehungs-Dilemma findet sich fast unverändert bei Fichte wieder. Er spricht von der «Erziehung» als «Kunst», dem «Zögling» als «Kunstwerk», und will doch dessen «eigene Tätigkeit» fördern (J.G. Fichte: Reden an die deutsche Nation. Meiner, Hamburg ^{5}1978, bes. S.43ff.). – Eine mechanistische Konzeption von Erziehung findet sich in der Renaissance, freilich gerade nicht in Italien, sondern vor allem bei Erasmus von Rotterdam, der das Neugeborene für eine «rohe Masse» hält und im Sinne einer Erhebung des Menschen über die Natur erklärt: «Pferde werden geboren, (...) doch Menschen, glaube mir, werden nicht geboren, sondern gemacht.» (De pueris statim ac liberaliter instituendis I, 493 e, 493 b; vgl. H.-B. Gerl: Einführung in die Philosophie der Renaissance. Wissenschaftliche Buchgesellschaft, Darmstadt 1989, S.169f) – In der frühen Aufklärung ist die Erziehungs-Technik dann insbesondere verbunden mit dem Begriff der «perfectibilité» (vgl. glänzend dazu G. Buck: Selbsterhaltung und Historizität. In: H. Ebeling [Hg.]: Subjektivität und Selbsterhaltung. Suhrkamp, Frankfurt 1976, S.244 u. pass.). So sah z.B. Helvétius in philosophischem Omnipotenz-Wahn den «Augenblick» herannahen, an dem «die Macht den

vom Wissen vorgezeichneten Plan für die Erziehung» umsetzen würde wie eine «Maschine» (C. A. Helvétius: Vom Menschen. Suhrkamp, Frankfurt 1972, S. 470, vgl. 446). Diese Phantasie läßt sich als «gigantische Projektion» des Fortschrittsdenkens deuten, für das die Kinder nicht in ihrem «Eigen-Leben», sondern als «Wachs in des Schöpfers Hand» interessant sind (vgl. D. Richter: Das fremde Kind, a. a. O., S. 25 f.; zur Breite der damaligen Diskussion aber R. V. Sampson: Progress in the Age of Reason. London 1956; G. Hornig: Perfektibilität. Archiv für Begriffsgeschichte 24, 1980; A. Sutter: Göttliche Maschinen. Athenäum, Frankfurt 1988).

13 Dies zeigt sich auch in dem Paradox, daß Männer, wenn sie Knaben lieben, diesen überlegen begegnen – und sie doch in nicht allzu ferner Zeit als Gleichgestellte anerkennen sollen (vgl. M. Foucault: Sexualität und Wahrheit, Bd. 2, a. a. O., S. 279 ff.).

14 Zur Spontaneität des Kindes vgl. sehr schön M. Sommer: Identität im Übergang, a. a. O., S. 25 ff., bes. S. 33. Vgl. gegen Kants Achtung kindlicher Eigenständigkeit die Ansicht Sulzers vom «Eigensinn» als «gefährlicher Unart», deren «Vertreibung» die «Hauptarbeit» der Erziehung sei (zit. bei K. Rutschky: Schwarze Pädagogik, a. a. O., S. 173, 175 f.); ähnlich auch der große Pädagoge J. H. Pestalozzi: Lienhard und Gertrud [1781–87]. Werke, Bd. 1. Winkler, München 1977, S. 322 (vgl. andere Belege zu Gehorsam und Eigensinn bei J. A. Schülein: Die Geburt der Eltern, a. a. O., S. 129; D. Richter: Das fremde Kind, a. a. O., S. 232, 299).

15 Ich würde von daher Kant auch nicht unterstellen, er verwandle «Menschenbildung in eine Protofabrik nach dem Muster totaler Organisationen: der uniforme Mensch ist das Ziel.» (G. Böhme/H. Böhme: Das Andere der Vernunft. Suhrkamp, Frankfurt 1983, S. 434)

16 J.-J. Rousseau: Emil oder über die Erziehung, a. a. O., S. 9. – Wenn man Hobbes im Hinblick auf den «Natur»-Begriff als Gegenfigur zu Rousseau sieht (vgl. dazu G. Buck: Selbsterhaltung und Historizität, a. a. O.), so scheint Pestalozzi eine Art Mittelposition einzunehmen. Er meint gegen Rousseau, daß man aus dem Menschen «etwas ganz anderes machen (muß), als er von Natur ist», wenn er für die Gesellschaft nicht «gefährlich und unerträglich» werden soll. Auf der anderen Seite wehrt er sich gegen starre «Galgen-, Rad- und Galeeren-Gerechtigkeit» und fordert «eine mit seiner Natur übereinstimmende Bildung und Führung» (vgl. J. H. Pestalozzi: Lienhard und Gertrud, a. a. O., S. 668 f., S. 672). – Zu diesem Spannungs-

verhältnis des Menschen zu seiner eigenen Natur vgl. auch Kap. 1, S. 27.

17 Zu dem beliebten Bild der «Pflanze» vgl. K. Rutschky (Hg.): Schwarze Pädagogik, a. a. O., S. 103, 105, 107; Ph. Ariès: Geschichte der Kindheit, a. a. O., S. 216 f.; zur frühen Kritik daran vgl. K. Rutschky, a. a. O., S. 67, 77. – Eine Art Kompromiß zwischen naturwüchsigem und außengesteuertem Werdegang ist das Bild vom «Aufpropfen» edler Anteile auf den «wilden» Stamm; vgl. J. H. Pestalozzi: Lienhard und Gertrud, a. a. O., S. 784 u. pass.; K. Rutschky, a. a. O., S. 125. – Die in diesem Jahrhundert einflußreichste Vertreterin jener These von der inneren Entfaltung, der «Schöpfungsarbeit» des Kindes, das aus sich selbst nach einem naturhaften «Plan» den Menschen bildet, ist Maria Montessori: Kinder sind anders, a. a. O., S. 192 ff.

18 C. A. Helvétius, zit. nach O. Negt/A. Kluge: Geschichte und Eigensinn, a. a. O., S. 869. Helvétius' Hoffnung allerdings, das Zusammenspiel erzieherischer Wirkungen perfekt zu beherrschen, ist für uns heute furchteinflößend.

19 Vgl. zu Kant M. Sommer: Identität im Übergang, a. a. O., S. 30.

20 Ob das «Spiel» als «Praxis» gelten darf, ist umstritten; vgl. dagegen R. Bubner: Handlung, Sprache und Vernunft. Suhrkamp, Frankfurt 1976, S. 83 ff. (auch Aristoteles NE 1176 b); dafür H.-G. Gadamer: Wahrheit und Methode. Mohr (Siebeck), Tübingen 1960, S. 108; R. Spaemann: Glück und Wohlwollen, a. a. O., S. 41. Ich neige eher der zweiten Position zu.

21 Jean Paul: Warum sind keine frohen Erinnerungen so schön als die aus der Jugendzeit? – hier zit. nach D. Richter: Das fremde Kind, a. a. O., S. 252. Zur elterlichen Logik des «Um. . .zu» und zum «Augenblick» des Kindes vgl. B. Sichtermann: Leben mit einem Neugeborenen. Fischer, Frankfurt 1981, S. 38.

22 P. Handke: Kindergeschichte, S. 131 f. (zum Kind als «Lehrherrn» oder «Lehrmeister» a. a. O., S. 62, 131); vgl. aber Anm. 38 zu Kap. 1.

23 Vgl. Ch. Jamme: «Jedes Lieblose ist Gewalt». Der junge Hegel, Hölderlin und die Dialektik der Aufklärung. In: Ch. Jamme/H. Schneider (Hg.): Der Weg zum System. Suhrkamp, Frankfurt 1990: vgl. G. W. F. Hegel: Werke. Suhrkamp, Frankfurt 1971, Bd. 1, S. 245 f.: «eigentliche Liebe findet nur unter Lebendigen statt, die an Macht sich gleich (. . .) sind» (Fragment 1797/98).

24 Jean Paul: Levana oder Erziehlehre. Werke in zwölf Bänden (Hg. N. Miller). Hanser, München 1975, Bd. 9, S. 532.

25 F. Schleiermacher, zit. nach J. Oelkers: Vollendung: Theologische Spuren im pädagogischen Denken. In: N. Luhmann/K. E. Schorr (Hg.): Zwischen Anfang und Ende. Fragen an die Pädagogik. Suhrkamp, Frankfurt 1990, S. 48. – Meine Kritik an dem ‹Kompromiß›-Modell der Elternschaft ist u. a. auch von Oelkers' Kritik an jener Doppelfigur angeregt.

26 Helen Gardener, zit. bei E. Beck-Gernsheim. Die Kinderfrage, a. a. O., S. 48.

27 Aristoteles selbst stellt zwar ‹Poiesis› und ‹Praxis› als «zwei verschiedene Tätigkeiten» (NE 1140 a 2) gegenüber. Da es aber nur im Zustand äußerster Entfremdung denkbar ist, daß jemand allein um zukünftiger, äußerer Zwecke willen (‹poietisch›) handelt, gehört doch alles Herstellen letztlich in den ‹praktischen› Lebensvollzug hinein. Da insofern das Leben insgesamt als ‹Praxis› zu verstehen ist (vgl. Pol. 1254 a 7), kann man entgegen jener starren Gegenüberstellung ‹Poiesis› und ‹Praxis› als Unterformen eines insgesamt freilich ‹praktischen› Lebens verstehen (diese Folgerung ziehe ich aus einer längeren Kontroverse der Aristoteles-Forschung; ein starker Beleg für jene ‹Integrations›-These ist NE 1139 b 1 ff.).

28 E. Tugendhat: Probleme der Ethik. Reclam, Stuttgart 1984, S. 55. – «Freiheit» gilt heute quer durch die philosophischen Schulen als unverzichtbar. So will auch Spaemann, den sonst kaum etwas mit Tugendhat eint, den «Zusammenhang von Glückseligkeit und Freiheit» wahren. «Das erzwungene Glück» sei «kein Glück», meint er; «Freiheit» beruhe freilich auf «Naturbedingungen», die es zu «respektieren» gelte (R. Spaemann: Philosophische Essays. Reclam, Stuttgart 1983, S. 73 ff.).

Zum vierten Kapitel

1 Vgl. Th. W. Adorno: Minima Moralia (Nr. 100), a. a. O., S. 177 (mit einem Zitat aus dem Anfang von Hegels «Wissenschaft der Logik»).

2 Natürlich ist die Macht der Eltern über ihre Kinder ungleich größer als die Macht, über die Kinder verfügen. Wenn ich mich im folgenden dennoch ausschließlich um die Einschränkungen kümmere, die Eltern erleiden, so soll damit in keiner Weise die Gewalt von Eltern gegen ihre Kinder verniedlicht werden. Jene einseitige Sichtweise ergibt sich allein aus dem Zuschnitt meines Themas, bei dem es eben ausnahmsweise um *Eltern* gehen soll.

3 Dieser Ausdruck wurde beim Streit um das neue Rollenverständnis der Frau in den USA geprägt (vgl. L. D. Scanzoni/J. Scanzoni: Men, Women & Change, a. a. O., S. 504).

4 B. Sichtermann: Vorsicht Kind, a. a. O., S. 45.

5 Vgl. S. de Beauvoir: Das andere Geschlecht, a. a. O., S. 478, 506. Für diese freie Übernahme der Mutterschaft sind nach de Beauvoir bestimmte Bedingungen erforderlich, insbesondere «die Geburtenbeschränkung und die gesetzlich erlaubte Abtreibung». – Ich kann auf dieses Problem der Abtreibung, das sich im Vorfeld der Elternschaft stellt, hier nicht eingehen.

6 Im STERN vom 13. 12. 1990, S. 40.

7 Jonas geht nicht von einem Urinstinkt aus, sondern bemerkt nur, daß «das Neugeborene (...) unwidersprechlich ein Soll an seine Umwelt richtet» (vgl. H. Jonas: Das Prinzip Verantwortung, a. a. O., S. 234 ff.). Historische Forschungen zeigen freilich, daß dieser moralische Anspruch nichts Selbstverständliches hat (vgl. z. B. Ph. Ariès: Geschichte der Kindheit, a. a. O., S. 54 f., 98 ff., 551 f. u. ö.; E. Shorter: Die Geburt der modernen Familie. Rowohlt, Reinbek 1983, S. 197 ff.). So scheint Jonas' Rückstieg auf eine «ontologische» Ebene einen historischen Index zu haben.

8 H. Jonas: Das Prinzip Verantwortung, a. a. O., S. 8.

9 Daß überhaupt verschiedene Handlungsalternativen bestehen, ist für Parfit eine wichtige Voraussetzung für die moralische Beurteilung von Lebensfragen; vgl. die Falldiskussion bei D. Parfit: Reasons and Persons, a. a. O., S. 375 ff. – In Umkehrung des kantischen Gedankens von der Eltern-Schuld kann man übrigens auch mit Aristoteles die These aufstellen, Kinder stünden in der Schuld ihrer Eltern (NE 1163 b 18 ff., 1165 a 21 ff.). Freilich haben die Kinder die elterlichen Leistungen nie angefordert, sie haben sich nie in die Schuld der Eltern *begeben.* Zu klären wäre, ob man durch ungebetene Wohltaten regelrecht in die *Schuld* eines Anderen geraten kann. – Müssen Kinder den Eltern gar danken für «die größte Wohltat», nämlich daß sie *überhaupt* auf der Welt sein dürfen (vgl. NE 1162 a 6 ff.)? Woher weiß man denn, daß das Leben eine Wohltat ist (vgl. Kap. 5, S. 174 ff.)?

10 A. Schopenhauer: Die Welt als Wille und Vorstellung II, a. a. O., Bd. IV, Kap. 44 f., bes. S. 665; vgl. Parerga und Paralipomena, §§ 156 f., 166 f. – Daß Schopenhauer, wie ich meine, gerade auch in einer verqueren Kant-Nachfolge zu diesem lebensfeindlichen Schluß kam, paßt zu der – in einen anderen Zusammenhang gehö-

renden – These Spaemanns, wonach Schopenhauer mit der «Überwindung des Lebenswillens» nur «die Konsequenz aus einer (...) verselbständigten ‹reinen› Moralität gezogen» habe (R. Spaemann: Glück und Wohlwollen, a. a. O., S. 29).

11 I. Kant: Anthropologie in pragmatischer Hinsicht B 268f. Werke, a. a. O., Bd. X, S. 636f.; G. Böhme/H. Böhme: Das Andere der Vernunft, a. a. O., S. 435ff.

12 Hier unterscheide ich mich ausnahmsweise von M. Sommer, a. a. O., S. 19, 21ff., der diese Deutung Kants jüngst besonders stark gemacht hat.

13 I. Kant: Das Ende aller Dinge A 519. Werke, a. a. O., Bd. IX, S. 188.

14 K. Rutschky, a. a. O., S. 82f. (aus einem «Handwörterbuch für den deutschen Volksschullehrer» 1874). – Ich habe mir erlaubt, im Zitat das Wort «Erzieher» durch das Wort «Eltern» zu ersetzen.

15 J. W. Goethe: Hermann und Dorothea. Werke (Hamburger Ausgabe), a. a. O., Bd. 2, S. 494f.; W. H. Riehl: Die Familie. Cotta, Stuttgart 1882 (9.A. [1.A. 1855]), S. 115. – Für den Hinweis auf Riehl – und manchen anderen – danke ich sehr herzlich Hans-Peter Herrmann.

16 F. Engels: Der Ursprung der Familie, des Eigentums und des Staates. Marx/Engels: Werke, Bd. 21. Dietz, Berlin 1962, S. 60; vgl. zum Verlust des häuslichen Herrschaftsbereichs ebd., S. 157f. Ich kann hier auf die auch unter Marxisten sehr kritische Diskussion zu Engels' These nicht eingehen. – S. de Beauvoir: Das andere Geschlecht, a. a. O., S. 497, 507.

17 P. Handke: Kindergeschichte, a. a. O., S. 50. Aber «viel später lernte er, den Kinderkram nicht nur zu dulden, sondern überdies (...) die Ordnung in der Unordnung zu erkennen und sich darin, wie das Kind, zu Hause zu fühlen.»

18 Zum folgenden vgl. S. A. Tolstaja: Tagebücher 1862–1897. Athenäum, Königstein 1982, S. 321, 325, 379; H. de Balzac: Zwei Frauen. Diogenes, Zürich 1981, S. 211, 247, 250. – Die Hinweise auf Tolstaja und Balzac verdanke ich S. de Beauvoir: Das andere Geschlecht, a. a. O., sowie E. Beck-Gernsheim: Die Kinderfrage, a. a. O., S. 59f., 37.

19 Schon 1840 heißt es in der Schrift einer pseudonymen «Ernestine»: «Halten wir die Idee fest, daß Gott Mann und Weib mit gleichen Gaben und Anlagen ausgestattet, beide (...) zu gemeinsamer Erhaltung der Lebensordnungen erschaffen hat: so müssen wir auch annehmen, daß den Frauen ein größerer Spielraum zur Anwendung ihrer Gaben angewiesen worden ist als Küche und Kinderstube, in

welche man von neuem bemüht ist, das weibliche Geschlecht, wie im Mittelalter, ohne Unterschied des Standes, der Fähigkeiten, Neigungen und Kräfte zu verweisen. (...) Wir sollen nach dem göttlichen Gebot mit jedem uns anvertrauten Pfund wuchern, so viel Gutes damit stiften als in unseren Kräften steht. (...) Und wenn den Männern die größte Mannigfaltigkeit in der Wahl ihres Berufs gestattet wird, wenn es ihnen freisteht, nach Maßgabe ihrer geistigen und körperlichen Kräfte, nach eigener Neigung eine das Leben ausfüllende Beschäftigung zu erwählen: warum sollte uns Frauen eine so enge Grenze gezogen, wir darauf beschränkt sein, unseren Beruf blindlings zu ergreifen und nicht nach dem eigenen Gefallen, nach Maßgabe unserer Fähigkeiten zu erwählen?» (zit. nach A. van Dülmen [Hg.]: Frauen. Ein historisches Lesebuch. Beck, München 1988, S. 321 ff.)

20 «An keiner Stelle unserer Untersuchung sind wir auf eine so stabile Männer-Bastion gestoßen. Männer bestehen unerschütterlich auf der Unersetzbarkeit der Mutter und damit, so müssen wir folgern, auf ihrer eigenen Entlastung von der Kinderbetreuungsarbeit.» (S. Metz-Göckel/U. Müller: Der Mann, a. a. O., S. 88). – Daß politisch-juristische Maßnahmen und persönliche Lebenshaltungen wechselseitig aufeinander angewiesen sind, zeigt eindrucksvoll H. Pfarr: Das Recht und die verschiedenen Lebenswelten von Mann und Frau. Frankfurter Rundschau 26. 1. 1991, S. 14.

21 Es besteht die Gefahr, daß «eine wichtige Ressource des sozialen Lebens verschwindet» (E. Beck-Gernsheim: Die Kinderfrage, a. a. O., S. 170).

22 Zu Recht nimmt B. Sichtermann die «De-Professionalisierung und Re-Verhäuslichung» der Betreuung von Kleinkindern vor dem Verdacht in Schutz, eine «rückwärtsgewandte Perspektive» zu sein (B. Sichtermann: Vorsicht Kind, a. a. O., S. 201).

23 J.-J. Rousseau: Emil oder über die Erziehung, a. a. O., S. 18 f.; vgl. zum «Greuel» moderner Kinderlosigkeit auch ders.: Schriften. Fischer, Frankfurt 1988, Bd. 1, S. 279. – Zur geschwächten Attraktivität der Elternschaft heutzutage vgl. H. J. Schöps: Dauerhaft ist nur die Trennung. SPIEGEL 2/1991, S. 100–110: «Unsere Gesellschaft hat Strukturen entwickelt, die ‹Gemeinschaften› für die persönliche Lebensführung und -gestaltung entbehrlich erscheinen lassen». – «Bei ihrer Standardumfrage nach dem Sinn des Lebens erkannten zum Beispiel die Demoskopen aus Allensbach zwischen 1974 und 1986 eine ‹eindeutige Tendenz zu einem immer stärkeren Selbstbe-

zug des Menschen (um nicht Egoismus zu sagen)› und einen ‹Trend zur Konzentration auf das eigene Glück›. Harmonisch fügt sich in dieses Bild die Hinwendung zum Individualismus.» – «Wie diese Leute an ihre Ehe und den Nachwuchs gekommen sind, möchte man schon wissen: 86 Prozent strebten nach Freiheit und Unabhängigkeit, und für mehr als zwei Drittel war eine Selbstverwirklichung wichtiger als die Familie.»

24 W.H.Riehl: Die Familie, a.a.O., S.70, 73, 131f.

25 L.Tieck: Der Runenberg. In: M.Frank (Hg.): Das kalte Herz. Insel, Frankfurt 1978, S.27. Vgl. D.Richter: Das fremde Kind, a.a.O., S.235.

26 M.Horx: Die wilden Achtziger. Hanser, München 1987, S.102f.; ders.: Das Wörterbuch der neunziger Jahre. Hoffmann & Campe, Hamburg 1991, S.159. – So «Zeitgeist»-voll, wie Horx meint, ist dies übrigens nicht; zur Abneigung gegen Kinder im 16. u. 17.Jh. vgl. Ph.Ariès: Geschichte der Kindheit, a.a.O., S.211ff.

27 P.Praschl: Boom, Baby, Boom, a.a.O., S.30, 33.

28 Vgl. die Kritik an der «Zentralität» bei R.Spaemann: Glück und Wohlwollen, a.a.O., S.113, 119 u.ö. – Dazu treffend M.Seel: Die Wiederkehr der Ethik des guten Lebens. Merkur 502, 1991, S.44: «Spaemann kann zeigen, daß die Einheit eines gelingenden Lebens nur erreichbar ist, wenn der Einzelne zu einem dezentrierten Weltverhältnis findet, ohne diese Relativierung seiner Erlebnisperspektive als Bedrohung zu erfahren.»

29 Vgl. z.B. U.Beck: Risikogesellschaft. Suhrkamp, Frankfurt 1986, S.211; Ch.Taylor: Negative Freiheit? Zur Kritik des neuzeitlichen Individualismus. Suhrkamp, Frankfurt 1988, S.168. Zur aktuellen Debatte um «Individualisierung» vgl. neben den Büchern von U.Beck H.G.Brose/B.Hildenbrand (Hg.): Vom Ende des Individuums zur Individualität ohne Ende. Leske+Budrich, Opladen 1988; vgl. auch A.Giddens: Modernity and Self-Identity. Polity, Oxford 1991; instruktiv zur Vorgeschichte S.Lukes. Individualism. Blackwell, Oxford 1973.

30 U.Beck: Risikogesellschaft, a.a.O., S.175, 217. – In der Philosophie wird das «Solo» des «Selbst», die Wendung vom Selbst-Verhältnis zum verselbständigten Selbst fehlerbeispielhaft vorgeführt von Martin Heidegger; vgl. R.Marten: Heidegger lesen. Fink, München 1991; D.Thomä: Die Zeit des Selbst und die Zeit danach, a.a.O., S.397ff. – Während Beck die «Individualisierung» als gegebenen Ausgangspunkt nimmt, dessen Risiken, aber auch Chancen es zu

erkunden gilt, ist der «Kommunitarismus» auf der Suche nach Gemeinschaftsmodellen, die jene Entwicklung unterlaufen (zur *sozialen* Konstitution von Handlungszielen vgl. Ch. Taylor: Negative Freiheit? Zur Kritik des neuzeitlichen Individualismus, a. a. O., S. 142 f.; 168 ff., bes. S. 175). Der «Kommunitarismus» teilt sein kritisches Gegenbild, das «atomistische» Individuum, mit der frühen Kritischen Theorie (eindrucksvoll dazu M. Horkheimer: Egoismus und Freiheitsbewegung [1936]. Gesammelte Schriften, Bd. 4. Fischer, Frankfurt 1988, S. 10 f., 70 f.). – Habermas weist hin auf Durkheims These von der «Individualisierung» als Pflichtprogramm, als in der Moderne erforderlichem Sozialcharakter des Menschen (vgl. J. Habermas: Nachmetaphysisches Denken. Suhrkamp, Frankfurt 1988, S. 187 ff.). – Im Grunde liegt diese Entwicklung in der Konsequenz der modernen Arbeitsteilung: «In einer zivilisierten Gesellschaft ist der Mensch ständig und in hohem Maße auf die Mitarbeit und Hilfe anderer angewiesen (...), wobei er jedoch kaum erwarten kann, daß er sie allein durch das Wohlwollen der Mitmenschen erhalten wird. Er wird sein Ziel wahrscheinlich viel eher erreichen, wenn er deren Eigenliebe zu seinen Gunsten zu nutzen versteht, indem er ihnen zeigt, daß es in ihrem eigenen Interesse liegt, das für ihn zu tun, was er von ihnen wünscht.» (A. Smith: Der Wohlstand der Nationen, a. a. O., S. 16 f.) – Zur Kritik einer «utilitaristischen Verhaltenstheorie», bei der «Individuen (...) ausschließlich unter der verkürzten Perspektive von interessegeleiteten Kalkülen» betrachtet werden, vgl. auch M. Kohli: Gesellschaftszeit und Lebenszeit, a. a. O., S. 205.

31 F. Schiller: Ueber die ästhetische Erziehung des Menschen in einer Reihe von Briefen, 5. Brief. Werke (Nationalausgabe), Bd. 20. Böhlau, Weimar 1962, S. 320.

32 Die zitierte Wendung aus K. Marx: Die ethnologischen Exzerpthefte. Suhrkamp, Frankfurt 1976, S. 487 f. (Dank an David Eppenstein für diesen Hinweis).

33 K. Marx, a. a. O. – Ich teile die Einschätzung, Marx könne «als einer der entschiedensten ‹Individualisierungstheoretiker›» angesehen werden, für den allerdings der «Vereinzelungs- und Freisetzungsprozeß im Sinne des Kapitalismus» noch aufgefangen werde «durch die *Kollektiverfahrung der Verelendung* und die dadurch ausgelöste *Klassenkampfdynamik»;* worum es heute aber gehe, sei die *«Suche nach einer anderen Sozialstruktur»* (U. Beck: Risikogesellschaft, a. a. O., S. 131 f., 140).

34 In einem Gutachten zur «Identitätsfindung von Jugendlichen in den neuen Bundesländern» führt J. Niermann die Probleme der Jugendlichen u. a. auf die mangelnde Kontaktbereitschaft der Mütter im Sozialismus zurück und sieht die Aufgabe der Frauen nun weniger in der «Mitarbeit in der Wirtschaft» als in der «Erziehung der Kinder» und in der «Entwicklung und Gewährleistung einer harmonischen Familienatmosphäre» (Wochenpost 49/91, 28. 11. 1991, S. 10).

35 Das Verhältnis zwischen dem Anspruch des Einzelnen auf unvoreingenommene Selbstbestimmung und dessen selbstverständlicher Zugehörigkeit zu Traditionen und Sozialstrukturen ist eine der großen Streitfragen zwischen «Liberalismus» und «Kommunitarismus» in den USA. Letzterer wehrt sich gegen die Fiktion, wonach der Einzelne aus freien Stücken in Gemeinschaft hineinhandelt: «Die Gesellschaft und ihre Institutionen (werden) so betrachtet (...), als hätten sie nur eine instrumentelle Bedeutung, als wäre all das, was wir für den gesamten Bereich menschlicher Ziele benötigen, bereits im Besitz der Individuen oder als wäre es in engen, intimen Beziehungen zu anderen zu entwickeln, während uns die Gesamtgesellschaft nur die Mittel zu ihrer Verwirklichung lieferte (wobei sie uns leider auch Hindernisse in den Weg legt).» (Ch. Taylor: Negative Freiheit? Zur Kritik des neuzeitlichen Individualismus, a. a. O., S. 169) Der «Liberalismus» muß sich von dieser Kritik freilich nicht voll getroffen fühlen. Der Unterschied zwischen beiden Richtungen liegt weniger in einem instrumentellen oder nicht-instrumentellen Verhältnis zur Gesellschaft als darin, ob die Grundlagen oder Spielregeln des Zusammenlebens neutral-normativ oder lebensweltlich bestimmt werden. Inzwischen scheint es in diesem Streit, nach einer heftig geführten Debatte, zu wechselseitigen Annäherungen gekommen zu sein (z. B. Rosenblum, aber auch Rawls auf der «liberalistischen», Walzer auf der «kommunitaristischen» Seite). Ich kann diese Debatte, auf die ich mich mitunter beziehe, hier ebensowenig resümieren wie die Auseinandersetzung zwischen Diskursethikern und Neoaristotelikern in Deutschland, die z. T. ähnlich verlief. Als Resümees sind hilfreich z. B. John R. Wallach: Liberals, Communitarians, and the Tasks of Political Theory. Political Theory 15, 1987; A. Honneth: Grenzen des Liberalismus. Zur politisch-ethischen Diskussion um den Kommunitarismus. Philosophische Rundschau 1991, bes. S. 96 ff.

36 Scanzoni/Scanzoni sehen eine große Chance in der Unterscheidung zwischen der «*Institution*» Elternschaft und der Eltern-Kind-«*Be-*

ziehung» – dies angesichts des paradoxen Befunds, «that young mothers (. . .) find joy in their children, but they do not like motherhood». Die «institutionelle» Form heute gelebter Elternschaft halten die Autoren mit Jessie Bernard für die «schlimmste» mögliche Variante (L. D. Scanzoni/J. Scanzoni: Men, Women & Change, a. a. O., S. 567 f.).

37 U. Beck: Risikogesellschaft, a. a. O., S. 203.

38 «Ein bloß privatistisch definiertes ‹eigenes Leben› wird auf die Dauer vielfach steril, eine Lebensform, die immer nur um die eine Achse sich dreht, um die Freuden und Leiden der eigenen Person. Im Kind dagegen übernimmt man Verantwortung für ein anderes Leben, ja erfährt – wie manche Frauen es sagen – viel greifbarer, direkter, tiefer auch den Bezug zu Menschen, zur Generationenabfolge, zum Kreislauf des Lebens.» (E. Beck-Gernsheim: Mutterwerden, a. a. O., S. 39)

39 Dieser Begriff von «Freiheit» als «Vermögen, sich willkürlich nicht nur gegen die eigenen Neigungen, sondern auch gegen die eigene Vernunft und Moral Ziele zu setzen», findet sich nicht zufällig in einer Zeit, da mit wachsender Selbstbestimmung alle Herkömmlichkeiten fragwürdig wurden, genauer: bei Descartes; vgl. U. Steinvorth: Freiheitstheorien in der Philosophie der Neuzeit. Wissenschaftliche Buchgesellschaft, Darmstadt 1987, S. 48. – Dazu Antoine de Saint-Exupéry, zit. bei Ph. Ariès: Geschichte der Kindheit, a. a. O., S. 559: «Il était libre, mais infiniment, jusqu'à ne plus se sentir peser sur terre. Il lui manquait ce poids des relations humaines qui entrave la marche, ces larmes, ces adieux, ces reproches, ces joies, tout ce qu'un homme caresse ou déchire chaque fois qu'il ébauche un geste, ces mille liens qui l'attachent aux autres et le rendent lourd.»

40 Vgl. J.-J. Rousseau: Schriften, a. a. O., Bd. 1, S. 297 («Abhandlung über den Ursprung und die Grundlagen der Ungleichheit»), Bd. 2, S. 420 ff. («Rousseau richtet über Jean Jacques»), Bd. 2, S. 737 ff. («Träumereien eines einsamen Spaziergängers»); ders.: Emil oder über die Erziehung, a. a. O., S. 212 f.; vgl. I. Fetscher: Rousseaus politische Philosophie. Suhrkamp, Frankfurt 1975, S. 65 ff. – Die Erinnerung an Rousseau geschieht allerdings mit aller Vorsicht. Seine inhaltliche Zuordnung der «Eigenliebe» zum Menschen der Zivilisation und der «Selbstliebe» zu einem freilich ganz besonders gedeuteten «Natur»-Menschen ist in diesem Zusammenhang alles andere als hilfreich.

41 Conseils de Condorcet à sa fille. In: Condorcet: Œuvres (Hg. Condorcet O'Connor/Arago). Firmin Didot Frères, Paris 1847–49, Bd. 1, S. 611–623.

42 Eine Fixierung auf die «Individualisierung» findet sich z. B. bei H.-J. Hoffmann-Nowotny: The Situation of Young People in the Context of Socio-Cultural Change: Changing Patterns of Collective Living and Family Structures. In: H. Bertram u. a. (Hg.): Blickpunkt Jugend und Familie, a. a. O. – Das von ihm dargestellte «Hybrid»-Modell der Elternschaft soll gewährleisten, daß die Beziehung zwischen den Erwachsenen eher lose, dagegen die Beziehung von Vater einerseits, Mutter andererseits zum Kind eng sein soll. Damit soll dem gewachsenen Individualisierungsbedürfnis der Erwachsenen einerseits, den hohen Ansprüchen des Kindes andererseits genügt werden. Dieser soziale Balanceakt wird aber wohl nur wenigen Seiltänzern gelingen. Daß er die «Regel» werde (a. a. O., S. 33), kann ich mir kaum vorstellen – und halte ich auch nicht für dringlich. – Vgl. zur «Commuter-Familie» auch R. Peuckert: Familienformen im sozialen Wandel. Leske+Budrich, Opladen 1991.

43 B. Russell: Eroberung des Glücks. Suhrkamp, Frankfurt 1982, S. 135: «Ich für meine Person habe gefunden, daß kein Glück so groß ist wie das, welches in der Elternschaft liegt, und ich glaube, daß dort, wo die Umstände Männern und Frauen dieses Glück versagen, ein tiefes Wesensverlangen ungestillt bleibt (...). Wer seinen Fortpflanzungstrieb verkümmern läßt, schließt sich aus dem Lebensstrom aus und begibt sich in die ernste Gefahr, innerlich zu verknöchern.» – Yves Montand: Mein Kind ist meine Passion! Wochenpost 42/91, 10. 10. 1991, S. 31 f.: «Es ist mir etwas passiert, worauf ich nicht gefaßt war. Ich habe ein Kind bekommen. (...) Es hat mein Leben völlig verändert (...). Ich versuche, viel, viel Zeit für mein Kind zu haben. Das ist meine neue Passion, eine ganz andere Leidenschaft als mit Frauen». – Die Antwort Schwarzeneggers auf die Frage: «Was wollen Sie nun noch Großartiges erreichen, Sie haben doch alles, Ruhm, Reichtum?»: «Ich will meine eigenen Filme produzieren und Regie führen. Und etwas anderes ist wesentlich: Wenn Sie mich vor zwei Jahren über Kinder gefragt hätten, die damit verbundenen Wunder und Schönheiten, hätte ich gesagt: Damit kann ich wirklich nichts anfangen. Nun existiert dieses Wesen, meine Tochter, und mein Leben hat eine neue Dimension bekommen.» (SPIEGEL 23/91, S. 260) – Elterliche Überheblichkeit findet sich bei Peter Handke; er zitiert genüßlich den «gebührenden Bannfluch» eines

«antiken Dramatiker(s)» über das «verfehlte Glück» von Kinderlosen (Euripides; hier zit. Kap. 1, S. 12), umgekehrt werden einem «kindlosen Leutepaar» – Menschen sind es schon gar nicht mehr – «erstarrte Gesichter», «unbarmherzige Augen» und «gnadenlose Lidschläge» zugeschrieben (P. Handke: Kindergeschichte, a. a. O., S. 42, 40).

Zum fünften Kapitel

1 Die Unmittelbarkeit des Glücks wird noch stärker als von Hegel – und vielleicht zu stark – betont von Th. W. Adorno: Minima Moralia, a. a. O., S. 124: «Wer sagt, er sei glücklich, lügt, indem er es beschwört, und sündigt so an dem Glück. Treue hält ihm bloß, der spricht: ich war glücklich.» Spaemann nimmt diese Einschränkung als besondere Bedingung menschlicher Glückserfahrung, bei der die «Ekstase (. . .) vollendeter Seligkeit» nur «im Nachhinein» möglich ist; sie «wird erst zu so etwas wie Glück, wenn (sie) (. .) nicht mehr ist.» (R. Spaemann: Glück und Wohlwollen, a. a. O., S. 88 f.) Er sieht darin letztlich eine Abwertung des Glücks, wie es «unter Bedingungen der Endlichkeit» möglich ist (ebd., S. 92) – eine Abwertung, die, wie ich finde, nicht recht zu seinem Anspruch paßt, sich dem Glück, wie es «immer schon» erfahren wird, zuzuwenden (vgl. ders.: Philosophische Essays, a. a. O., S. 103).

2 «Seine Braut, die Baronesse Maria von Tucher, verübelte ihm, daß er einem Brief, den sie an Hegels Schwester geschrieben hatte, die Worte zufügte: ‹Du siehst daraus, wie glücklich ich für mein ganzes übriges Wesen mit ihr sein kann, und wie glücklich mich solcher Gewinn einer Liebe, auf den ich mir kaum noch Hoffnung in der Welt machte, bereits schon macht, insofern Glück in der Bestimmung meines Lebens liegt.› Diese privaten Worte sind der ganze antiprivate Hegel. Ihr Gedanke kleidet sich später im Zarathustra in die poetisierende Form: ‹Trachte ich nach dem Glück? Ich trachte nach meinem Werke›.» (Th. W. Adorno: Drei Studien zu Hegel. Ges. Schriften, Bd. 5. Suhrkamp, Frankfurt 1971, S. 294)

3 B. Sichtermann: Vorsicht Kind, a. a. O., S. 50. Sie bezieht die «triviale» Einschränkung elterlichen Glücks freilich – und insofern ist sie im Recht – auf das Leben mit dem «Kleinkind».

4 Vgl. M. Theunissen: Freiheit von der Zeit. Ästhetisches Anschauen als Verweilen. In: ders.: Negative Theologie der Zeit. Suhrkamp,

Frankfurt 1991; M. Seel: Eine Ästhetik der Natur. Suhrkamp, Frankfurt 1991.

5 Die «Thomasakten» zit. nach E. Hennecke/W. Schneemelcher (Hg.): Neutestamentliche Apokryphen. Mohr (Siebeck), Tübingen [3]1964, II. Band, S. 313 ff. Ich verdanke den Hinweis darauf L. H. Martin: Technologies of the Self and Self-knowledge in the Syrian Thomas Tradition. In: ders. u. a. (Hg.): Technologies of the Self. Tavistock, London 1988, S. 54. Vgl. auch P. Brown: The Body and Society, a. a. O., S. 98 ff.

6 Gregor von Nyssa: Über die Jungfräulichkeit, 14. Kap. In: ders.: Über das Wesen des christlichen Bekenntnisses (Hg. Blum), Stuttgart 1977, S. 120; vgl. D. Lenzen: Mythologie der Kindheit, a. a. O., S. 86. Zu Gregor und weiteren Quellen einer Wende zur «Jungfräulichkeit» vgl. P. Brown: The Body and Society, a. a. O., S. 84 ff. (Clemens von Alexandrien: «How long shall death hold sway? (...) As long as you women bear children»), 298 ff. Brown beschreibt einen interessanten Kompromiß, den die Mutter des späteren Bischofs Theodoret von Cyrrhus (5. Jh.) eingegangen ist: Sie kann sich, devot lebend, nur zur Geschlechtlichkeit und zur Fortpflanzung durchringen, als ihr Gesandte Gottes versprechen, daß ihr Kind Gott zurückgegeben werde, d. h. einst dessen Diener werde (a. a. O., S. 324 f.).

7 Herders Sämmtliche Werke (Hg. B. Suphan). Berlin 1888, Bd. 15, S. 321, 317 f.

8 F. Schlegel: Lucinde, a. a. O., S. 61 f., 60.

9 G. W. F. Hegel: Der Geist des Christentums. Schriften 1796–1800 (Hg. W. Hamacher). Ullstein, Frankfurt/Berlin/Wien 1978, für die folgenden Zitate vgl. S. 363 ff.

10 Zur Unterscheidung von ‹Dauer› und ‹Ewigkeit› vgl. z. B. H. Jonas: Unsterblichkeit und heutige Existenz. In: ders.: Zwischen Nichts und Ewigkeit. Vandenhoeck & Ruprecht, Göttingen 1963, bes. S. 51; M. Theunissen: Die Zeitvergessenheit der Metaphysik. In: ders.: Negative Theologie der Zeit, a. a. O. (dort weitere Hinweise). – Platons Zeit-Theorie bleibt nicht beschränkt auf die Vorstellung einer unbegrenzten zeitlichen Fortdauer, in die sich Eltern im Blick auf ihre Kinder hineinretten wollen; bekanntlich kennt er einen Begriff zeitloser «Ewigkeit».

11 Vgl. H. S. Harris: Hegel und Hölderlin. In: Ch. Jamme/H. Schneider (Hg.): Der Weg zum System. Materialien zum jungen Hegel, a. a. O., S. 248: «Der Triumph über die Sterblichkeit (ist) nur partiell. Hegels

Streichung der Behauptung über das Kind war begründet; denn das Kind ist *nicht* ‹die Eltern selbst›, außer im *Geist.*» Vgl. zum «Kind» als «Aufhebung», aber auch als «Tod» der Eltern G. W. F. Hegel: Jenenser Realphilosophie I (Hg. Hoffmeister). Meiner, Leipzig 1931, S. 319. – Lévinas, der jene Hegelsche These im Sinne einer Identifikationsfigur liest, bringt dagegen eindrucksvoll die «Unterscheidung» zur Geltung. «Der Sohn, das bin ich, der ich mir selbst fremd bin. Der Sohn ist nicht nur mein Werk, meine Schöpfung, selbst dann nicht, wenn ich, wie Pygmalion, mein Werk zu neuem Leben erwachen sähe. (...) Die Beziehung zu einer solchen Zukunft, die nicht auf die Macht über Mögliches zurückgeführt werden kann, nennen wir Fruchtbarkeit.» (E. Lévinas: Totalität und Unendlichkeit. Alber, Freiburg/München 1987, S. 391 f.)

12 Zum folgenden F. Schiller: Über naive und sentimentalische Dichtung. Werke (Nationalausgabe), Bd. 20. Böhlau, Weimar 1962, S. 416, 430, 414, 418 f.; vgl. D. Richter: Das fremde Kind, a. a. O., S. 251 f.

13 F. Hölderlin: Hyperion. Werke (Frankfurter Ausgabe), Bd. 11. Roter Stern, Frankfurt 1982, S. 584; B. Constant: Adolphe. Winkler, München 1982, S. 82.

14 F. Hölderlin: Werke (Stuttgarter Ausgabe), Bd. 6.1: Briefe. Kohlhammer/Cotta, Stuttgart 1954, S. 92 f.

15 H. Jonas: Das Prinzip Verantwortung, a. a. O., S. 49 f. – Unter dem Begriff des «Lebens-Zyklus» ist Erikson auf einen ähnlichen Zusammenhang gestoßen; vgl. jetzt besonders E. H. Erikson/J. M. Erikson/H. Q. Kivnick: Vital Involvement in Old Age. Norton, New York/London 1986, S. 73 ff. («Generativity and Stagnation: Care»).

16 B. Sichtermann: Vorsicht Kind, a. a. O., S. 205.

17 P. Handke: Kindergeschichte, a. a. O., S. 28.

18 M. Horkheimer/Th. W. Adorno: Dialektik der Aufklärung. Querido, Amsterdam 1947, S. 27. – Das Hegel-Zitat aus G. W. F. Hegel: Die Vernunft in der Geschichte. Meiner, Hamburg [5]1955, S. 36; immer noch wegweisend die Kritik daran bei M. Horkheimer: Anfänge der bürgerlichen Geschichtsphilosophie [1930]. Gesammelte Schriften, Bd. 2. Fischer, Frankfurt 1987, S. 248. – Der Vorwurf des «kosmologischen Narzißmus» stammt von H. Schnädelbach: Das Gesicht im Sand. In: A. Honneth u. a. (Hg.): Zwischenbetrachtungen. Jürgen Habermas zum 60. Geburtstag. Suhrkamp, Frankfurt 1989, S. 231. Ich wüßte gerne, ob Schnädelbach hier bewußt auf die Formulierung Bachelards vom «narcissisme cosmique» anspielt.

19 P. Handke: Kindergeschichte, a. a. O., S. 94 f.

20 Ch. Lasch: Haven in a Heartless World. Basic Books, New York 1977.

21 In dieser positiven Erfahrung jenseits der eigenen «Absicht», des eigenen «Werks», auch der eigenen «Kunst» gleicht das elterliche Betrachten der Erfahrung des «Naturschönen», das «fremd» und doch «willkommen» ist; vgl. M. Seel: Eine Ästhetik der Natur, a. a. O., S. 115 f., 188 f., 270 f. – Zum folgenden vgl. R. Sennett: Civitas. Die Großstadt und die Kultur des Unterschieds. Fischer, Frankfurt 1991, S. 14, 184 (zur «Kunst der ‹Selbstpreisgabe›» die «nicht den einen zum Opfer des anderen» macht), S. 38 f., 43, 48 f., 169 (zur Kritik am «Privaten», am «trauten Heim», an der Trennung von Innerlichkeit und Äußerlichkeit), S. 286 (zur «Ethik des Unterschieds», die «an die Erfahrung der Sympathie» erinnert). – Sennetts Buch wendet sich insbesondere gegen das Feindbild einer bedrohlichen Außenwelt; wenn dieses zu überwinden ist – freilich nur unter bestimmten Umständen, über die Sennett vielleicht mehr hätte sagen sollen –, so muß es ebenso möglich und zulässig sein, das (Feind-) Bild der familiären Innenwelt zu revidieren.

22 Zur «tiefen Erfahrung», daß «hier (...) nicht nur mein Scheck (...), sondern *ich*, bedingungslos als ganze Person» gebraucht werde, vgl. E. Beck-Gernsheim: Mutterwerden – der Sprung in ein anderes Leben, a. a. O., S. 36. Zur Eltern-Kind-Beziehung als «Ausleben der Gefühle im kreatürlichen Hin und Her», als «anachronistische Sozialerfahrung (...), die mit dem Individualisierungsprozeß gerade unwahrscheinlich *und* herbeigesehnt wird», vgl. U. Beck: Risikogesellschaft, a. a. O., S. 193 f.

23 Ich kann auf die philosophische Diskussion zur Bewertung des *Lebens selbst* – von Aristoteles einerseits, Augustinus andererseits über Hume, Schopenhauer, Nietzsche bis hin zu Jonas und Parfit, aber auch Cioran und Ulrich Horstmann – hier nicht eingehen; vgl. einige Hinweise in Anm. 30 zu Kap. 1.

24 K. Kraus in «Die Fackel» Nr. 315/316, S. 36.

25 L. Wittgenstein: Briefwechsel. Suhrkamp, Frankfurt 1980, S. 113 (Brief an P. Engelmann vom 21. 6. 1920).

26 Die Rede vom «Mystischen» kommt der in Wittgensteins «Tractatus logico-philosophicus» nahe (6.44 f., 6.522 u. ö.); vgl. dazu B. McGuinness: Die Mystik des «Tractatus». In: J. Schulte (Hg.): Texte zum Tractatus. Suhrkamp, Frankfurt 1989; M. Geier: Das Sprachspiel der Philosophen. Rowohlt, Reinbek 1989, S. 165 ff. –

Zum «Unvorhersehbaren» und Unhintergehbaren des «Lebens», das «nicht begründet» ist, das einfach nur «da(steht)», vgl. L. Wittgenstein: Über Gewißheit, § 559. – Zum «Mysterium» des Kindes, dem man keinen «Daseinsgrund (...) verleihen» kann, vgl. überraschenderweise auch S. de Beauvoir: Das andere Geschlecht, a. a. O., S. 483.

27 I. Kant: Grundlegung zur Metaphysik der Sitten B 66f. Werke, a. a. O., Bd. VI, S. 61 (im Original gesperrt).

28 Ein Versuch, über die utilitaristisch-enge Deutung der Wendung ‹gut für etwas› hinaus zu moralischen Fragen vorzustoßen, findet sich bei E. Tugendhat: Probleme der Ethik, a. a. O., S. 69ff., 151ff.